马克思主义发展史十讲

颜旭 高宁 唐梓翔 著

人民出版社

目 录

前　言

在纪念马克思诞辰 200 周年大会上，习近平总书记深刻指出："两个世纪过去了，人类社会发生了巨大而深刻的变化，但马克思的名字依然在世界各地受到人们的尊敬，马克思的学说依然闪烁着耀眼的真理光芒。"① 两个世纪以来，世界风云变幻，历史见证了马克思主义如何从西欧工人运动中的一个学派发展成为当今世界影响力最大的科学思想体系，也见证了马克思主义指导下世界社会主义运动的蓬勃发展和中华民族迈向伟大复兴的铿锵步伐。马克思主义早已穿越了时空的界限，而闪耀着永恒的真理光芒。

一、揭示社会发展规律，探索人类解放道路 实现了人类思想史上的最伟大革命

人类的发展史，也是一部思想的发展史。为了探索世界发展的秘密，人类皓首穷经，诞生了无数的思想家，也催生了无数的思想学说。

---

① 《十九大以来重要文献选编》（上），中央文献出版社 2019 年版，第 420 页。

而在这之中，马克思主义犹如壮丽的日出，照亮了人类探索历史规律和寻求自身解放的道路。

马克思主义是科学的理论，为人类认识社会发展规律提供了最有力的思想武器。自古至今，人们都在不断地追问社会发展的原因，探索社会发展的规律和趋势，试图揭示人类社会何以产生、何以运行、何以发展的问题。但社会历史现象的异彩纷呈，又极大地困扰着人们的思想和心灵，以致不时陷入唯心主义的思想迷途，直至马克思主义产生，人类才真正找到了认识世界的科学工具。马克思主义通过其所创立的唯物史观和剩余价值学说，科学揭示了资本主义运行规律和资本主义必然灭亡的历史趋势，为人类指明了从必然王国走向自由王国的科学路径。正是在这意义上，恩格斯说，正像达尔文发现有机界的发展规律一样，马克思发现了人类历史的发展规律。历史是最好的试金石。马克思主义创立170多年以来的世界风云变幻，反复证明了马克思对人类历史发展的深刻洞察。当代世界，全球化的时代特征与马克思的预见极其相似。历史越是久远，社会越是发展，实践越是深入，马克思主义的真理光芒越是璀璨。

马克思主义是人民的理论，为人类实现自身的解放提供了最正确的道路。习近平总书记指出："马克思主义博大精深，归根到底就是一句话，为人类求解放。"[①] 历史地看，自进入阶级社会以后，人类就开始了对"解放"的探索和追寻。文艺复兴、启蒙运动、法国大革命，人们为战胜人对人的奴役，创造了一个又一个辉煌篇章。然而，当我们回过头来审视这段历史时，不无遗憾地发现，由于缺乏科学理论的指导，无产阶级总是在"解放"与"奴役"的状态中反复徘徊。同历史上任何学说相比，马克思主义所关心的是全人类的解放，所追求的是建立"自由人联合体"的新社会。这种对人类命运的深切关怀，不仅反映了无产阶级

---

① 《十九大以来重要文献选编》（上），中央文献出版社 2019 年版，第 424 页。

和广大被压迫者的利益和愿望，也代表了社会发展的前进方向和全人类的利益，并为当时身处奴役中的无产阶级指明了奋斗的方向。恩格斯说，马克思可能有过许多敌人，但未必有一个私敌。① 马克思主义之所以具有跨越国度、跨越时代的影响力，就是因为它始终植根人民之中，为人民实现自身解放指明了科学正道。

马克思主义是实践的理论，为人类改造世界提供了最科学的行动指南。马克思是思想家，也是革命家。在被恩格斯称作"包含着新世界观的天才萌芽的第一个文献"的《关于费尔巴哈的提纲》中，年轻的马克思就提出："哲学家们只是用不同的方式解释世界，问题在于改变世界。"② 这是马克思主义的天才创造，也是马克思主义的真正意义所在。正是"实践"这种具体历史情境下的人的自由自觉活动的发现，使马克思主义超越了以往任何学说，实现了人类认识史上的革命性变革。也正是在这样的实践观下，马克思主义公开声明，它是无产阶级的精神武器，是为无产阶级解放而产生的理论，是无产阶级政党政治纲领和实践方略的理论基础。19 世纪下半叶的欧洲，在马克思主义的旗帜下工人运动风起云涌；20 世纪的世界，社会主义从理论变成现实，从一国走向多国，在发展中壮大，在曲折中发展。21 世纪的今天，马克思主义仍然具有广泛的世界性影响，西方社会不断从中汲取思想智慧，社会主义中国屹立于世界东方。

马克思主义是不断发展的开放的理论，为人类回答时代新课题提供了科学的方法。1895 年，恩格斯在致威·桑巴特的信中指出："马克思的整个世界观不是教义，而是方法。它提供的不是现成的教条，而是进一步研究的出发点和供这种研究使用的方法。"③ 正是这份理论清醒和理论自觉，使得马克思主义虽然历经 170 多年的洗礼仍能保持"美妙之青

---

① 《马克思恩格斯选集》第 3 卷，人民出版 1995 年版，第 777 页。
② 《马克思恩格斯文集》第 1 卷，人民出版社 2009 年版，第 506 页。
③ 《马克思恩格斯文集》第 10 卷，人民出版 2009 年版，第 691 页。

春"。纵览马克思主义发展历史，它始终如同张开的口袋，随时准备接纳新鲜的经验和新鲜的理论。正是得益于这种开放与发展的理论品格，马克思主义才实现了从列宁主义到毛泽东思想、从邓小平理论到习近平新时代中国特色社会主义思想的"生命延续"；马克思主义才能够聆听时代的声音、吸收时代的精华，始终占领时代的最高点，始终具有解释世界和改造世界的能力。170多年的历史，证明了马克思主义强大的生命力，也证明了马克思、恩格斯的后继者们始终面向时代、面向实践、面向世界的卓越理论品格。

二、引领世界社会主义运动，实现了人类社会发展史上最伟大的历史飞跃

1848年《共产党宣言》的发表，标志着马克思主义的诞生。170多年来，马克思主义书写了由理想到现实、由理论到实践、由西方到东方、由一国尝试到多国运用的不凡历史。伟大的实践充分证明，在人类思想史上，还没有一种思想理论能像马克思主义那样对人类产生如此广泛而深刻的影响。世界因马克思主义而不断改变，马克思主义也因世界的改变而愈加伟大。

实现了社会主义从空想到科学的转变。在社会主义500年发展史上，空想社会主义留下了浓墨重彩的一笔。从1516年发表《乌托邦》的托马斯·莫尔，到19世纪的圣西门、傅立叶、欧文，一代代空想社会主义者对人类未来发展进行了艰辛的探索。然而，他们虽然怀着悲天悯人的情感，对理想社会有很多美好的设想，但由于没有揭示社会发展规律，没有找到实现理想的有效途径，因而也就难以真正对社会发展发生作用，直到马克思主义的创立，无产阶级才找到了实现自由和解放的道路。马克思主义唯物史观，从物质生产出发来考察社会的本质和历史

发展，揭示了人类历史发展的一般规律；马克思主义剩余价值学说，发现了资本主义生产方式的秘密和资本主义社会的特殊运动规律。在这两大发现基础上，马克思揭示出了人类社会的发展趋势和共产主义的光明前景，从而使社会主义实现了从空想到科学的伟大飞跃。恩格斯在评价马克思时曾说过："现代运动当前所取得的一切成就，都应归功于他的理论活动和实践活动；没有他，我们至今还会在黑暗中徘徊。"① 没有马克思主义，就没有科学社会主义的建立。

指导社会主义实现了从理论到实践的转变。马克思从来"不是书斋里的学者"，"不是唯恐烧着自己手指的小心翼翼的庸人"；马克思主义不是世界之外的遐想，而是改变世界的强大思想武器。在马克思和恩格斯的亲自指导下，"第一国际"等国际工人组织相继创立和发展；在马克思主义影响下，世界范围内的马克思主义政党如雨后春笋般建立和发展起来。20 世纪初，列宁把马克思主义基本原理同俄国具体国情相结合，创造性提出了社会主义可以在一国或数国首先取得胜利的理论，领导十月革命取得成功，建立了世界上第一个社会主义国家。苏联的建立不仅开启了世界社会主义运动的宏大序幕，更是以自己的行动证明了马克思主义对于社会主义运动的根本意义。正如列宁 1913 年在俄国革命进入新的高潮但前途尚不明朗时所言："自马克思主义出现以后，世界历史的这三大时期中的每一个时期，都使它获得了新的证明和新的胜利。但是，即将来临的历史时期，定会使马克思主义这个无产阶级的学说获得更大的胜利。"② 没有马克思主义的指导，就没有苏联社会主义的胜利，就没有社会主义运动的实现。

指导社会主义运动实现了从一国到多国的发展。作为一场影响广泛而深远的伟大实践活动，社会主义运动不仅是民族的，也是世界的。伴

---

① 《马克思恩格斯文集》第 10 卷，人民出版社 2009 年版，第 502 页。
② 《列宁专题文集·论马克思主义》，人民出版社 2009 年版，第 65 页。

随着苏联的成立，资本主义一统天下的世界格局被打破。第二次世界大战之后，从欧洲的腹地到古老的东方，再到遥远的拉丁美洲，社会主义运动犹如一股不可阻挡的潮流席卷了世界，也改变了世界。任何一项伟大事业的背后，都有支撑这一事业的伟大精神。就 20 世纪的世界历史来说，引领世界社会主义运动从一国走向多国的精神源头，就是在实践中不断发展着的马克思主义。今天，当我们审视这段波澜壮阔的历史时，可以看到在纷繁复杂的历史表象背后，涌动着的正是马克思主义真理的力量。虽然后来的东欧剧变使社会主义运动遭遇了重大挫折，但这并不是马克思主义的失败，而更多是以历史"反证"的形式说明了马克思主义的根本意义所在。而这也印证了列宁的预言："沿着马克思的理论的道路前进，我们将愈来愈接近客观真理（但决不会穷尽它）；而沿着任何其他的道路前进，除了混乱和谬误之外，我们什么也得不到。"①

三、为中国革命建设改革提供强大思想武器，
指引中国成功走上全面建成社会主义
现代化强国的康庄大道

19 世纪 40 年代，西方列强用坚船利炮打开了古老中国的大门，中华民族陷入苦难深渊。面对深重的民族危机，先进的中国人开启了寻找救亡图存真理的历程。在"诸路皆走不通"的情况下，历史选择了马克思主义，也选择了中国共产党。全新的主义，全新的政党，全新的道路，极大地激发了中国人的革命热情，中华民族由此开启了全新的发展历程。

在新民主主义革命和社会主义革命时期，中国共产党人把马克思主

① 《列宁选集》第 2 卷，人民出版社 2012 年版，第 103—104 页。

义基本原理同中国革命和建设的具体实际结合起来，推翻了压在人民头上的"三座大山"，建立了社会主义制度，为中华民族复兴奠定了根本政治前提和制度基础。世界历史表明，没有国家主权的独立和完整，再美妙的现代化蓝图都是海市蜃楼。以毛泽东同志为主要代表的中国共产党人带领全国人民，夺取了新民主主义革命的伟大胜利，从根本上解决了中国现代化所必需的国家主体身份问题。新中国成立后，如何在一个经济文化相对落后的东方大国建设社会主义、实现现代化，历史地成为摆在中国共产党人面前的全新课题。正是在这个意义上，新中国确立了工业化的目标，继而又提出实现"四个现代化"的理想，成功地完成了社会主义改造，建立了社会主义制度，历经苦难的中华民族实现了从"东亚病夫"到站起来的伟大飞跃。

改革开放以后，中国共产党人进一步推动马克思主义基本原理同中国具体实际、同中华优秀传统文化相结合，开启了建设中国特色社会主义新的伟大实践，使中国大踏步赶上了时代，实现了中华民族从站起来到富起来的伟大飞跃。1978 年，以党的十一届三中全会为标志，中国进入了改革开放新时期。鉴于近代以来中国历次模仿西方现代化模式均无果而终，特别是新中国成立以后社会主义建设正反两方面的经验教训，以邓小平、江泽民、胡锦涛为主要代表的中国共产党人，带领全党和全国人民走出了一条中国特色社会主义新道路。这场历史上从未有过的大改革大开放，极大地调动了亿万人民的积极性，极大地解放和发展了社会生产力，极大地推进了先进文化的大发展大繁荣，极大地改善了人民群众物质文化生活水平，极大地促进了每个人的全面发展。这一切，彰显了中国特色社会主义的强大生机与活力，预示着中华民族伟大复兴的光明前景。

在新时代，中国共产党人继续推进马克思主义中国化时代化，开启了在新的时代条件下建设中国特色社会主义的新征程，推动中华民族迎来了从富起来到强起来的伟大飞跃。进入 21 世纪的第二个十年，世界出现百年未有之大变局，中国的改革开放事业也面临着前所未有的挑战。以习近平同志为核心的党中央着眼国内外形势变化，带领人民进行伟大斗争、建设伟大工程、推进伟大事业、实现伟大梦想，解决了许多长期想解决而没有解决的难题，办成了许多过去想办而没有办成的大事，推动党和国家事业发生历史性变革，党的面貌、国家的面貌、人民的面貌发生了历史性变化，中华民族前所未有地接近伟大复兴的目标、前所未有地接近世界舞台中心。中华民族从站起来到富起来再走向强起来的伟大历程充分表明：马克思主义的命运早已同中国共产党的命运、中国人民的命运、中华民族的命运紧紧连接在一起；历史和人民选择马克思主义是完全正确的，中国共产党把马克思主义写在自己的旗帜上是完全正确的，坚持马克思主义基本原理同中国具体实际相结合、不断推进马克思主义中国化时代化是完全正确的！

第 一 讲

马克思主义的创立

19 世纪三四十年代，随着欧洲资本主义国家先后完成工业革命，资本主义社会内部的矛盾进一步暴露，资产阶级与无产阶级的矛盾斗争日益尖锐，工人阶级已经作为独立的政治力量登上历史舞台，革命运动此起彼伏。工人阶级显示出伟大的力量，但这种革命运动迫切需要一种科学理论的指导。新的社会实践提出新的时代课题，时代呼唤新的科学理论作出解释与回应。此时，处于青年时期的马克思和恩格斯，风华正茂、精力充沛，在蓬勃发展的工人运动中不断接受革命的洗礼，其世界观在不尽相同的历程中实现了殊途同归——完成了"两个转变"，即从唯心主义到唯物主义的转变、从革命民主主义到共产主义的转变。1848 年之前，不到 30 岁的马克思和比他还小 2 岁的恩格斯，先后完成《1844 年经济学哲学手稿》《关于费尔巴哈的提纲》《德意志意识形态》《共产党宣言》等著作，确立了唯物史观的基本理论，实现了哲学史上的伟大革命。其中，《共产党宣言》的发表，标志着马克思主义的正式创立。可以说，马克思主义是在回答时代课题的过程中问世的，是无产阶级革命实践的产物，蕴含着革命导师不懈探索的思想结晶。

一、马克思、恩格斯的世界观转变及其新探索

受所处时代的影响，年轻的马克思和恩格斯都走过一条从黑格尔出发，经过费尔巴哈走向新世界观的道路。以马克思为例，他在柏林大学期间就参加了青年黑格尔派的博士俱乐部。受青年黑格尔派热衷研究希腊晚期哲学的影响，马克思系统研读了伊壁鸠鲁的哲学著作，并完成博士论文《德谟克利特的自然哲学和伊壁鸠鲁的自然哲学的差别》。在《莱茵报》工作时期，马克思接触并参与了大量现实实践活动，特别是关于林木盗窃法的辩论等活动，使他面临着现实利益的难题，促使其怀疑并逐步远离黑格尔哲学。1843 年 10 月底，马克思迁居巴黎后逐步开始对资产阶级政治经济学和各种社会主义学说进行深入研究，并写出《1844年经济学哲学手稿》。这一手稿写于 1844 年 6 月至 8 月，由三个片段组成，包括一些摘要、评述和独立的阐发，是马克思一部未完成的著作。但未完成不代表不重要，实际上它是马克思主义形成时期的重要著作。如果说到达巴黎之前，马克思思考的是德国往何处去的问题，而这些手稿提出的问题已跨出一国的范围，思考的是整个人类向何处去，提出了无产阶级的历史地位和彻底解放的路径问题。此时的马克思不再从纯粹的头脑思辨中去寻找"谜底"，而是着手从社会经济发展中寻找答案，这是一个具有方向性意义的重大变化。这些手稿明显受费尔巴哈哲学的影响，马克思以费尔巴哈的人本主义和异化理论为武器，批判改造了德国古典哲学的异化概念，提出了异化劳动学说，并以此为核心展开对资产阶级政治经济学和资本主义私有制的批判，为创立无产阶级的新世界观进行着艰辛探索。

同费尔巴哈一样，马克思也是从人出发来研究资本主义社会的。那么什么是人或者说人的本质是什么？关于这一点，历史上的思想家给出许多不同的答案。费尔巴哈认为，人的本质是人生而具有的，是自然

的、永恒的东西，即理性、意志和爱。与费尔巴哈不同，马克思在批判继承资产阶级政治经济学劳动价值论的基础上，提出劳动是人的本质。马克思在这里提出的"劳动"，不是资产阶级政治经济学家所说的自发的维持生命进行的谋生活动，而是自由自觉的活动。只有这种自由自觉的劳动，才是人的本质。马克思经过分析认为，在资本主义社会中人的本质——自由自觉的劳动出现了异化，"工人同自己的劳动产品的关系就是同一个异己的对象的关系"①，由此提出异化劳动理论，即异化劳动使人偏离了自己的本质。马克思具体阐明了资本主义社会中异化劳动的四个基本特征：

一是人的劳动产品与人相异化。马克思分析指出，在资本主义工业体系中，由于生产资料掌握在资本家手中，工人生产的产品不但自己不能拥有，反而成为与工人相对立的异己力量。工人生产的产品越多、付出的越多，失去的就越多，就越贫穷；工人提供的商品越多、创造的价值越多，自己就越没有价值、越低贱。所以，工人对自己的劳动产品没有任何自豪感，只是充满了恨意，也就是工人与自己的劳动产品相异化了。马克思描述说："劳动为富人生产了奇迹般的东西，但是为工人生产了赤贫。劳动生产了宫殿，但是给工人生产了棚舍。劳动生产了美，但是使工人变成畸形。劳动用机器代替了手工劳动，但是使一部分工人回到野蛮的劳动，并使另一部分工人变成机器。劳动生产了智慧，但是给工人生产了愚钝和痴呆。"②

二是人的生产活动与人相异化。为什么劳动产品与人相异化呢？马克思认为，产品是工人通过生产活动制造出来的，之所以出现劳动产品与工人的异化，主要是由于生产活动异化了。前者是从结果的角度进行的考察，后者则是从劳动过程进行的考察。劳动本来是人的最基本的实

---

① 《马克思恩格斯文集》第 1 卷，人民出版社 2009 年版，第 157 页。

② 《马克思恩格斯文集》第 1 卷，人民出版社 2009 年版，第 158—159 页。

践活动。按理说，生产的过程应当不受外来压迫，过程是自由的；生产的产品属于自己，能得到心理的满足感幸福感。但在资本主义制度下，"劳动对工人来说是外在的东西，也就是说，不属于他的本质；因此，他在自己的劳动中不是肯定自己，而是否定自己，不是感到幸福，而是感到不幸，不是自由地发挥自己的体力和智力，而是使自己的肉体受折磨、精神遭摧残。因此，工人只有在劳动之外才感到自在，而在劳动中则感到不自在，他在不劳动时觉得舒畅，而在劳动时就觉得不舒畅"①。

三是人的类本质与人相异化。对物的异化的讨论，实际上是对人的异化论述的一种铺垫。马克思核心关注的是人的异化问题。这就要求回答，人在什么意义上是异化了的？马克思认为，人与动物的本质区别，就在于人是类存在物，自由自觉的活动即劳动是人的类本质。人正是通过这种自由自觉的活动来证明人自身的。这样一来，人的生命活动就不仅仅是一般生物的生命活动，而是有意识的、自觉的生命活动。但是在资本主义社会中，人的劳动产品与人异化了，这使得人不能在对象中实现和确证其生命活动。残酷的剥削和奴役使劳动活动异化了，将本来自由自觉的劳动变成了仅勉强维持劳动者肉体生存谋生的手段。这样一来，人的类本质与人异化了。

四是人与人相异化。马克思强调："人同自己的劳动产品、自己的生命活动、自觉的类本质相异化的直接结果就是人同人相异化。当人同自身相对立的时候，他也同他人相对立。"②凡是人同自身异化的东西，同样也同他人、同他人的劳动、同他人的劳动产品相异化。正是基于这一原因，产生了资本主义社会人与人的阶级关系，产生了无产阶级与资产阶级的对抗和斗争。

---

① 《马克思恩格斯文集》第 1 卷，人民出版社 2009 年版，第 159 页。
② 《马克思恩格斯文集》第 1 卷，人民出版社 2009 年版，第 163 页。

马克思在谈论"异化"概念时，是与"私有财产"和"共产主义"这两个概念相联系的。他通过对异化劳动的剖析，揭示出资本主义社会中资本与劳动的不可调和的对立，强调私有财产是一切异化的原因，也是异化的结果。只要私有财产存在，就必然造成异化劳动，就会给工人阶级乃至整个人类带来灾难性的后果。因此，只有消除资本主义私有制，才能消除异化劳动。而要使社会从私有财产的统治下解放出来，必须通过现实的共产主义运动，通过工人解放——这一政治形式实现对异化的扬弃。这种扬弃包括两个方面：一方面是对现实经济领域异化的扬弃，另一方面是对宗教、法、道德等思想精神异化的扬弃。当然，这种从人的本质—人的本质异化—人的本质复归的模式，仍然带有费尔巴哈哲学中人的先验本质论的痕迹。因此，《1844 年经济学哲学手稿》尚不能称为一部完全成熟的著作，其对时代问题的回答表现为一种探索，在"问题和答案之间，哲学、政治经济学、社会主义思想之间，以及它们各自的内部并没有浑然一体，而是存在某种矛盾。这不是逻辑矛盾，它是处在探索过程中的必然表现。马克思在克服矛盾中前进"①。

二、马克思主义实践观的确立

1845 年春，因法国政府的驱逐被迫由巴黎来到布鲁塞尔的马克思，经济拮据，妻子怀有身孕。为了躲避普鲁士的引渡，他与比利时政府签订了不发表政治文章的协定。积极投身工人运动的马克思暂时退回书房，这在客观上为他进行理论研究创造了条件。人们都知道，在哲学思想上对马克思影响最大的有两个人：黑格尔和费尔巴哈。从《莱茵报》

① 陈先达：《马克思和马克思主义》，中国人民大学出版社 2016 年版，第 84 页。

时期关于林木盗窃法的辩论开始，马克思看到了黑格尔哲学与现实生活的矛盾，并逐步与这一唯心主义思想决裂。这一次，为了消除费尔巴哈"半截子"唯物主义的消极影响，27 岁的马克思写下了生前并未发表的提纲式笔记——《关于费尔巴哈的提纲》（以下简称《提纲》）。费尔巴哈是德国古典哲学的代表人物之一，其哲学冲破了黑格尔唯心主义体系，恢复了唯物主义的权威。但费尔巴哈的唯物主义哲学是机械的、不彻底的，其在历史观上是唯心主义。马克思正是将黑格尔的辩证法与费尔巴哈的唯物论结合起来，形成了唯物辩证法。尽管《提纲》仅有 11 条，译成中文不过 1300 余字，却被恩格斯称为"包含着新世界观的天才萌芽的第一个文献"[①]。在这部著作中，马克思第一次提出了"新唯物主义"概念，确立了科学的实践观，并将其引入认识论、自然观和历史观之中，为唯物史观乃至整个马克思主义哲学提供了生长点和立足点。可以说，实践的观点，构成了《提纲》的理论核心内容。在此基础上，《提纲》阐明了马克思主义哲学的一系列基本观点，标志着马克思不仅同唯心主义，而且同包括费尔巴哈内在的旧唯物主义划清了界限，为创立彻底的唯物主义世界观奠定了基础。

（一）实践是马克思新唯物主义的根本观点

第一，规定了实践的含义，把实践作为马克思主义哲学区别于一切旧哲学的根本观点。马克思在《提纲》中指出，实践是人的感性活动，是现实的、对象性的活动。换句话说，实践就是人们改造世界的感性活动。这种实践的主体是现实的、历史的人，客体是客观世界。马克思确立了实践在唯物史观和唯物辩证法中的核心地位，并把实践作为人类存在的基本形式。实践活动的种类很多，包括生产实践、社会实践、科学

---

① 《马克思恩格斯文集》第 4 卷，人民出版社 2009 年版，第 266 页。

实验等。实践是人们能动地变革世界的活动，其创新发展推动着社会的发展与进步。人们在实践的过程中，既展示了自己的能力，也揭示出客观世界的社会属性。

以往的黑格尔和费尔巴哈等人并没有深刻理解实践的意义。旧唯物主义的缺陷是，只是从客体或直观的形式去理解对象，而不是从主体方面来理解对象；只肯定了对象外在于人的意识的客观性，仅仅将其作为人的感性直观的对象，却没有看到它首先是人的实践能动改造的对象，看不到人的能动的实践对世界的影响。而唯心主义的缺陷则在于，只抽象地发展了人的能动方面：只承认人的意识活动具有能动性，仅停留于观念地改变对象，而不是现实地改变世界。这样一来，就把实践归结为精神活动，而不是真正的感性的实践活动，否定了人的活动的客观性和物质性。只有马克思主义哲学，从主体方面、从人的能动的实践活动出发来理解世界，既承认客观世界的物质性，又看到人的实践对客观世界的巨大影响。换而言之，人周围的自然不是纯粹的原始自然，而是打上了人的意志烙印的人化自然。

第二，实践是检验认识真理性的唯一标准。究竟什么是检验认识真理性的标准，这是认识论的一个核心问题，在哲学史上一直争论不休。唯心主义者认为，真理不具有客观性。费尔巴哈曾把多数人的意见作为检验真理的标准，但这归根结底还是一种主观的标准，实际上是唯心主义的。马克思认为，人的认识是否正确，这不是一个理论问题，而是一个实践问题，只有实践才是检验认识真理性的唯一标准。换言之，检验真理的标准，既不是依赖于主观的思想观念和理论，也不是靠纯粹的客观事物，而是依赖于实践。因为实践既是人的有目的、有意识的活动，又是产生物质效果、转化为物质力量的活动，既体现主体的主观能动性，又具有客观现实性。正是实践把主观和客观联系了起来，通过它形成实际的效果，反过来检验支配它的思想认识的正确性，检验其是否和客观相符合。正如毛泽东所说："你要知道梨子的滋味，你就得变革梨子，亲口吃一吃。"① 而离开实践去讨论思维是否正确反映了客观事物，实际上成为经院哲学的问题，就像讨论"天堂里的玫瑰有没有刺""针尖上能站几个天使"一样无聊。青年黑格尔派的哲学家们认为，只要他们完成了理论的批判，理论就可以变为现实，就可以改变世界。马克思则批评指出，理论的价值只有在实践中才能获得确证，离开现实的实践活动，理论什么也实现不了。更进一步来说，人们不但要在实践中去检验真理，看其是否正确、有用，同时还应在实践中不断总结、发展真理。

(二) 实践是唯物主义历史观的首要和最基本的观点

首先，实践是人与环境、主体与客体相统一的基础。人与环境的关系，即主体与客体的关系问题是历史观的基本问题之一。为批判中世纪的神学，18 世纪的法国唯物主义者提出了"人是环境的产物"这一命题，突出强调了社会环境对人的作用和影响。马克思认为，这种观点并不全面，因为他们并没有看到人也作用于社会环境，没有看到人与环境、人与教育在实践基础上的双向关系。这就导致他们在研究社会环境和教育制度时，把好的环境和制度归结为少数天才人物的功劳，认为这些天才的"意见"支配着社会历史，从而得出"意见支配世界"的结论。这使得 18 世纪的法国唯物主义者从唯物主义的起点出发，强调"人是环境的产物"，最终却走向自己的反面，陷入唯心主义的历史观泥潭。马克思强调，只有把实践的观点引入历史观，人们才能科学解决人与环境的关系问题，才能跳出"环境决定人"与"人决定环境"的二律背反。实际上，人必然存在于一定的环境之中、受环境的影响，但人不是消极被动地接受环境的影响，而是能够通过自身的实践活动来能动地改变环

① 《毛泽东选集》第 1 卷，人民出版社 1991 年版，第 287 页。

境。换言之，环境创造人，人也创造环境。人的实践活动在改变环境的同时，也改变着人自身。所以说，实践是人与环境、主体与客体相统一的现实基础。环境的改变与人自身改变的一致，只能被看作并合理地理解为革命的实践。

其次，实践是理解人的本质的基础。费尔巴哈的哲学是人本主义的唯物主义。他把宗教的本质归结于人的本质，不是把所谓的"理性""绝对精神"看作决定历史的因素，而是提出人的类本质决定着人的历史行动。应当说，这在当时对于恢复唯物主义的权威，具有积极的作用。而这里的类本质，通俗的说法就是"人性"。也就是说，费尔巴哈的基本立场还是抽象人性论，他将人类的饮食、两性关系和思维特征等作为人们共有的"类本质"，把人看作肉体上的自然人，仅从人与其他动物在生理特征上的区别去总结人性，明显存在着不足。马克思在《提纲》中提出，"人的本质不是单个人所固有的抽象物，在其现实性上，它是一切社会关系的总和"①。也就是说，我们应当从实践观出发，从历史发展变化的角度去探讨人的本质。人绝不仅仅是自然人，而是活生生的、在历史中不断实践的社会人。从社会性来看，人是一切社会关系的总和。这种社会关系包括生产、政治、思想、道德等关系，同时这种社会关系随着人们社会实践的发展而不断变化。因此，人的本质不是抽象的、凝固不变的，而是具体的、现实的，其随着实践活动而不断丰富和发展。

最后，社会生活在本质上是实践的。以往的旧唯物主义和唯心主义总是把社会生活归结为人的精神活动。马克思认为，实践是一切社会生活和社会历史过程的基础，"全部社会生活在本质上是实践的"②。这里的社会生活，既包括人们的经济生活，也包括人们的政治生活和文化教育、道德伦理、宗教信仰等精神生活。不但经济生活、政治生活是实

① 《马克思恩格斯文集》第 1 卷，人民出版社 2009 年版，第 501 页。
② 《马克思恩格斯文集》第 1 卷，人民出版社 2009 年版，第 501 页。

践活动，人的精神活动也是在实践的基础上进行的，精神领域的问题都可以在现实的实践领域找到根源。人类社会是由人组成的，社会历史是由人创造的，社会生活在本质上就是人对自然界、人类社会和人自身的实践改造。实践构成了社会生活最基本、最基础的内容，社会生活的其他方面都是在这一基础上产生和发展的。而那些把理论引向神秘主义的神秘东西，都可以在实践中找到其社会根源，可以在实践中通过对现实世界的改造，来解决或消灭这些神秘东西的根源。因此，实践是社会存在区别于自然存在的本质。只有从实践出发，把社会作为主体性与客观性的统一，才能真正理解人类社会的发展既是一个自然历史过程、有特定的发展规律，又是人有目的、有意识地自觉创造的过程。片面强调其中的某一个方面，就可能会犯机械决定论或主观唯心论的错误。

（三）马克思主义哲学的历史使命是认识世界和改造世界的统一

马克思鲜明亮出新唯物主义的阶级属性：旧唯物主义的立脚点是市民社会，也就是资产阶级和资产阶级社会；而新唯物主义的立脚点则是人类社会、社会的人类，也就是共产主义和无产阶级。这就决定了以费尔巴哈为代表的旧唯物主义不可能对资本主义持彻底的批判态度，唯有新唯物主义把资本主义社会作为历史发展的一个阶段，是一个应该并且必然被超越的阶段。而新唯物主义就是要以超越资本主义社会、实现共产主义和全人类的解放为自己的目标。同时，人民群众是社会实践的主体，无产阶级的革命实践能够改变社会历史和人的生存条件，最终实现人的自由全面发展的目标。新唯物主义正是应当为无产阶级和广大的劳动人民群众服务，为其解放斗争服务。

同时，马克思阐释了哲学应当承担的历史任务，强调"哲学家们只是用不同的方式解释世界，问题在于改变世界"①。解释世界固然重要，但哲学的目的不能仅停留于此，还要成为无产阶级认识世界和改变世界的精神武器。也就是说，哲学不仅仅是一种纯粹的学术研究，一种个人修养的指南，更要用于指导人们改造世界的实践。这也是新旧哲学的本质区别所在。以往的哲学家由于不懂得实践在人类社会发展中的重要地位作用，因此他们实际上只停留于用不同的方式来解释世界，并没有将理论转化为现实的实践。与旧哲学不同，马克思主义哲学则是一种实践性的唯物主义，它不仅要揭示资本主义社会的不合理性、正确地解释世界，而且还要服从和服务于无产阶级的革命实践，着眼于改造世界、改变不合理的旧制度。因此，实践性是新唯物主义的基本特征，这也要求人们不仅要通过实践认识世界，同时要通过实践来改造世界；不仅要改造外在的客观世界，还要重视对主观世界的改造。

三、唯物史观的初步形成

1845 年 4 月，恩格斯搬到了布鲁塞尔，成为马克思的邻居。从1845 年秋到 1846 年 5 月，马克思和恩格斯着手清算当时作为"德意志意识形态"的德国青年黑格尔派唯心哲学体系，同时也为了告别"德意志意识形态"这一"过去的信仰"，最终合作完成了《德意志意识形态》一书。有人把《1844 年经济学哲学手稿》《神圣家族》比作为马克思在完成世界观转变的土壤中播下的新世界观体系的"种子"，而《关于费尔巴哈的提纲》是破土而出的"幼芽"，《德意志意识形态》则是结出新世界观的"果实"。《德意志意识形态》一书比较系统地阐述了物质生产的决定性作用，提出历史观的基本问题是社会存在与社会意识的关系问

①　《马克思恩格斯文集》第 1 卷，人民出版社 2009 年版，第 502 页。

题，揭示了人类历史发展的基本规律，被称为历史唯物主义的奠基之作，标志着马克思主义第一个基石——唯物史观的诞生。著作完成后，尽管马克思和恩格斯多次去寻找出版商，但由于当权者的压力，该书未能正式出版。最后，手稿上都出现了老鼠的咬痕。马克思自嘲地说，该书"留给老鼠的牙齿去批判"。其实这本书的全称很长，全称叫《德意志意识形态。对费尔巴哈、布·鲍威尔和施蒂纳所代表的现代德国哲学以及各式各样先知所代表的德国社会主义的批判》。从题目我们可以看出，该书一方面批判费尔巴哈、鲍威尔等人的唯心史观，阐述唯物史观的基本原理；另一方面则批判当时在德国流行的所谓"德国社会主义"，揭示这种假社会主义的本质和根源。可以设想，当时才二十多岁的两个年轻人，却敢于去挑战那个时代最有代表性的哲学家，并且要超越他们。这需要怎样的勇气！

（一）唯物史观的出发点是从事实践活动的现实的人

从事实践活动的现实的人是人类历史存续的前提。人类社会由无数个个人及其活动构成。这里的人不是抽象的人，不是活在别人想象中的人，而是历史的、现实的人。这是唯物主义历史观的出发点，是其与唯心史观的根本区别。人类社会的形成，离不开自然地理环境、适度的人口和现实的个人生产物质生活资料的实践活动。而这种生产活动的一定形式就是生产方式。所以，现实的个人的物质生活资料的生产方式是社会历史的前提。

物质生活资料的生产是人区别于动物的根本标志。人要生存，就必须解决吃、喝、住、穿等基本需求，而要满足这些需求必须从事物质生产实践。可以说，生产实践是人最基本的、最能体现人的本质的活动，使得人与动物区别开来。人类连续不断的生产实践活动，是整个人类社会发展的基础。一方面，现实的人的实践活动，离不开一定的物质生活条件，必然在现存的和由他们自己创造的物质生活条件下进行，受自然社会环境的影响制约。另一方面，人不是消极地适应和依赖自然，而是通过自己的生产实践活动有目的地改造自然，利用各种资源生产出人们所需要的物质生活资料。因此，客观的物质条件、自然界和人类社会不是一成不变的，而是始终处在历史发展的过程中，是人类生产活动和社会制度变迁的产物。尽管人们可以依据意识、宗教或者其他标准来区别人和动物，但从本质上说，人的本质由其物质生活资料生产方式决定，由生产什么和怎样生产来决定。由于物质生活资料的生产是具体的、历史的，是一个持续不断的发展过程，由此决定了人的本质是具体的、历史的，也是一个发展变化的过程。经典作家从物质生产实践出发理解考察人的本质，反对那种先天的、不变的抽象人性，进而同各种先验主义的人性观区别开来。

历史唯物主义是考察人类社会历史的科学方法。为什么包括费尔巴哈在内的一些唯物主义者在自然观上坚持唯物主义，在社会历史领域却成为唯心主义者呢？关键在于，他们没有理解实践的重大意义，仅从抽象的自然人的角度考察人类社会，在方法论上是错误的。马克思和恩格斯坚持从人的实践活动来考察人的存在与发展，强调对历史的考察要从实践的观点出发，从而找到了理解把握人类历史的钥匙。生产实践是人的最基本的活动，而这种活动总是在一定的交往关系中进行的。人们在物质生产实践中形成的交往关系，是最基本的社会关系。人的本质在其现实性上，是一切社会关系的总和。生产方式不同，往往形成不同的生活方式和不同的个人。

（二）历史观的基本问题是社会存在与社会意识的关系问题

意识是人们在长期的物质生产实践中形成的产物。马克思和恩格斯认为，意识本身没有自己独立的历史，其作为人所具有的精神现象，从一开始就是社会的产物。社会存在决定人们的社会意识。这里的"社会存在",是指人们的物质生产活动及其由此产生的社会关系;而"社会意识",主要是指处于这种社会当中的人们产生的集体意识。"意识在任何时候都只能是被意识到了的存在,而人们的存在就是他们的现实生活过程。"① 也就是说,意识的产生由人们的实践活动决定,最初直接与人们的物质活动、交往、语言交织在一起。而此时的观念、思维等,都是人们物质关系的直接产物。所谓的观念史并不具有真正意义上的独立性,它依附于人们的物质生产和交往关系。不同时代的物质实践活动,产生不同的思想观念,人们在改变现实的同时也将改变自己的思维及其思维的产物。所以说,唯物主义与唯心主义在对待社会存在和社会意识关系的理解上存在着根本分歧。

意识的发展与生产分工紧密相连。随着生产的发展,人类在自然分工的基础上产生了社会分工,人的意识由此得到不断发展。特别是当物质劳动与精神劳动分离后,社会上出现了脱离物质劳动而专门从事精神活动的人,并逐渐使意识获得独立的外观。马克思和恩格斯批评指出,青年黑格尔派等唯心主义者错误地把思想、观念等独立化的表象当作现存世界的基础,假定观念和思想支配着历史,力图用思辨的方式来解决历史上思想观念的矛盾。他们在批评青年黑格尔派唯心主义时举例说,就像一个好汉突然想到,人之所以会被淹死,是因为他被重力的思想迷惑了;只要抛掉这种思想,人就不会被淹死,所以这个好汉的一生都在同重力的幻想作斗争。所以,他们提出,"德国哲学是从天国降到人间,和它完全相反,这里我们是从人间升到天国"②。因为意识的这种独立外观是相对的,尽管它是人类历史中的一个重要因素,但其内容归根结底是由现实生活和社会关系决定,因此并不是

---

① 《马克思恩格斯文集》第 1 卷,人民出版社 2009 年版,第 525 页。

② 《马克思恩格斯文集》第 1 卷,人民出版社 2009 年版,第 525 页。

历史发展的最根本因素。

坚持从人的实践活动出发解答社会历史观的基本问题。唯心主义不是从现实的人的生活实践出发，而是从意识、思想、观念出发，把从事实践活动的现实的人想象成为一个抽象的人的概念。马克思和恩格斯坚持从人的实践活动出发，通过考察人们的客观物质生产和交往过程，考察包括道德、宗教等在内的社会意识的产生和发展过程，得出社会意识是人们现实生活过程的反映。不是社会意识决定社会存在，而是社会存在决定社会意识，并且社会意识随社会存在的变化而变化。正是由于社会意识由社会存在决定，所以今天的我们要消灭旧的社会意识，就不能仅靠理论上的哲学批判，而必须改造那些产生旧社会意识的社会存在。只有通过人的社会实践改造现实，才能从根源上消灭旧的社会意识。

（三）生产力与生产关系之间的矛盾运动是社会发展的基本动力

人类的生产活动必然表现为人与自然、人与人双重关系。马克思和恩格斯在《德意志意识形态》中提出了三种生产的理论：生产满足物质生活需要的资料，即生产物质生活本身；为满足新需要的再生产；人自身的生产，即种的繁衍。而无论何种生产，只要人们参与生产活动，就立即表现为两个方面的关系：一方面是人与自然的关系，表现为一定的生产力；另一方面是人与人之间的关系，表现为交往形式或者称为生产关系。我们只有在揭示生产力与生产关系相互作用的基础上，才能从整体上把握社会生产，认识社会的发展规律。在对社会分工的历史作用进行考察的过程中，经典作家认识到生产力发展引起生产关系改变，是通过分工和所有制的发展表现出来的，并由此揭示了两者的矛盾运动和发展规律。

生产力与生产关系的辩证关系表现为决定与反作用的辩证关系。生产力与生产关系的辩证关系主要表现在两个方面。一方面，生产力决定生产关系的性质和状况。针对这一点，马克思曾十分形象地说："手推磨产生的是封建主的社会，蒸汽磨产生的是工业资本家的社会。"① 从人类历史的进程来看，私有制是生产力发展到一定阶段的产物，其消灭也需要以生产力的充分发展为前提。人类历史上不同发展阶段的生产关系，是由生产力发展的不同水平决定的。另一方面，生产关系对生产力有能动的反作用。当生产关系适应生产力需要时，它能够促进生产力的发展；反之，则会阻碍生产力的发展。比如，当一个行业产生垄断集团后，由于其控制了市场，极容易丧失对技术创新的动力。因为技术创新是为了赚钱，但现在它不需要创新也能赚钱，自然没有必要再花钱去搞创新。不仅如此，一旦有小的企业研发并运用先进的技术后，垄断集团为防止新技术侵占自己的市场，还会千方百计地打压对方，阻碍他人的创新，进而阻碍技术进步和生产力的发展。

生产力与生产关系的矛盾运动集中体现了人类社会发展的历史辩证法。马克思和恩格斯提出，生产关系一定要适合生产力发展状况的规律，是人类社会发展的最基本规律。正是在生产力与生产关系的矛盾运动中，人类社会历史的车轮不断前进。而生产力与生产关系相互矛盾运动的基本形式是：随着生产力的发展，原先与生产力相适应的生产关系逐步成为生产力发展的桎梏，从而被新的生产关系所取代。生产力与生产关系的矛盾是一切社会矛盾的总根源。一切思想和实践领域的斗争，如阶级冲突、民族冲突、思想斗争、政治斗争等，实际上不过是生产力与生产关系矛盾所采取的附带形式，归根结底是由于旧的生产关系不适应生产力的发展，需要被更进步的生产关系所替代。

---

① 《马克思恩格斯文集》第 1 卷，人民出版社 2009 年版，第 602 页。

（四）揭示经济基础和上层建筑的辩证关系

在阐述生产力与生产关系辩证运动的同时，马克思和恩格斯对国家、法律制度等政治上层建筑以及意识形态等观念上层建筑与经济基础的关系进行了分析，以完整说明社会历史发展，阐明社会形态的更替与演变。他们指出，社会的交往形式，就生产而言是生产力借以运动的形式，就国家及其他观念上的创建者而言则是基础。

首先，由生产力决定的生产方式和交往形式是国家和法律等政治上层建筑的基础。以一定的方式进行生产活动的现实的个人，必然发生一定的社会关系和政治关系。马克思和恩格斯依据经济基础决定上层建筑的原理，考察了国家的阶级性质。他们提出，国家是人们的客观的、现实的交往关系发展到一定阶段的产物，是分工和私有制的产物。国家并不是超阶级的国家，它本质上是阶级统治的工具，是统治阶级借以实现其共同利益的形式。尽管现代资本主义国家和市民社会已经分裂，使它具有了以往国家所不曾拥有的普遍形式和独立性，但它实际上仍是统治阶级维护自身利益而采取的一种组织形式。国家是政治上层建筑的核心，一切共同的规章制度都以国家为中介获得自己的政治形式。而法律作为一种规章制度，也是统治阶级意志的集中体现，是由生产关系决定并为这种关系服务的。

其次，观念形式的上层建筑由经济基础决定，经济基础的性质决定着意识形态的性质。意识形态实质上是统治阶级的思想体系。马克思和恩格斯鲜明提出，在阶级社会中，"统治阶级的思想在每一时代都是占统治地位的思想"①。作为统治阶级，为了实现自己的长久统治，它在社会上支配着物质生产资料的同时，也会支配着精神生产资料，这样它不仅在物质上同时也在精神上居于统治地位。换言之，统治阶级的统治，

---

① 《马克思恩格斯文集》第 1 卷，人民出版社 2009 年版，第 550 页。

不仅表现在社会物质生产领域、政治领域，同时也必然表现在思想领域。同时，经典作家进一步深刻揭示了政治法律、道德、宗教、哲学等社会意识形态产生的根源。他们认为，占统治地位的思想不过是占统治地位的物质关系在观念上的表现，不过是以思想的形式表现出来的占统治地位的物质关系。因此，意识形态要为统治阶级物质关系的存在和发展服务，是维持和巩固统治阶级地位的必要条件。总之，意识形态等观念上层建筑由社会经济基础决定，受物质资料生产方式的支配，其性质取决于在社会上占统治地位的生产关系的性质。

最后，马克思和恩格斯在阐述经济基础决定上层建筑这一历史唯物主义基本原理的同时，充分肯定了政治上层建筑和观念上层建筑推动经济基础发展的反作用，坚持了历史的辩证法。经典作家通过对生产力与生产关系、经济基础与上层建筑之间的矛盾分析，揭示出人类社会形态更替的实质，即基于生产发展基础之上的生产资料所有制的更替。他们将人类社会历史分为依次更替的五个社会形态：部落所有制、古典古代的公社所有制和国家所有制、封建的或等级的所有制、资本主义所有制、共产主义所有制。

四、马克思主义的诞生

《共产党宣言》是马克思和恩格斯为世界第一个无产阶级政党——共产主义同盟所撰写的纲领，是马克思主义诞生的标志。1848 年，30 岁的马克思和 28 岁的恩格斯合写的《共产党宣言》发表，它是以恩格斯撰写的《共产主义原理》为基础写成的。如今《共产党宣言》发表已 170 多年，其发行量堪比《圣经》，在国际及国内的影响力都非常大。恩格斯曾说，"不管这个《宣言》多老"，"永远值得一读"。毛泽东强调："《共产党宣言》，我看了不下一百遍"，"每阅读一次，我都有新的启发"①。邓小平在谈自己学马列的经验时也说："我的入门老师是《共产党宣言》。"②习近平指出："广大党员、干部特别是高级干部要学好用好《共产党宣言》等马克思主义经典著作，坚持学以致用、用以促学，原原本本学，熟读精思、学深悟透，熟练掌握马克思主义立场、观点、方法，不断提高马克思主义理论素养。"③《共产党宣言》将马克思主义哲学、政治经济学和科学社会主义融为一体，十分精炼地阐明了科学的世界观和方法论。它全面阐释了共产党人的历史使命和科学社会主义的基本思想，强调只有在共产主义社会才能真正实现人的自由全面发展，是马克思主义创立的标志。

《共产党宣言》分正文和序言两个部分。正文共有四章，分别是"资产者和无产者""无产者和共产党人""社会主义和共产主义的文献""共产党人对各种反对派的态度"，对应着阶级——政党——主义——策略。书中有许多名言，比如"一个幽灵，共产主义的幽灵，在欧洲游荡"④，"让统治阶级在共产主义革命面前发抖吧。无产者在这个革命中失去的只是锁链。他们获得的将是整个世界"⑤。而结尾写得也非常精妙，把共产主义同盟原先的口号"人人皆兄弟"改为"全世界无产者，联合起来！"⑥这样一个极具战斗精神的宣言，最后却用友好的"联合"二字结尾，而不是用"奋斗"或"打倒"。这不但可以团结更多的人，而且让你读完后就可以立即行动：只要向你身边的无产者握个手、说一句"加油"，就可以联合了。此外，马克思和恩格斯还为《共产党宣言》的再版分别撰写了 7 篇序言，特别是 1872 年和 1883 年的德文版序言，

① 《缅怀毛泽东》上，中央文献出版社 1993 年版，第 400 页。

② 《邓小平文选》第三卷，人民出版社 1993 年版，第 382 页。

③ 《习近平在中共中央政治局第五次集体学习时强调 深刻感悟和把握马克思主义真理力量 谱写新时代中国特色社会主义新篇章》，《人民日报》2018 年 4 月 25 日。

④ 《马克思恩格斯文集》第 2 卷，人民出版社 2009 年版，第 30 页。

⑤ 《马克思恩格斯文集》第 2 卷，人民出版社 2009 年版，第 66 页。

⑥ 《马克思恩格斯文集》第 2 卷，人民出版社 2009 年版，第 66 页。

从不同角度进一步丰富发展了作者的思想，需要与原著作为整体一起学习。

（一）运用唯物史观揭示资本主义的历史地位及其发展趋势

《共产党宣言》历史地考察了资产阶级的形成、发展过程，科学解答了资本主义社会的历史地位和发展趋势，揭示了资本主义生产方式的内在矛盾，论证了资产阶级的灭亡和无产阶级的胜利是不可避免的。

一方面，取代封建主义生产方式的资本主义生产方式，在历史上起过非常革命的作用。它推动了生产力的巨大增长，"资产阶级在它的不到一百年的阶级统治中所创造的生产力，比过去一切世代所创造的全部生产力还要多，还要大"①；促进了生产关系的变革，使自由竞争的资本主义生产方式代替了旧的封建生产方式；打破了封建专制等级秩序，推行倡导政治自由平等的新秩序，使得云游的宗教虔诚、骑士热忱、小市民伤感这些情感淹没于利己主义的冰水中；推动了民族国家的出现和世界历史的形成，资产阶级通过海外殖民和海外贸易，打破了以往地方和民族自给自足、闭关自守的状态，代替为各民族、各方面的相互往来和相互依赖；推动了人类社会的城市化、工业化、现代化进程，造成了四个"从属"：农村从属于城市，未开化和半开化的国家从属于文明国家，农民的民族从属于资产阶级的民族，东方从属于西方。

另一方面，资本主义的内在矛盾决定了其必然灭亡和社会主义必然胜利。资本主义社会仅仅是人类社会历史发展进程中的一个特定阶段，它并没有终结历史，资本主义社会存在着自身难以克服的内在矛盾。随着社会化大生产的发展，资本主义用来战胜封建生产方式的生产力，现在又成为对准自身的武器。生产的社会化与生产资料的私人占有是资本

---

① 《马克思恩格斯文集》第 2 卷，人民出版社 2009 年版，第 36 页。

主义社会固有的内在矛盾，这一矛盾的外在表现就是资本主义社会的周期性经济危机。在危机期间，一边是生产过剩的蔓延，另一边却是工人阶级贫困人口的迅速增长。这表明资本主义生产关系已经开始阻碍社会生产力的发展。而要从根本上消除生产资料私有制与社会化大生产的矛盾，只能由全社会占有生产资料的社会主义代替资本主义。这就得出"两个必然"的结论：资本主义必然灭亡、社会主义必然胜利。

"两个必然"的结论在今天是否就过时了呢？答案是否定的。我们要承认当今的资本主义社会已进行了很大的调整，早已不再是经典作家描述的那种原始的、粗糙的资本主义了。但同时我们要看到，随着生产力的发展，当今世界生产的社会化程度越来越高，而生产资料的私人占有程度却越来越集中。法国经济学家托马斯·皮凯蒂在《二十一世纪资本论》中指出："最富的 0.1% 的人群大约拥有全球财富总额的 20%，最富的 1% 拥有约 50%，而最富的 10% 则拥有总额的 80—90%。"① 这种状况说明，尽管资本主义社会进行了很大的调整，但它的基本矛盾依然没有变。为适应社会化大生产的要求，生产资料的私有制必然要被公有制所代替，这不是源自我们的主观愿望，而是生产力决定生产关系的必然要求。当然，马克思在 1859 年《〈政治经济学批判〉序言》中又提出"两个决不会"的思想，强调社会主义代替资本主义必然要经过一个长期的努力过程。

（二）阐述阶级斗争的理论并论证无产阶级革命的必然性

既然社会主义必然代替资本主义，我们是不是只要守株待兔地等着，资本主义制度就会自然而然地灭亡呢？显然不行。批判的武器代替不了武器的批判，必然的实现需要人们的主观努力和不懈奋斗。尽管马

---

① ［法］托马斯·皮凯蒂：《二十一世纪资本论》，中信出版社 2014 年版，第 451 页。

克思主义揭示了"两个必然"的规律，但没有人的主动参与是无法实现的。这一历史使命由无产阶级承担起来。

阶级斗争是阶级社会发展的直接动力。《共产党宣言》鲜明指出，一切阶级社会的历史都是阶级斗争的历史。这是理解人类社会历史、发现社会发展规律的一条线索。而现代资本主义社会并没有消除阶级、阶级矛盾和斗争，它只不过是用新的阶级、新的压迫条件和新的斗争形式取代了旧的阶级、旧的压迫条件和旧的斗争形式。资本主义社会区别于以往阶级社会的地方在于，它使得阶级和阶级斗争简单化了，因为整个社会日益分裂为无产阶级和资产阶级两大阵营。这样一来，资产阶级不但锻造了置自己于死地的武器——现代生产力，还造就了使用这一武器的人——无产阶级。

无产阶级是资本主义社会的掘墓人。为什么是无产阶级而不是其他人来承担社会主义社会创造者的使命呢？这是由其阶级特点、历史地位和经济地位决定的。在资本主义社会中，与资产阶级对立的一切其他阶级都随着大工业的发展日趋衰落，唯有工人阶级是大工业的产物，是新生产方式的代表者。但无产阶级的劳动并没有使自己致富，反而成为资本实现增殖的手段，成为资本家赚取利润的工具。无产阶级创造了社会财富，自己却没有任何财产，成为一无所有的赤贫者。无产阶级的经济地位和特点，决定其最富革命的彻底性，是资本主义社会的掘墓人。而伴随着社会化大工业的发展、交通的发达、通信的便捷，使得无产阶级最富有组织性、纪律性，使得利益一致的无产阶级的联合成为可能。无产阶级的历史地位决定了它能够代表一切被剥削被压迫人民的根本利益，这就使得过去少数人的或为少数人谋利益的运动，变成绝大多数人的、为绝大多数人谋利益的无产阶级革命运动。

无产阶级的斗争方式是多种多样的，但最终必然是夺取政权的政治斗争。其实，在不同的时代背景、历史条件和文化传统下，无产阶级革命方式的选择是不同的。马克思和恩格斯强调暴力革命是无产阶级革命的主要方式，这是由当时社会发展特别是阶级斗争的现实状况决定的。因为在当时的资本主义社会中，资产阶级为了维护自己的阶级统治，运用国家暴力工具来镇压劳动人民的反抗。因此，无产阶级唯有运用暴力推翻资产阶级才能建立自己的统治。而晚年的马克思和恩格斯根据时代形势的变化，对于和平夺取政权的方式给予了充分关注。

（三）科学预见未来共产主义社会的本质特征

1894 年 1 月 3 日，意大利的卡内帕请恩格斯为即将在日内瓦出版的周刊《新纪元》找一段题词，用以描述未来社会主义的纪元，以区别于但丁所说的"一些人统治，另一些人受苦难"的旧纪元。恩格斯经过仔细思考后回信说："除了《共产党宣言》中的下面这句话，我再也找不出合适的了。"这句话就是，"代替那存在着阶级和阶级对立的资产阶级旧社会的，将是这样一个联合体，在那里，每个人的自由发展是一切人的自由发展的条件"①。这正是马克思和恩格斯用极为凝练的语言概括的未来共产主义的本质特征。后来马克思在《资本论》中将这一重要思想表述为"自由人的联合体"。区别于空想社会主义者对未来社会的幻想，马克思和恩格斯对未来共产主义的预见是建立在对现实社会分析的基础之上的。他们特别将未来共产主义社会与资本主义社会进行了对比分析。《共产党宣言》指出，资本主义社会中活的劳动只是增殖已经积累起来的劳动的手段，而在共产主义社会里，积累起来的劳动则是丰富和提高工人生活的手段。那时，将会出现这样一个社会：人们"上午打猎，下午捕鱼，傍晚从事畜牧，晚饭后从事批判"②。

当然，以人的自由全面发展为本质的共产主义社会并不是虚无缥缈

---

① 《马克思恩格斯文集》第 2 卷，人民出版社 2009 年版，第 53 页。
② 《马克思恩格斯文集》第 1 卷，人民出版社 2009 年版，第 537 页。

的，它既是人们为之奋斗的目标，同时也是一个现实的发展过程，是一个不断努力、逐步发展完善的过程。《共产党宣言》中提出的无产阶级取得政权后要采取的十项措施中，例如实行八小时工作制、遗产税、累进所得税等目标，都在今天变为现实。这些都是在马克思主义理论的影响下，工人阶级联合斗争的结果。同时，今天的我们全面建成小康社会、致力于实现共同富裕、实现中华民族伟大复兴"中国梦"的实践，本身就是在社会主义的中国积累共产主义的因素、在推动人的自由全面发展。

（四）制定无产阶级革命的策略路线和无产阶级政党的建党纲领

资产阶级对封建社会的改造，是在资产阶级政党的主导下进行的。无产阶级反对资产阶级的斗争、对社会主义社会的治理，也必须坚持无产阶级政党的领导。由此，马克思和恩格斯阐述了无产阶级革命的具体条件和途径。

无产阶级要完成历史使命需要组织自己的政党。《共产党宣言》强调，建立自己的、以科学共产主义为指导的政党，是无产阶级实现自己历史使命的首要条件和组织保证。共产党之所以能够领导无产阶级革命运动，原因有两个方面：一是共产党人代表了无产阶级的根本利益。在无产阶级内部的不同阶层、不同民族之间，共产党人始终代表了无产阶级的共同利益；在无产阶级与资产阶级斗争的各个发展阶段，共产党人始终代表整个运动的利益。二是共产党人在理论上和实践上具有先进性。在理论方面，共产党人比其他群众更了解无产阶级运动的条件、进程和一般结果；在实践方面，共产党人能够成为各国工人政党中最坚决、始终起推动作用的部分。

共产党人的最近目标是无产阶级夺取政权，最终目标是消灭私有制。确定正确的行动目标和纲领，是无产阶级实现自己历史使命的前提。马克思和恩格斯提出，共产党人的最低纲领即最近目标：使无产阶级形成阶级，推翻资产阶级的统治，由无产阶级夺取政权。而共产党人的最高纲领即最终目标：消灭私有制，消灭阶级和阶级差别，实现共产主义。他们强调指出："共产党人可以把自己的理论概括为一句话：消灭私有制。"① 特别强调的是，这里所说的消灭私有制，不是要废除一般的所有制，而是要废除资产阶级的所有制。马克思在后来的《资本论》第一卷中对此也进行了区分：生产手段归社会所有，生活手段依然归个人所有。由此可见，共产党人的目标并不像一些人想象的那样把所有的个人财产没收变为社会财产。经典作家还强调，不能脱离现有的生产力状况片面地强调消灭私有制。恩格斯在《共产主义原理》中回答"能不能一下子就把私有制废除"时，明确说："不，不能，正像不能一下子就把现有的生产力扩大到为实行财产公有所必要的程度一样。因此，很可能就要来临的无产阶级革命，只能逐步改造现今社会，只有创造了所必需的大量生产资料之后，才能废除私有制。"②

阐述共产党人的基本策略原理。共产党人应坚持最低纲领与最高纲领的辩证统一，既要为工人阶级眼前的利益斗争，又要着眼于运动的未来；既要支持一切进步运动，又要在革命的联合中坚持独立自主、不丧失原则。具体来说，为实现最低纲领，无产阶级不拒绝参加资产阶级民主革命，与小资产阶级和反对封建专制的资产阶级建立联合统一战线。但共产党和无产阶级必须坚持自己运动的未来方向，要善于培养工人阶级反对资产阶级的斗争意识，使其能立即利用资产阶级取得统治后所带来的政治、社会条件进行反对资产阶级的斗争。当无产阶级达到最近目标后，就应当运用自己的政治统治，逐步夺取资产阶级的全部资本，把

---

① 《马克思恩格斯文集》第 2 卷，人民出版社 2009 年版，第 45 页。
② 《马克思恩格斯文集》第 1 卷，人民出版社 2009 年版，第 685 页。

一切生产工具集中在国家手中，并且尽可能快地增加生产力的总量。换句话说，就是大力发展生产，以期为实现共产党人的最终目标、实现向无阶级社会的过渡创立条件。

第二讲

马克思主义的丰富发展

1848 年至 1875 年，是世界资本主义大发展时期，也是资本主义社会内部矛盾进一步暴露，资产阶级与无产阶级矛盾斗争日益尖锐的时期。在这一时期，革命运动此起彼伏，阶级斗争错综复杂，社会矛盾层出不穷。新的社会实践提出许多新的时代课题，这些课题又要求马克思、恩格斯所创立的新理论作出科学的解释与分析。此时的马克思和恩格斯风华正茂、精力充沛。一方面，他们积极投身于蓬勃发展的无产阶级革命运动，科学总结革命实践的经验教训，从而在实践中检验、完善了马克思主义理论；另一方面，他们深入研究资本主义生产方式的内在矛盾和运动规律，形成并拓展了马克思主义政治经济学，揭示了资本主义必然灭亡、社会主义必然胜利的历史发展规律，丰富和发展了科学社会主义理论。可以说，马克思主义是在时代的呼唤中问世的，同样也是在不断发展的实践中经受检验和丰富发展的。

一、唯物史观的运用与发展

1848 年初，几乎就在马克思把《共产党宣言》手稿寄往伦敦的同时，欧洲革命爆发了。革命先是爆发于西西里，随后革命火焰迅速蔓延至巴黎、柏林、维也纳等地，席卷了大半个欧洲。马克思和恩格斯敏锐地发现，1848 年欧洲革命已远不同于 1789 年的法国大革命，因为此时无产阶级已经作为独立的政治力量登上了政治的历史舞台。在这场资产阶级性质的民族民主革命过程中，无产阶级不仅以极大的热情直接投身并积极指导革命，而且自觉地把《共产党宣言》中的马克思主义原理运用于实际的革命斗争中、接受其检验。在 1848 年革命失败后，马克思和恩格斯总结革命的经验教训，先后写下了《1848 年至 1850 年的法兰西阶级斗争》《德国的革命和反革命》《路易·波拿巴的雾月十八日》等一系列重要论著。

马克思和恩格斯进行了分工，前者主要负责对法国革命的总结分析，而后者主要负责对德国革命进行总结。在《1848 年至 1850 年的法兰西阶级斗争》中，马克思第一次运用唯物史观来研究法国的一整段历史时期，科学分析了 1848 年法国的二月革命和六月起义等重大事件，剖析了当时各阶级力量的对比状况、各个阶级的作用，以及导致革命失败的因素。而《路易·波拿巴的雾月十八日》则是上述篇章的续篇，是为评述 1851 年 12 月 2 日的路易·波拿巴政变而写的。当时作为法国总统的路易·波拿巴发动政变，废除共和，复辟帝制，号称拿破仑三世。在此之前，他的叔叔拿破仑曾在法国大革命后的共和八年雾月十八日发动政变，改行帝制，施行军事独裁。因此，马克思用此标题具有极强的讽刺意味。《德国的革命和反革命》则是恩格斯用唯物史观来研究德国 1848 年至 1849 年革命的著作。当时美国《纽约每日论坛报》邀请马克思撰稿，但马克思正忙于政治经济学的研究，恩格斯就以马克思的名义在这家报纸上发表了题为《德国的革命与反革命》的一组文章。这些论著已不再像经典作家在 1848 年以前那样进行哲学的探讨，更多的是运用唯物史观来研究现实的法兰西阶级斗争、德国革命等具体革命实践，从而将无产阶级革命和专政的理论提升到一个新的阶段。论著提出的一系列重要观点，不仅对当时的革命运动具有现实的指导意义，更极大丰富和发展了马克思主义关于革命、国家和无产阶级的学说。在其后的《〈政治经济学批判〉序言》中，马克思和恩格斯对唯物史观的基本原理进行了经典的阐述。

（一）对经济基础与上层建筑理论的丰富发展

在研究 1848 年革命时，马克思和恩格斯需要解答的首要问题就是如何看待这次革命，怎样说明这次革命的产生、发展和结局。他们坚持运用唯物史观来研究法国和德国革命的具体问题，进一步丰富了唯物史观理论。

马克思和恩格斯认为，探究法国与德国革命产生的根源，不应当从单纯的外部力量来考察，也不能将其作为少数领袖人物偶然行为和动机的结果，而应当到那个国家的社会经济状况中去寻找答案。以法国二月革命为例，经济危机基础上的金融贵族与工业资产阶级改革选举制度的斗争，导致了革命的爆发和共和国的成立。而革命果实被资产阶级篡夺、无产阶级遭受更深剥削的状况，又激发起现代社会中无产阶级与资产阶级的第一次交锋——六月起义。同样，德国革命爆发的根源是资本主义的发展同封建割据势力的矛盾，德国社会的阶级结构及其矛盾斗争蕴含着革命爆发的必然性。

在分析法国与德国革命时，马克思和恩格斯深刻运用了经济基础与上层建筑的理论。他们将所有制形式作为社会的经济基础，把国家、法和各种意识形态作为上层建筑。他们不仅用经济基础的决定作用来阐述革命发生的必然性，还用上层建筑的相对独立性和能动性来阐述各国革命的具体特点。例如，法国革命带有明显的软弱性，这与当时无产阶级还不够成熟、各种反对党派的力量还没有充分展开密切相关，他们对资产阶级还抱有不切实际的幻想。因此，在法国革命过程中，政权的更迭必然由比较激进的派别转为更为温和的派别，最后导致帝制的复辟，形成一个逐步下降的路线。就德国革命而言，当时的德国还是一个农业大国，封建残余势力还很强大，德国资产阶级的革命精神更不如法国，因此它"对于保守派来说是革命的，对于革命派来说却是保守的"①。

（二）对无产阶级革命斗争理论的新发展

1848 年革命中无产阶级与资产阶级的交锋和斗争的实践，为无产阶级革命理论提供了新鲜的经验。马克思与恩格斯正是在此基础上进行深入研究、提炼升华，鲜明提出打碎资产阶级国家机器、建立无产阶级专政的思想，推动了革命斗争理论的新发展。

首先，马克思和恩格斯充分肯定了革命在历史发展进程中的作用，提出"革命是历史的火车头"②这一重要论断。以往人们对革命的历史作用存在诸多偏差：剥削阶级把革命视为灾难，竭力想扑灭它，即使有时参与进来，也不过是为实现自身目的的权宜之计；而被剥削阶级由于没有认识到自己的使命，只是把革命作为摆脱困境的出路、作为同压迫者斗争的一种手段。与此相区别，马克思和恩格斯通过对革命兴衰成败全过程的深刻分析，揭示了社会发展的深层动因，把革命同历史的进步发展联系起来，进一步认识到无产阶级的伟大历史作用，从而为无产阶级革命理论作出了新贡献。

其次，科学回答了无产阶级革命同资产阶级国家的关系，第一次提出打碎资产阶级国家机器、建立无产阶级专政的思想。1848 年革命的实践表明，资产阶级在取得政权后绝不会与工人阶级分享，而只会运用国家机器去残暴地镇压工人。马克思和恩格斯在梳理总结革命政权变化

---

① 《马克思恩格斯文集》第 2 卷，人民出版社 2009 年版，第 75 页。
② 《马克思恩格斯文集》第 2 卷，人民出版社 2009 年版，第 161 页。

过程后，发现剥削阶级的国家总是随着国内外阶级斗争的尖锐而不断强化，国家机器更为完备。作为无产阶级来说，要想改变自己的处境，就必须把这一机器"摧毁"或"打碎"。既然旧的国家机器被打碎了，那就需要新的国家机器来代替，而"这个时期的国家只能是无产阶级的革命专政"①。在这里，马克思和恩格斯把《共产党宣言》中的思想进一步具体化：将推翻资产阶级的思想，具体化为打碎资产阶级国家机器；将工人阶级上升为统治阶级的思想，具体化为工人阶级专政，并且把两者作为逻辑严密的有机整体来看待。

最后，马克思和恩格斯提出，把民主革命转变为社会主义革命即"不断革命"的策略原则。当时流行的资产阶级和小资产阶级社会主义思潮认为，完成了资产阶级革命之后革命就应当停止了，对无产阶级革命的艰巨性、长期性认识不足。马克思和恩格斯指出，资产阶级革命只是无产阶级革命的序幕，进而提出"不断革命"的战斗口号，强调把资产阶级民主革命进行到底，并且将其过渡到社会主义革命。他们提出，社会主义就是宣布"不断革命"，就是无产阶级的阶级专政，而且这种专政是消灭一切阶级差别的过渡阶段。他们不仅把科学社会主义作为无产阶级革命的目的，而且把无产阶级作为实现社会主义的桥梁。这些论断创造性地发展了无产阶级革命理论和科学社会主义理论。

（三）科学阐述工农联盟的思想

在深刻总结 1848 年欧洲革命经验教训的基础上，马克思和恩格斯第一次全面系统地阐述了无产阶级夺取革命胜利的基本条件——工农联盟的思想。他们强调，无产阶级要取得革命的胜利就必须正确解决革命的同盟军问题，否则就完不成自己的历史使命。法国二月革命、巴黎工

---

① 《马克思恩格斯文集》第 3 卷，人民出版社 2009 年版，第 4 页。

人六月起义、德国民主革命等，其失败的重要原因之一，是没有形成工农联盟、无产阶级没有得到农民的支持。马克思和恩格斯指出，农民是无产阶级天然的同盟军，由无产阶级领导的工农联盟是夺取革命胜利的重要前提条件。忽略这一点，无产阶级的革命在一切农民国度中都不免要变成独唱，变成孤鸿哀鸣。

马克思和恩格斯不仅分析了工农联盟的重要性、必要性，而且还对农民阶级本身进行了分析，指出工农联盟的可能性。农民作为一个具有两重性的阶级，既有革命的一面，又有保守的一面。在以前的资产阶级民主革命中，农民是资产阶级的同盟，他们要反对共同的敌人——封建贵族。但随着资产阶级统治地位的确立，资产阶级为了与封建贵族妥协，往往出卖自己的农民同盟军，1848 年的革命就说明了这一点。同时，随着资本主义生产方式的确立，农民与工人一样越来越受到资本的剥削，其与资产阶级的利益之争越来越不可调和。唯有资本瓦解后，农民的地位才能提高；只有建立无产阶级领导的政府，农民经济贫困、社会地位低下的状况才能改变。因此，农民与无产阶级在境遇、地位、利益上的共同性，是农工联盟建立的可靠基础。越是随着革命的发展，农民和无产阶级将越深刻地认识到这一点。

（四）系统阐发唯物史观

在《〈政治经济学批判〉序言》中，马克思进一步阐述了历史唯物主义的一系列重要原理，把生产关系从一切社会关系中区分出来，强调其对其他一切社会基本关系的决定性作用。同时，他对唯物史观的基本原理作了最为经典的表述："人们在自己生活的社会生产中发生一定的、必然的、不以他们的意志为转移的关系，即同他们的物质生产力的一定发展阶段相适合的生产关系。这些生产关系的总和构成社会的经济结构，即有法律的和政治的上层建筑竖立其上并有一定的社会意识形式与之相适应的现实基础。物质生活的生产方式制约着整个社会生活、政治生活和精神生活的过程。不是人们的意识决定人们的存在，相反，是人们的社会存在决定人们的意识。"① 同时，马克思阐述了社会基本矛盾运动的规律，强调生产力与生产关系、经济基础与上层建筑之间的矛盾是人类社会的基本矛盾，从而揭示了人类社会由低级向高级发展的推动力量，揭示了阶级社会中革命的物质根源。马克思还通过对西欧历史的研究，提出了亚细亚的、古希腊罗马的、封建的、现代资产阶级的生产方式等演进过程，揭示出人类社会发展的自然历史过程和一般规律。

特别值得注意的是，马克思在《〈政治经济学批判〉序言》中阐述了"两个决不会"的重要思想："无论哪一个社会形态，在它所能容纳的全部生产力发挥出来以前，是决不会灭亡的；而新的更高的生产关系，在它的物质存在条件在旧社会的胎胞里成熟以前，是决不会出现的。"② 应当看到，这是对《共产党宣言》中"两个必然"即资产阶级必然灭亡和无产阶级必然胜利思想的发展和补充。"两个必然"揭示了社会主义代替资本主义的客观趋势，"两个决不会"凸显的是社会主义代替资本主义的长期性与艰巨性。两者相互联系，辩证统一。唯有理解把握好这两个方面，才能深刻理解社会主义代替资本主义的问题。

二、剩余价值学说的创立

马克思曾先后致力于法学、历史和哲学的研究，但在担任《莱茵报》主编时他第一次遇到了要对物质利益发表意见的难事，即有关林木盗窃法的辩论。出于对共产主义理论论证的需要，马克思从 1843 年年底开

---

① 《马克思恩格斯文集》第 2 卷，人民出版社 2009 年版，第 591 页。
② 《马克思恩格斯文集》第 2 卷，人民出版社 2009 年版，第 592 页。

始研究政治经济学。1848 年的欧洲革命运动曾使马克思的研究一度中断。此后直至去世，马克思用一生中的"黄金时间"主要用于对政治经济学的研究。他充分利用伦敦作为当时世界资本主义贸易与金融中心的区位优势，近距离观察资本主义经济关系；充分利用大不列颠博物馆图书馆内丰富的政治经济学文献和资料，深入考察和研究资本主义生产方式的运行规律，在研读各类经济学文献的过程中写下大量读书笔记和成果，其中包括《〈政治经济学批判〉导言》《资本论》等经典著作。回顾马克思、恩格斯对政治经济学探索的过程，我们可以看到他们正是在批判借鉴古典经济学理论的基础上，通过艰辛的努力最终实现了劳动价值论的科学革命，创立了剩余价值学说，形成了马克思主义政治经济学，从而揭示出资本主义生产方式的全部奥秘，实现了对资本主义生产方式的内在矛盾和运动规律的科学分析。随着资本主义社会矛盾的进一步激化，马克思和恩格斯依据社会变化发展的新情况，不断深化和拓展对政治经济学的研究，丰富和完善相关理论。

（一）阐述政治经济学的研究对象和方法

《〈政治经济学批判〉导言》是马克思在 1857 年至 1858 年间撰写的六篇经济学手稿中的一篇。它是马克思计划要完成的"政治经济学批判"这一经济学巨著的导言。尽管这是一部没有完成的理论著作，因为马克思后来认为"预先说出正要证明的结论总是有妨害的"[①]。但它是一篇有着重要理论意义的经典著作，是马克思从《1844 年经济学哲学手稿》以后 13 年来对政治经济学研究、思考的结果，明确阐述了政治经济学的研究对象和研究方法。

首先，政治经济学的研究对象是一定生产关系下的物质生产。马克

---

① 《马克思恩格斯文集》第 2 卷，人民出版 2009 年版，第 588 页。

思在《〈政治经济学批判〉导言》开篇第一句话就亮明自己的观点：政治经济学研究的对象首先是物质生产。但这里的物质生产与以往资产阶级经济学家的理解不同。后者尽管也把生产作为研究的对象，但由于历史和阶级的局限，他们不是把社会生产而是把孤立的个人生产作为出发点，把生产理解为抽象的个人生产活动。这样一来，他们就抛开了生产的历史性，进而把资本主义生产方式及其经济关系作为永恒的存在。马克思认为，人不能孤立地进行生产，而必须在特定的生产关系和所有制关系下进行生产活动。因此，政治经济学研究的对象不是"生产一般"或"一般生产"，而是一定社会发展阶段上的物质生产。"生产一般"把历史上各个阶段的生产差异性取消掉了，仅得出一切生产所具有的共同特征，不能真正反映生产发展的历史性，不能揭示生产在不同历史阶段所表现出来的不同特征。而研究一定社会阶段的物质生产，就必须研究人们在物质生产过程中结成的社会关系。马克思强调，政治经济学不能空谈生产，而必须抓住生产关系，对不同历史阶段的生产进行深入具体考察。这些论断对以往资产阶级经济学理论体系给予沉重一击。由此，马克思把现代资本主义生产作为主要的研究对象。

其次，深入剖析社会生产与分配、交换、消费的辩证统一关系。就生产与消费的关系而言，两者具有直接同一性：生产是消费，要消费人力和生产资料；消费是生产，是人自身的再生产；两者相互作用，即生产决定着消费，为消费创造材料、决定消费方式、生产出消费的对象、方式和动力，同时消费反作用于生产，使生产的产品成为现实的产品，并创造出新的生产需要。马克思举例说，一条铁路，若不通车、不消费，只是可能的铁路；衣服由于穿的行为才现实地成为衣服。就生产与分配的关系而言，生产决定分配，处于生产和消费之间的分配对生产具有反作用。马克思将分配区分为两种，一种是生产过程中的分配，一种是产品的分配，两者具有直接同一性。前者主要是指生产工具和社会成员在各类生产中的分配，它们参与生产的方式直接决定着最终的分配方式。例如，资本参加生产，在分配中就表现为利润的形式，而雇佣劳动参加生产，相对应的分配方式是工资。就生产和交换的关系而言，作为生产与分配和消费之间中介的交换，或者是直接包含在生产之中，或者是由生产决定。因为在生产本身中发生的各种活动和能力的交换直接属于生产；用以制造消费品的产品交换是包含在生产之中的行为；企业家的交换本身也是生产活动；直接为了消费而进行的产品交换，由生产决定。总而言之，生产、分配、交换、消费构成一个总体的各个环节，生产是出发点和决定因素，它决定着消费、分配、交换和这些不同要素相互间的一定关系。

最后，揭示抽象上升为具体的方法是政治经济学研究的科学方法。马克思认为，人们在思维中把握客观对象有两条道路：一条是从具体到抽象，另一条是从抽象到具体。从抽象上升为具体的方法，就是以现实为依据，从简单的抽象规定开始，逐步上升到越来越具体的规定，从而在理论上使客观事物的内在联系和发展过程得到科学的说明和再现，实现逻辑与历史的统一。正如一棵大树，总是先从根干长起，然后才能枝繁叶茂。这里的具体，是许多规定的综合，是多样性的统一，在思维中表现为综合的过程，表现为结果。而从具体上升到抽象的方法，把完整的表象变成一些孤立的抽象规定，无法得出事物的总体认识。正如黑格尔指出，用分析的方法研究对象，就像剥葱，将葱皮一层层剥掉了，原来的葱也不在了。马克思在《资本论》中正是运用抽象上升到具体的方法对资本主义社会进行研究，从简单的抽象范畴"商品"开始，通过揭示商品的内部矛盾过渡到货币，从货币过渡到资本，从资本过渡到剩余价值，通过对绝对剩余价值和相对剩余价值的综合考察，揭示出工资的本质、运动规律及其采取的各种形式。《资本论》的逻辑结构也体现出这一方法，第一卷主要考察资本主义生产过程，第二卷考察资本流通过程，第三卷则将资本生产与流通的过程进行综合考察，在思维中再现资本主义这一总体。

（二）劳动价值论的科学革命

在批判地继承资产阶级古典政治经济学理论的基础上，马克思从19世纪50年代后半期开始直至《资本论》第一卷出版，用了长达10年的时间进行科学研究，从而实现了理论上的突破，建立了科学的劳动价值论体系。劳动价值论也成为马克思主义政治经济学的基石。

劳动价值论核心就是明确劳动而非其他生产要素创造了价值。马克思在《资本论》中从"商品"这个简单的抽象概念出发，从价值的质、价值的量、价值形式、价值规律四个方面进行了论述。关于价值的质，马克思从商品着手，分析了商品的使用价值与价值之间的对立统一关系，进而指出价值是人的劳动创造的。在此，马克思将人的劳动区分为具体劳动和抽象劳动，指出抽象劳动是商品价值的源泉。劳动的二重性成为理解政治经济学说的枢纽，使马克思主义劳动价值论克服了古典经济学劳动价值论中不能克服的矛盾，将劳动价值论建立在科学的基础之上。关于价值的量，马克思指出，既然商品的价值由劳动创造，那么价值的大小就取决于凝结在产品中的劳动量。这种劳动量需要用劳动时间来衡量，决定商品价值的只能是社会必要劳动时间，而不是个人的个别劳动时间。换句话说，商品的价值量与凝结在商品中的劳动价值量成正比，与这一劳动的生产力成反比。因为生产力水平越高，生产这一物品所用的劳动时间就越少，那么凝结在该物品中的劳动量就越小。反之亦然。关于价值的形式，马克思认为其在商品同商品的社会关系中表现出来。他分析了从简单价值形式到扩大价值形式，再到一般价值形式，最后到货币形式的发展历程。货币具有价值尺度、流通手段、贮藏手段、世界货币的职能，其流通有自身的规律。货币产生后，商品内在的使用价值与价值的矛盾，就外化为商品与货币之间的对立。关于价值规律，马克思揭示了商品的价值由生产商品的社会必要劳动时间决定，商品按照价值量进行等价交换的客观必然性。在私有制商品经济中，整个社会的生产和流通不可能全面实行按计划进行，那么支配着各个行业和企业生产流通的只能是价值规律。这一规律通过竞争、供求、价格等机制发挥作用，调节着资源在不同生产部门之间的分配比例。同时，它刺激商品生产者不断改进技术，提高劳动生产率，从而最终引起生产者的两极分化，实现优胜劣汰。

（三）剩余价值学说的创立

马克思在《资本论》中全面系统地阐述了科学的剩余价值理论，揭示了资本主义经济运动的基本规律，揭示了资本家剥削工人的秘密，揭示了资本主义不平等的根源。这一理论主要包括剩余价值生产的前提、生产的过程、生活的方法和剩余价值规律四个方面。

一是剩余价值生产的前提。马克思通过揭示资本流通总公式中的矛盾，提出货币占有者必须在市场上找到一种商品，它的使用价值本身就具有成为价值源泉的属性。这种独特的商品就是劳动力。换言之，劳动力成为商品，是剩余价值生产的前提。而要想让劳动力成为商品，必须满足两个条件：其一，劳动者必须是法律上的自由人；其二，劳动力必须自由得一无所有。前一种自由使劳动力作为商品成为可能，后一种自由则使得劳动力作为商品成为必要。作为商品，劳动力也有自身的价值，这种价值由生产和再生产劳动力所必需的劳动时间决定。二是剩余价值生产的过程。马克思认为，工人劳动的时间可以分为两部分：一部分就是抵消资本家付给他的用于生产和再生产劳动力的时间，这部分时间叫作必要劳动时间；另一部分则是超过必要劳动时间以外的劳动时间，它由资本家无偿占有，叫作剩余劳动时间。剩余劳动时间形成剩余价值，所以价值增值的过程实际上就是超过一定点继续延长的价值形成过程。为了获得更多的剩余价值，资本家总是千方百计地延长工人的剩余劳动时间。三是剩余价值生产的方法。为了获取更多的剩余价值，延长剩余劳动时间，资本家主要采取两种方式：一种是延长工作日和提高劳动工作强度，这是绝对剩余价值的生产方法；另一种是工作日不变甚至缩短，通过新技术、新机器等缩短必要劳动时间来延长剩余劳动时间，这是相对剩余价值的生产方法。四是剩余价值规律。马克思指出，资本家不是守财奴，资本的本质在于运动，资本家的本质就是不断榨取剩余价值。这一规律是支配资本主义生产、分配、交换和消费的基本规律，制约着资本主义生产方式产生、发展和消亡的全过程，在资本主义经济规律体系中起主导作用。

（四）揭示资本主义生产方式的本质及其历史趋势

马克思通过对劳动价值论和剩余价值论的研究，揭示了资本主义生产的实质。他通过对资本积累理论、资本流通理论和资本主义经济危机理论的研究，揭示了资本主义发展的历史趋势。

马克思认为，资本主义生产的实质是剩余价值的生产。剩余价值规律集中反映了资本主义生产的目的、动机和实质，追求最大限度的剩余价值是资本主义生产的根本目的。在资本主义生产的过程中，无论是生产资料、劳动者的劳动，还是生产的产品都归资本家所有，生产过程按资本家的意愿进行。资本主义生产不仅是生产使用价值的过程，同时也是价值形成的过程，更是价值增殖的过程。尽管资本家利用工资的形式、利用平等交换的假象来掩盖对工人的剥削，但无法改变资本家无偿占有工人创造出来的剩余价值这一事实。

关于资本积累理论，马克思分析了资本积累的动因、一般规律和历史趋势。资本积累的实质是剩余价值的资本化。对剩余价值的追求，使得资本家将一部分剩余价值转化为资本，进行资本积累、扩大再生产。为了同样的目的，资本家争相提高生产技术、提高劳动生产力，这就出现了机器排挤工人的现象，进而出现两种积累的趋势：资产阶级财富的积累和无产阶级贫困的积累。马克思从资本积累回溯到资本原始积累，揭示出资本积累必然导致生产的社会化程度越来越高，同时生产资料越来越集中于少数人手中，两者的矛盾越来越尖锐，导致资本主义不可避免地走向消亡。关于资本流通理论，马克思在《资本论》第二卷中分析了产业资本顺次经过购买、生产、销售三个阶段，采取货币资本、生产资本和商业资本三种职能形式，使价值增殖并回到出发点的运动过程。在这一过程中，资本周转速度越快，对资本家剩余价值的生产越有意义。在分析社会总资本再生产和流通问题时，马克思指出，无论是简单再生产还是扩大再生产，在社会生产的生产资料、消费资料这两大部类之间或部类内部，都必须保持一定的比例关系。唯有如此，社会资本再生产才能顺利进行。资本主义的社会资本再生产有其特有的运行机制，靠市场力量强制性地在破坏—恢复—破坏的循环中实现。关于资本主义经济危机理论，马克思始终将其与探索资本主义生产方式的运动规律紧密结合起来。在《资本论》第一至第三卷中，马克思通过对货币流通手段和支付手段的分析，对资本循环、资本周转和社会资本再生产的分析，对资本生产总过程的分析，深刻阐述了资本主义经济危机的根源及其对资本主义社会的影响。这种经济危机的根源，在于资本主义制度及资本主义社会的基本矛盾。经济危机是通过对生产力的极大破坏来强制缓解资本主义的一系列矛盾。当一个社会的生产力，只能依靠生产力极大破坏的方式继续前进时，这个社会必然难以摆脱走向崩溃的历史命运。

三、科学社会主义认识的新进展

19 世纪 60 年代以后，资本主义逐步从自由竞争向垄断阶段过渡。在此期间，资本主义经济获得快速发展，资本主义的内在矛盾日益激化，资本的财富积累与工人的贫困积累更为严重，这些都导致无产阶级与资产阶级的矛盾更为尖锐。欧洲的工人运动开始从原来的经济斗争转向政治斗争，许多无产阶级的政治组织得以建立。1864年，"国际工人协会"即第一国际成立，标志着工人运动进入一个新的阶段。1871年，法国巴黎工人举行武装起义，建立了世界历史上第一个工人阶级政府——巴黎公社，其伟大实践及其失败为马克思主义提出了一系列新的重大理论课题。马克思与恩格斯在回应时代课题的过程中，在与各种机会主义思潮斗争的过程中，不断深化对科学社会主义的认识，推动着马克思主义进入新的发展阶段。

（一）无产阶级革命、国家和政党学说的新发展

巴黎公社是人类历史上第一次无产阶级专政的尝试。尽管巴黎公社在坚持72天后失败了，但它的伟大实践为国际共产主义运动提供了极为宝贵的经验。马克思通过对巴黎公社革命经验的总结，进一步发展了无产阶级革命、国家和政党的学说。

第一，发展了无产阶级暴力革命的思想。巴黎公社的实践，不仅证明了马克思主义暴力革命理论的正确性，同时也为深化和发展这一理论提供了鲜活经验。马克思依据唯物史观的基本原理，揭示了巴黎公社革命爆发的深刻根源，指出无产阶级革命是资本主义基本矛盾发展的必然结果。同时，巴黎公社的一条重要经验，就是工人阶级在革命的过程中始终掌握着革命的武装，并用暴力革命打碎了旧的国家机器，建立了新生的革命政权，维护了革命秩序。而巴黎公社犯的一个重要错误，就在于革命者由于害怕承担篡夺政权和发动内战的恶名，没有运用革命暴力及时向反革命政府发动进攻，结果贻误战机，给予敌人以喘息和重新集结反动势力的机会，致使革命失败。

第二，从理论与实践的结合上丰富了无产阶级专政学说。在无产阶

级和资产阶级的斗争中，国家政权问题始终是一个核心问题。资产阶级的国家政权，是资产阶级镇压无产阶级的有组织的暴力工具。无产阶级革命斗争的首要目标，就是要推翻资产阶级的国家政权。因此，无产阶级夺取政权后，首先面临的是如何对待旧的国家机器的问题。马克思认为，巴黎公社革命用自己的实践证明了，工人阶级绝不能简单地通过掌握现成的资产阶级国家机器，并运用它来达到自己的目的。对资产阶级旧的国家机器必须用革命暴力彻底打碎，取而代之的是建立无产阶级专政的国家政权。唯有废除原有的常备军、警察局、官僚机构、法院等国家政权的支柱，工人阶级及其他劳动人民才能获得解放。而巴黎公社在政治、经济、教育等方面采取的措施，都鲜明体现了无产阶级专政的特点。

当然，打碎旧的国家政权，并不意味着无产阶级革命一胜利就彻底废除国家政权。无产阶级要废止的是那些在资产阶级政权中具有压迫性质的部分，特别是官僚体制和暴力机关等；而对于那些具有社会服务职能的部分，则应暂时保留下来。这种思想在其后的《哥达纲领批判》中有着详细阐述。应当说，这是马克思主义者与无政府主义者在对待资产阶级国家问题上的鲜明区别。彻底废除官僚制度，防止社会公仆变成社会主人，是巴黎公社创造的具有深远意义的经验。巴黎公社采用人民选举、监督并可以随时撤换的公仆来取代旧机构的官吏，明确规定国家公职人员只应领取相当于工人工资的薪金。这些都体现了社会主义民主的原则，保证了国家机关为人民服务的性质。

第三，论证了组建独立的马克思主义政党的重要性。尽管巴黎公社革命是在第一国际的影响下发生的，它本身却没有一个马克思主义的政党来领导。在当时，以布朗基主义和蒲鲁东主义为代表的机会主义者在公社中占据了多数。由于缺乏以科学理论武装的无产阶级政党的坚强领导，当面对强敌时，公社委员会内部分歧重重，分散并削弱了领导力量，造成许多重大的失误。他们没有制定出正确的政治路线，亦缺乏统一的军事指挥中心，自然也就难逃失败的悲惨厄运。公社失败的教训，使马克思和恩格斯对建立各国统一的无产阶级政党的重要性有了更为深刻的认识。1871 年 9 月，在伦敦召开的国际代表会议上，马克思和恩格斯突出强调了建立无产阶级政党对于夺取革命胜利的重要意义，并将其增补到国际工人协会的章程之中，即"无产阶级在反对有产阶级联合力量的斗争中，只有把自身组织成为与有产阶级建立的一切旧政党不同的、相对立的政党，才能作为一个阶级来行动"①。此后，该思想被更多的工人组织所接受，从而为许多欧美国家无产阶级政党的建立奠定了思想根基。

（二）论证社会政治变革与无产阶级专政的统一

在 19 世纪 70 年代的德国，随着工业革命的发展和工人的快速增加，产生了住宅短缺的问题。而围绕这一问题，不同的阶级站在各自的立场上提出不同的方案，在理论上激烈争论。恩格斯从工人阶级的利益出发，在报纸上发表了三篇论文批判了资产阶级、各种改良主义者的方案，特别是对蒲鲁东主义者进行了深刻的批判，阐明了马克思主义对解决住宅短缺这类社会问题的立场观点。这本论战性的著作就是《论住宅问题》，它在批判蒲鲁东主义者的种种"救世计划"的同时，阐述了科学社会主义的一些基本原理。

第一，阐明了无产阶级及其政党的斗争目标。恩格斯首先阐明了科学社会主义理论与小资产阶级社会主义、拉萨尔主义理论的区别，强调它们是对立、不可调和的。因为后两者不了解或轻视工人阶级的历史使命，错误估计农村的经济条件和农民的作用，不了解经济和技术进步的意义以及生产力在历史上的作用，把个别社会措施绝对化，否定了国家

---

① 《马克思恩格斯选集》第 2 卷，人民出版社 1995 年版，第 611 页。

的阶级性。接着，恩格斯阐述了无产阶级的斗争目标，即采取政治行动，实行无产阶级专政，并将其作为达到废除阶级和国家的过渡。同样，无产阶级政党必须把建立无产阶级专政作为自己斗争的目的。"每个真正的无产阶级政党，从英国宪章派起，总是把阶级政治，把无产阶级组织成为独立政党当作首要条件，把无产阶级专政当作斗争的最近目的。"①

第二，揭示了资产阶级国家的实质。恩格斯指出，资产阶级国家归根到底是"总资本家"，是有产阶级即土地所有者和资本家用来反对被剥削阶级即农民和工人的有组织的总权力。恩格斯强调，就住房问题来说，这样的国家顶多只能对住房问题进行局部的改革，但不可能也不愿意消除住房的困难。同样，资产阶级的法律不过是资本主义社会经济关系的反映。恩格斯还指出，在住房问题上，承租人与房主之间并不同于雇佣工人和资本家的关系，因为前者并不存在雇佣劳动。依据剩余价值理论，他还揭露了资产阶级对工人的残酷剥削和掠夺。

第三，阐述了城乡对立的原因及其消除。恩格斯首先批判了那种认为城乡对立是自然的、不可避免的错误观点。他提出，随着剥削阶级的消灭，城乡对立的社会经济基础就会消失。而消灭城乡对立是工业生产和农业生产的实际要求，在工人阶级的统治下将会产生两者关系日益密切的条件。唯有那时，工农业才能在生产力高度发展的情况下相互接近。他还提出，农民只有联合起来进行大规模经营，才能应用一切现代化的工具和机械。

此外，恩格斯还反对为未来社会臆造空想方案。他提出，无产阶级夺取政权后，用什么方式占有生产资料，是暴力、赎买或者其他方式，这些应取决于当时的具体条件。那种预先作面面俱到的回答，只能是制造空想。同时，他还批判蒲鲁东主义者把工业革命和科技进步作为"祸

① 《马克思恩格斯文集》第 3 卷，人民出版社 2009 年版，第 312 页。

害"的谬论，指出工业和科技进步使人的劳动生产力达到相当高的水平，从而为消灭阶级和满足全体社会成员的物质文化需求创造了必要条件。

（三）对共产主义学说的科学阐述

19 世纪 70 年代，德国工人运动中的两个派别爱森纳赫派与拉萨尔派合并，但当时爱森纳赫派领导人李卜克内西等人，没有听取马克思的告诫，在制定两派合并的纲领草案时作了无原则的妥协，大量保留了拉萨尔机会主义的错误观点。为澄清模糊认识、肃清消极影响，1875 年 5 月马克思抱病写下了《对德国工人党纲领的几点意见》，随函寄给了爱森纳赫派领导人威·白拉克等人。但马克思的意见并未被接受，草案仅作了某些文字修改后就在哥达召开的合并代表大会上通过了。而马克思对纲领的批注意见，被后人称为《哥达纲领批判》。马克思在世时，该著述并未发表，后来恩格斯为抑制机会主义思潮的需要，才将其公开发表。在其中，马克思不仅全面系统地批判了拉萨尔主义，更对未来共产主义社会发展阶段等理论进行了创新发展。该著作标志着马克思主义关于未来社会形态理论的最终形成。

第一，系统批判拉萨尔主义。首先，马克思批判了拉萨尔"劳动是一切财富的源泉"的错误观点，指出其要害在于避开了生产资料所有制这个根本，掩盖了资本家对工人的剥削，因为劳动只有具备物质条件并作为社会劳动时，才能成为财富的源泉。同时拉萨尔那种所谓"不折不扣"的公平分配也是一种幻想，人们不能仅围绕分配来兜圈子，根本的途径是消除资本主义生产资料所有制。其次，马克思批判了拉萨尔"铁的工资规律"的提法，指出工资不是劳动的价值和价格，而是劳动力价值的隐蔽形式。虽然这里只差了一个字，但却否认了劳动价值论和剩余价值论，掩盖了资本家无偿占有工人剩余劳动的秘密。最后，马克思批判了拉萨尔关于"自由国家"的谬论，强调国家的阶级属性，强调没有超越阶级的"自由国家",强调人们只有打碎旧的国家机器,把国家由高踞社会之上的机关变成为人民服务的机关,国家由社会主人变为社会公仆,人们才能获得自由。而随着阶级和阶级差别的消灭,作为阶级统治工具的国家自行消亡,取而代之的是"自由人的联合体",那才是真正意义上的自由。

第二,全面论述关于过渡时期的理论。在总结 1848 年至 1850 年革命斗争经验时,马克思就曾提出过无产阶级专政是一个过渡阶段的思想。在《法兰西内战》中,马克思认为,从资本主义向共产主义过渡是一个长期的历史过程。但这一过程必将遭到反动阶级的反抗,所以必须坚持无产阶级专政。而在《哥达纲领批判》中,马克思提出,在无产阶级革命的过程中,从资本主义社会变为共产主义社会必然要经历一个革命转变时期,同这一时期相适应的政治过渡期只能是无产阶级的革命专政。因为社会主义的经济因素不会在资本主义社会内部全部自动生成,只有依靠无产阶级专政的力量对社会进行彻底的改造,才能消灭资本主义私有制、建立社会主义公有制,才能过渡到社会主义社会。

第三,首次提出关于未来社会两个阶段及其特征的理论。《哥达纲领批判》首次明确揭示了未来共产主义社会可分为两个基本阶段,并具体分析了各个阶段相互区别的特征。就共产主义的第一阶段即社会主义阶段而言,由于其刚刚从资本主义社会中产生出来,因此在经济、道德和精神等方面都带有旧社会的痕迹。这一时期的社会生产力还不够发达,分配原则是按劳分配。按劳分配只是一种形式上的平等。一方面,生产者的权利能够用劳动这个同一尺度来计量;另一方面,由于个体在体力、智力等方面存在着差别,因此实际收入并不相同。而在共产主义的高级阶段,随着生产力的高度发展,脑力劳动和体力劳动的对立将消失,劳动已经不再是人们谋生的手段而是生活的第一需要。在那时,人们将各尽所能、按需分配。马克思将共产主义作为一个由低级向高级不断发展的过程,两个阶段的区别主要在于生产力发展状况的不同,由此决定了生产关系和人自身发展程度上的差别。因此，无产阶级在共产主义的第一阶段必须大力发展生产力，为实现人的全面自由发展、实现按需分配提供必要的物质基础。

四、马克思和恩格斯的东方社会思想

马克思和恩格斯晚年清醒地意识到，他们关于阶级社会以前的古代社会的认识是其早期理论研究中的薄弱环节，而这直接关系到唯物史观的完整性，关系到一些具体观点的准确性和科学性。与此同时，19世纪50年代以后，东方社会的民族民主革命如中国革命、俄国革命等风起云涌，不仅直接关系到本国的存亡及前途，而且直接影响着西方资本主义国家的发展方向。为了丰富和发展唯物史观，为了研究和回答东方社会的现实革命问题，在理论与实践的双重推动下，马克思和恩格斯深入研究了印度、中国、俄国等东方社会，在长期、曲折的探索中提出了一系列重要思想。这些思想进一步丰富和发展了唯物史观及科学社会主义原理，为我们正确认识和把握落后国家社会主义的进程特别是中国特色社会主义的特征及发展道路，提供了重要的方法论启示。

（一）在家庭、氏族、私有制、阶级斗争等问题上形成了新认识

准确认识和把握家庭、氏族、私有制、阶级斗争的形成和发展，认清人类社会的历史起点及其发展规律，这是唯物史观的内在要求和重要内容。在研究文化人类学之前，马克思和恩格斯对这些问题的认识是模糊的，有的观点甚至是错误的。马克思和恩格斯在认真研究了当时一系列文化人类学著作之后，改变或修正了原来的错误认识，提出了一系列科学的新观点。

在对家庭问题的认识上，马克思改变了把父权制家庭看作原始社会典型的家庭形式的传统观念，认识到父权制家庭是原始社会晚期的产物。把父权制家庭看作原始社会典型的家庭形式，这是西方社会的思想传统。摩尔根对古代社会长期、深入的研究，突破了上述传统观念。他从语义学以及家庭史理论两个层面揭示了上述传统观念的错误所在，提出了父权制家庭出现于原始社会晚期的重要思想。马克思接受了摩尔根的这一观点，并以此为武器批评了梅恩的父权制理论，认为在父权制家庭之前还存在着其他更为原始的家庭形式。因此，把父权制家庭看作原始社会典型的家庭形式是不正确的。

在对氏族以及氏族和家庭关系问题的认识上，马克思曾认为原始社会的基本组织不是氏族，而是个体家庭。这种认识曾使马克思混淆了氏族公社和农村公社的区别，不能准确而科学地揭示人类社会历史的"原生形态"及其演进规律。摩尔根等人关于早期人类社会的实证研究，给马克思以很大启发。在全面吸取摩尔根等人有益思想的基础上，马克思逐渐认识到，氏族在时间上要远远早于个体家庭，个体家庭不是氏族产生的基础。他认为，按起源来说，氏族要早于专偶制和对偶制家庭，它是和普那路亚家庭大致同时的东西，但是这些家庭形式没有一个是氏族的基础。每一个家庭，不管是古老的或不是古老的，都是一半在氏族之内，一半在氏族之外，因为丈夫和妻子属于不同的氏族。

对氏族和家庭之间关系的正确认识，为马克思和恩格斯正确辨别农村公社和氏族公社的联系和区别、发现人类社会历史的"原生形态"奠定了基础。在深入研究摩尔根等人的著作、正确揭示氏族和家庭之间关系的基础上，马克思发现印度的农村公社不是原始的形式，在它之前还有更古老的氏族公社。氏族是人类社会的起点，原始的氏族公社经济是人类社会的最初经济形态。农村公社只是史前社会转向阶级社会、公有制转向私有制的过渡阶段，是古代形态的最后阶段或最后时期。在农村公社基础上抽象出的"亚细亚生产方式"不能代表人类社会历史的"原生形态"，不能科学反映史前社会的本质。在这里，马克思清晰地看到了氏族和个体家庭、氏族公社和农村公社的联系和区别，揭示了史前社会的本质和人类历史的真正起点。

在对私有制问题的认识上，马克思和恩格斯吸收借鉴文化人类学的研究成果，特别是摩尔根关于原始人财产关系的研究及其思想成果，为科学认识和回答这一问题奠定了基础。在摩尔根看来，随着财产的增长，逐渐产生了原始人财产关系的三种继承法：（1）死者的财产分给其所在氏族的所有成员；（2）分给同宗的亲属；（3）分给自己的子女。在这里，摩尔根实际上以自己的方式回答了私有财产的起源问题，给马克思揭示私有制的形成提供了重要启示。在汲取摩尔根上述有益思想的基础上，马克思认识到，私有制是随着生产技术的进步、生产力的发展、财产的不断增多而产生的，它不是自古以来就有的，也不会永远存在，从而科学揭示了私有制的起源及其历史暂时性。

在对阶级斗争问题的认识上，马克思和恩格斯曾把整个人类的历史都看成阶级斗争的历史。在深入研究了文化人类学的著作之后，他们的思想出现了较大转变。在摩尔根笔记中，马克思摘录摩尔根关于专偶制家庭的论述时指出，傅立叶认为专偶制和土地私有制是文明时代的特征。在马克思看来，只有从现代家庭萌芽之后的历史，才是阶级斗争的历史。而在此之前的漫长人类历史中则不存在阶级和阶级斗争。很明显，马克思在这里对"整个人类历史都是阶级斗争的历史"这一观点进行了修正，揭示了阶级斗争的历史形成及其界限，使这一理论更加科学、准确。

（二）丰富和发展"世界历史"思想

马克思和恩格斯最初在《德意志意识形态》中提出了"世界历史"思想。在《共产党宣言》中，马克思和恩格斯的"世界历史"思想又得到进一步发展。他们认为，世界市场的开拓和建立，打破了过去那种地方的、民族的自给自足和闭关自守状态，加强了各个国家和各个民族在各个方面的相互往来、相互依赖和相互影响。这种相互关系不仅表现在物质生产方面，而且表现在精神生产方面。当然，在世界历史和世界各民族的相互影响和相互作用中，不同的国家和民族，其地位和作用是不同的。马克思和恩格斯认为，西方资本主义国家在这一过程中占据主导地位，并着重分析了西方资本主义国家对东方落后国家的影响。19世纪50年代以后，马克思和恩格斯进一步发展了他们的"世界历史"思想并呈现出两个不同特点：第一，从思想载体来看，不是在论述西方社会的著作及文章中，而主要是在论述东方社会的著作及文章中进一步阐述了"世界历史"思想；第二，从论述的侧重点来看，不仅论述了西方对东方的影响，还论述了东方对西方的影响，深入分析了东西方社会相互作用、相互影响的意义及价值。

关于西方资本主义社会对东方社会的影响，马克思在《不列颠在印度的统治》《不列颠在印度统治的未来结果》等文章中，十分详细地分析了西方资本主义国家特别是英国对印度古老社会的冲击，认为英国对印度的资本主义入侵，不仅打碎了印度的手织机和手纺车，而且破坏了农村公社，摧毁了印度社会的整个结构，使印度同它的一切古老传统，同它过去的全部历史，断绝了联系，这个冲击不可谓不大。

关于西方资本主义社会对东方社会影响的意义，马克思从两个方面进行了分析：一方面，西方资本主义对印度等东方国家的冲击和掠夺，给东方国家带来了从未有过的深重灾难。按照马克思的看法，这个灾难同东方社会过去所遭受的一切灾难相比，在程度上要深重得多。但另一方面，农业和手工业生产方式所创造的财富是有限的，它使整个社会一直处于较低的生活水平上。农村公社不管其如何具有田园风光、祥和无害，但始终是东方专制制度的牢固基础。它们的闭关自守使人的头脑局限在极小的范围内，成为迷信的驯服工具，成为传统规则的奴隶，表现不出任何伟大的作为和历史首创精神。印度的种姓制度，使人们的活动范围受到极大限制，是印度进步和强盛的基本障碍。英国资本主义的侵入，一方面，给印度社会带来了从未有过的苦难；另一方面，在客观上也给印度等东方国家带来了大机器以及铁路，打破了印度社会原先的那种各自孤立的状况。

关于东方社会对西方资本主义社会的影响，马克思在《中国革命和欧洲革命》等文章中作了深入分析。他用"两极相联"这个古老而普遍的原则来说明中国革命和西方革命的关系。马克思认为，太平天国农民起义等中国革命对西方文明世界所产生的影响，就是这个原则的明显例证。"欧洲人民的下一次起义，他们下一阶段争取共和自由、争取廉洁政府的斗争，在更大的程度上恐怕要决定于天朝帝国（欧洲的直接对立面）目前所发生的事件，而不是决定于现存其他任何政治原因，甚至不是决定于俄国的威胁及其带来的可能发生全欧战争的后果。"[1] 为什么会这样呢？根本原因在于，当时中国在棉织品、茶叶、谷物等诸多方面已经成为英国等西方资本主义市场体系的一个组成部分。如果这个部分出了问题，势必对西方资本主义社会产生重要影响。马克思明确指出："中国革命将把火星抛到现今工业体系这个火药装得足而又足的地雷上，把酝酿已久的普遍危机引爆，这个普遍危机一扩展到国外，紧接而来的将是欧洲大陆的政治革命。这将是一个奇观：当西方列强用英、法、美等国的军舰把'秩序'送到上海、南京和运河口的时候，中国却把动乱送往西方世界。"[2]

（三）提出跨越资本主义"卡夫丁峡谷"的设想

19 世纪 70 年代中期以后，资本主义在西方进入相对稳定的发展时

---

[1] 《马克思恩格斯文集》第 2 卷，人民出版社 2009 年版，第 607 页。

[2] 《马克思恩格斯文集》第 2 卷，人民出版社 2009 年版，第 612 页。

期，同时俄国、中国和印度等东方几个主要大国在资本主义侵蚀下正处于蜕变期，传统社会结构在巨大的外部压力下正面临着崩溃的命运。在这种严峻的形势下，东方社会面临着向何处去的问题。马克思和恩格斯对此进行了深入、系统的研究，在1874—1875年《流亡者文献》、1877年《给〈祖国纪事〉杂志编辑部的信》、1881年《给查苏利奇的信》、1882年《〈共产党宣言〉俄文版序言》、1893年《恩格斯致尼·弗·丹尼尔逊》、1894年《〈论俄国的社会问题〉跋》等著作、文章中，对这一问题作了比较系统的分析和回答。晚年的马克思和恩格斯提出了东方社会"跨越发展"的设想，即在特定历史条件下，像俄国这样的东方落后国家有可能跨越资本主义制度的"卡夫丁峡谷"，直接过渡到社会主义社会。这一重大理论发现，是对唯物史观和科学社会主义基本原理的丰富和发展。

第一，俄国等东方国家由于特殊的历史条件，有可能跨越资本主义制度的"卡夫丁峡谷"而直接过渡到社会主义社会。辩证、具体、历史地看待各个国家和民族的发展道路，反对机械套用一般原则来说明社会的历史发展和运动变迁，这是马克思和恩格斯坚持的一贯思想。但当时的俄国民粹派思想家米海洛夫斯基，机械地照搬马克思关于西欧资本主义发展过程的理论，断定包括俄国在内的一切民族必先走上资本主义道路，然后才能实现共产主义。马克思对此予以坚决批驳。在马克思看来，不同的国家和民族有不同的历史条件和社会环境，在发展过程中有不同的特点。不仅如此，就连极为相似的事变发生在不同的历史环境中也会引起完全不同的结果。要想深入地、真实地认识这些发展过程、事变及结果的本性与规律，使用一般历史哲学理论这把万能钥匙，是永远达不到这一目的的。马克思通过研究明确提出，俄国可以不通过资本主义制度的"卡夫丁峡谷"而直接走向社会主义。这样，俄国可以在发展其特有的历史条件的同时，取得资本主义制度的全部成果，而又可以不经受资本主义制度的苦难。

第二，俄国等东方社会"跨越发展"的可能性源自农村公社的二重性，以及它与资本主义生产的同时并存。马克思、恩格斯认为，俄国等东方社会之所以有可能"跨越发展"，首先源于农村公社的二重性，即土地公有制和房屋及其附属物——园地等物品的农民私人占有。这种二重性使农村公社的发展前途出现了两种可能性：一种是私有制因素战胜集体因素，另一种是集体因素战胜私有制因素。在这种情况下，俄国"农村公社"可以通过发展土地公有制、同时消灭其包含的私有制原则来发展自身，直接过渡到社会主义社会。马克思和恩格斯认为，俄国等东方社会之所以有可能"跨越发展"，还在于"农村公社"和西方资本主义生产的同时并存。19世纪七八十年代，西方资本主义生产与整个世界建立了广泛的联系，这为俄国"农村公社"占有资本主义文明成果奠定了基础。土地公有制是俄国"农村公社"集体占有制的基础。土地公有制的历史环境，即它和资本主义生产的同时存在，为其提供了大规模地进行共同劳动的现成的物质条件。

第三，俄国等东方社会"跨越发展"的必要条件是俄国革命和西方无产阶级革命及其胜利。马克思和恩格斯认为，俄国特殊的历史条件和历史环境，只是为其跨越资本主义制度的"卡夫丁峡谷"提供了可能。要把这种可能变成现实，还需要一个必要条件，即进行社会革命并取得胜利。这种社会革命包括两种：一种是俄国革命，一种是西方无产阶级革命。关于俄国革命，马克思和恩格斯认为，威胁着俄国公社生命的不是历史的必然性，不是理论，而是国家的压迫，以及渗入公社内部的也是由国家靠牺牲农民培养起来的资本家的剥削。因此，要挽救俄国公社，就必须有俄国革命。关于西方无产阶级革命，马克思和恩格斯在考察俄国农村公社发展历史的基础上指出，西方无产阶级革命及其胜利对俄国农村公社及整个社会的外在冲击，将是俄国实现"跨越发展"的一个必要条件。因为只有西欧无产阶级革命的胜利，才能使这些落后国家从实例中看到"这是怎么回事"，也才能使这些落后国家的成功"是有保证的"。

第三讲

马克思主义的系统化体系化

　　19 世纪 70 年代，欧洲工人运动得到了蓬勃发展，马克思主义已经在国际工人运动中取得主导地位。此时，许多小资产阶级知识分子趁机混入无产阶级政党里，他们竭力宣扬各种机会主义和冒牌社会主义的主张，在一定程度上造成了工人政党内部的思想混乱和理论动摇。德国小资产阶级思想家欧根·杜林就是其中的典型代表。欧根·杜林（1833—1921），曾任德国柏林大学讲师，30 岁时因眼睛患病而几乎双目失明，但他性格自负、目空一切，把西方著名思想家费希特、黑格尔等称为"江湖骗子"，而把自己吹捧成"可以见到未来的唯一真正的思想家"。1875 年前后，杜林先后抛出《哲学教程》《国民经济学和社会主义批判史》《国民经济学和社会主义经济学教程》等著作，力图构建起一个小资产阶级的空想社会主义的理论体系，恣意抨击马克思主义。在杜林的精心伪装下，当时的青年学生和工人并未认清其本质，许多人成为杜林思想的崇拜者，甚至德国社会主义工人党的重要领导人奥·倍倍尔也公开推荐杜林的书，一批受杜林思想影响的人竞相以批判马克思为时髦。为彻底揭露杜林的真面目，回击他对马克思主义的攻击，维护德国社会主义工人党思想上的统一，恩格斯应李卜克内西等人的请求，决定暂停手头的写作任务，集中精力批判"闭着眼睛说瞎话"的杜林。恩格斯曾把杜林的理论体系比作一个又酸又大的酸果，因为杜林的学说体系逻辑混乱，读起来味同嚼蜡。恩格斯要完成这种批判绝不是一件轻松愉快的工作。从 1876 年 5 月到 1878 年 6 月，在马克思的支持下，恩格斯用时两年多终于啃完了这个大酸果，完成了对杜林的系统批判，其成果就是著名的《反杜林论》。正所谓"无心插柳柳成荫"，这一系统批判杜林主义的论战性成果，最终成为正面阐述马克思主义理论的重要著作。在这一著作中，恩格斯通过对杜林在哲学、经济学和社会主义领域错误观点的批判，第一次全面总结了马克思主义诞生三十多年来的发展，系统阐述了马克思主义的三个组成部分——哲学、政治经济学和科学社会主义的基本原理，揭示了三者之间的内在联系。《反杜林论》被列宁赞誉为马克思主义的百科全书。这本论著还有一个著名的浓缩精华版，即《社会主义从空想到科学的发展》。该书作为"科学社会主义的入门"，是恩格斯应拉法格的请求，由《反杜林论》的《引论》第一章、社会主义编第一章和第二章改编而成。

一、马克思主义整体性思想的确立

马克思主义整体性思想的确立，特别是关于马克思主义哲学、政治经济学、科学社会主义三者内在的联系的明确表述，主要体现为马克思的《资本论》和恩格斯的《反杜林论》。在《反杜林论》的《引论》中，恩格斯提出了著名的科学论断：正是由于唯物史观和剩余价值的发现，社会主义才从空想变为科学。

（一）科学社会主义是当时社会经济、政治和思想发展的产物

和其他理论的产生一样，科学社会主义理论不是凭空出现，而是以

一定的经济社会基础和思想理论材料为前提。为什么科学社会主义没有产生于人类社会更早的奴隶社会、封建社会等历史阶段，而偏偏产生在资本主义社会之中。这不是历史的偶然巧合，而是社会发展的必然结果。资本主义工业的发展、无产阶级的出现及其革命运动，是科学社会主义产生的重要社会历史条件。其中，资本主义生产方式的基本矛盾是科学社会主义产生的物质经济根源。社会化生产和资本主义占有之间的矛盾，是资本主义社会一切矛盾和弊端的总根源。而对于这一基本矛盾及其运动的考察，在理论上则表现为现代社会主义。此外，18 世纪法国启蒙思想特别是 19 世纪三大空想社会主义者的理论，是科学社会主义产生的主要思想来源。为了批判封建专制制度和宗教神学，启蒙学者把理性作为衡量一切的尺度，使其具有历史进步意义。但是这种启蒙思想仍然受到时代的限制。尽管资产阶级一直标榜自己代表的是整个受苦的人类，但启蒙思想家所宣扬的理想王国，实质上仅仅是资产阶级自己的理想化王国。资产阶级从它产生之日起就背负起自己的对立面——无产阶级。而无产阶级尚不成熟阶段的革命运动就产生了相对应的理论表现，即空想社会主义。尽管空想社会主义看到了资本主义社会的不合理性，认为资本主义制度应当和封建制度一样被推翻、被抛到垃圾堆里。但由于这种社会主义理论脱离了社会历史发展的客观规律，始终找不到实现社会主义的社会力量和革命道路，所以只能停留在空想阶段。恩格斯指出："为了使社会主义变为科学，就必须首先把它置于现实的基础之上。"[1] 简言之，我们寻找一切社会变迁或社会变革的根本原因，不能从抽象的理性原则中去寻找，而应落脚于现实，要去资本主义生产方式中寻找，去无产阶级及其革命实践中寻找。社会主义要实现从空想到科学的革命，必须首先在世界观和方法论上进行革命性的变革，需要确立科学的世界观和方法论。

---

[1] 《马克思恩格斯文集》第 9 卷，人民出版社 2009 年版，第 22 页。

（二）唯物辩证法的创立奠定了科学社会主义的哲学基础

如前所述，既然社会主义从空想到科学需要科学的世界观和方法论，那么这种科学的世界观和方法论是什么呢？恩格斯深入考察了人类认识史和哲学发展史，阐明了唯物辩证法的形成过程，论证了马克思主义哲学作为科学的世界观和方法论在社会主义从空想到科学中的重要作用。恩格斯论述了形而上学与辩证法的区别，强调形而上学思维方式在常识中具有合理性，但进入广阔的研究领域就变得片面、狭隘和抽象。只有从联系、运动和发展的视角，即采用辩证的方法去考察事物，才能透过表象揭示事物内在的规律性。德国古典哲学中的康德和黑格尔的哲学，其在恢复辩证思维方式上具有历史性贡献，超越了以往一直占统治地位的形而上学思维方式。但由于黑格尔的辩证法体系建立在唯心主义的基础之上，把一切都头足倒置了。马克思和恩格斯批判吸取黑格尔辩证法的合理内核，并把其置于唯物主义的基础之上，创立了唯物辩证法。马克思和恩格斯不仅在自然观上坚持唯物辩证的方法，并将这一方法运用于人类历史的研究。在对以往人类历史的深入研究中，他们发现了人类社会发展的基本规律，创立了唯物史观。而唯物史观的创立，是马克思主义哲学实现革命性变革的关键。马克思主义哲学不仅实现了唯物主义与辩证法的统一，还实现了唯物辩证的自然观与历史观的统一。唯物辩证法的创立为无产阶级提供了认识世界和改造世界的科学世界观和方法论，也为社会主义从空想到科学奠定了哲学基础，为科学社会主义的创立提供了方法论。

（三）唯物史观和剩余价值学说的创立使社会主义从空想变为科学

人们把唯物辩证法贯彻到社会历史领域，引起历史观的彻底变革，即由唯心史观转变为唯物史观。那么唯物史观是如何使社会主义从空想变为科学的呢？在唯物史观发现之前，人们对待资本主义生产方式始终存在"未知生焉知死"的问题，即未能科学揭示资本主义从何处来、向何处去的发展规律，更找不到推翻资本主义制度的依靠力量和实现途径。而唯物史观的发现，真正实现了从人类社会发展的规律出发，说明资本主义生产方式，进而"对付这个生产方式"。

第一，唯物史观揭示了社会发展的基本矛盾，即生产力与生产关系的矛盾运动是社会发展的内在动因，一切社会变革都来自生产方式的变化。正是从这一规律出发，马克思科学论证了社会主义代替资本主义的必然性，强调这是现代生产力发展的客观要求，是资本主义社会基本矛盾运动的必然结果。这也批判了空想社会主义者仅仅从抽象的理性或正义原则来批判和谴责资本主义制度的局限。

第二，唯物史观关于阶级斗争是阶级社会发展直接动力的学说，指明了解决阶级社会矛盾的现实道路，论证了社会主义是无产阶级斗争的必然结果。这就纠正了空想社会主义者仅仅从头脑中构思社会改革的蓝图或者寄希望于统治者发善心以实现社会主义的幻想。

第三，唯物史观关于人民群众是历史创造者的学说，指明了无产阶级和劳动群众是改造旧世界、建设新世界的社会主体。这就找到了替代资本主义生产方式的阶级力量，指明了人类社会前进的道路，同时纠正了空想社会主义者仅把无产阶级看成一个受苦的人群，把历史进步的希望寄托于个别天才人物出现的局限。

此外，恩格斯还论述了剩余价值学说的创立及其意义。以往的社会主义者尽管揭露了资本主义的罪恶，但是却不能揭露出这种罪恶的经济根源；他们激烈反对资本主义对工人的剥削，却弄不清楚这种剥削是怎么回事、如何发生的。马克思运用历史唯物主义来考察资本主义社会，分析了资本主义生产关系和经济运动的规律，创立了剩余价值学说，发现了资本家剥削工人的秘密。在《资本论》中，马克思通过研究指出，资本主义社会中工人出卖的劳动力所创造出来的价值量，要远远大于工人以工资形式从资本家手中拿到的价值量，这就是被资本家无偿占有的剩余价值。同时，他详尽分析了资本主义社会的生产、交换、分配的过程，揭示了其不可调和的内在矛盾，说明了其灭亡的必然性。唯物史观和剩余价值的发现，使人们能够掌握资本主义社会产生、发展的内在规律，得出社会主义代替资本主义的必然结论，指明了无产阶级的历史使命及其革命的道路和方法，因而把社会主义建立在科学理论的基础之上。

应当说，《反杜林论》中恩格斯对马克思主义哲学、政治经济学和科学社会主义关系的论述，标志着马克思主义整体性的确立。列宁曾把马克思主义比喻成"一块整钢"，由此来强调马克思主义的整体性。从各部分之间的联系来看，马克思主义理论不是三个组成部分的简单堆积，而是各组成部分相互支撑、紧密相联的统一整体。作为整体而言，各组成部分之间必须有内在的必然联系。关于这一点，我们可以通过一个常见的例子来说明。如果我们从坦克部队里随意挑选出三个新兵并让他们站成一队，这还不能算是一个整体；三名战士只有经过严格的训练，分别成为合格的车长、炮长、驾驶员，能够共同完成射击任务，才能构成一个作战单元、形成一个整体。

就马克思主义这一整体而言，包括辩证唯物主义和历史唯物主义的马克思主义哲学是整个理论体系的世界观和方法论基础，政治经济学是马克思主义理论体系的主干，科学社会主义理论则是整个理论的核心。恩格斯在《反杜林论》中正是按照上述三个部分来谋篇布局的。这也与马克思主义的三个直接理论来源，即德国古典哲学、英国古典政治经济学、英法空想社会主义学说相一致。此后，列宁正是在这一意义上写下《马克思主义的三个来源和三个组成部分》，明确马克思主义的三个组成部分。当然，马克思主义包含的理论内容不只是这三大组成部分，还包括其他诸如社会学、历史学、文艺等内容，但三大组成部分是其中最主要、最基础的内容。马克思主义正是对这三个组成部分中"一以贯之"

理论的高度概括。从 1848 年《共产党宣言》的发表到 1878 年《反杜林论》的出版，马克思和恩格斯在不同的历史时期研究的重点各不相同，分别表现为哲学、政治经济学、社会主义等。但是，无论马克思和恩格斯研究的重心有何差异，这些理论的内在逻辑是统一的，或者说三个组成部分从不同角度和层面阐述了作为整体的马克思主义。

以《资本论》为例，马克思研究的对象内容是政治经济学、资本主义生产方式，但运用的是马克思主义哲学方法论、唯物史观。马克思从资本主义商品经济这一生动整体中抽象出"商品"作为研究的起点，从商品二因素到劳动二重性再到劳动价值论，通过劳动价值论发现剩余价值论进而揭示资本积累的规律，由此得出资本主义必然灭亡、共产主义必然实现的科学结论。从三者的关系来说，没有唯物史观的发现，马克思就难以创立剩余价值学说；而离开马克思主义政治经济学，历史唯物主义和科学社会主义的许多原理就失去了科学依据；没有唯物史观和剩余价值学说这两大发现，社会主义就难以从空想变为科学。

二、马克思主义哲学思想的深刻阐发

在《反杜林论》中，恩格斯在批判杜林的先验主义哲学的同时，对马克思主义哲学的基本观点进行了系统的阐发。对唯物史观等哲学原理的阐述，主要集中在"哲学编"，但又不局限于此，也散见于在"政治经济学编"和"社会主义编"。恩格斯对马克思主义哲学的系统论述，主要体现在以下五个方面。

（一）揭示马克思主义哲学的本质属性

恩格斯将马克思主义哲学称为"现代唯物主义"，从而将其与以往的旧哲学特别是旧唯物主义区分开来。在回顾人类认识发展历程的基础上，恩格斯指出，马克思主义哲学是对两千年来哲学和自然科学发展的全部思想内容的概括和总结，特别是对19世纪以来现代自然科学的最新成就和现代社会现实进行深入研究和概括的结果。马克思主义哲学在本质上是辩证的，是对形而上学唯物主义的超越。从哲学和科学的关系来看，马克思主义哲学不再是凌驾于其他科学之上的哲学，不再是给各门具体科学提供关于事物及其知识总联系的构想，而只是提供科学地认识世界的观点和方法。简而言之，它是一种世界观和方法论。现代自然科学和社会历史的发展已经证明了唯心主义和形而上学唯物主义的缺陷。马克思主义哲学则是人类认识和哲学发展的必然结果。从哲学研究的对象来分析，马克思主义哲学也不同于以往的旧哲学。唯心主义哲学把精神、思维作为自己的研究对象，而自然和社会只是精神的派生物。形而上学唯物主义则把自然、社会、思维作为孤立的、静止不变的对象加以研究，而且其在社会历史领域和唯心主义哲学没有原则区别。只有马克思主义哲学是研究自然界、人类社会和人类思维运动发展一般规律的科学，它是唯物辩证的自然观、历史观和思维观的有机统一，是世界观和方法论的统一。

（二）阐述马克思主义哲学的自然观

哲学研究的出发点是什么？这是所有哲学不能回避的重要问题。恩格斯批判杜林将某些原则作为出发点的错误论断，明确指出哲学研究的出发点是客观世界。因为所谓的原则不能单独存在，它只是人类研究自然和历史的成果，这些原则只有符合客观现实时才是正确的。恩格斯在思维与存在的关系——这一哲学基本问题上坚持了唯物主义。在此基础上，恩格斯阐述了马克思主义哲学既唯物又辩证的自然观。

首先，世界的统一性在于它的物质性。杜林认为，世界统一于存在，没有任何规定性的存在经过变化、发展形成多样化的世界。如果我们追问这种存在是什么，究竟是唯物主义的物质的存在，还是唯心主义的精神的存在？杜林始终持模棱两可的态度。恩格斯批判地指出，杜林的这种模棱两可就是要掩盖其唯心主义的实质，企图用思维的统一性引申出存在的统一性，颠倒思维和存在的关系。恩格斯科学阐述了"存在"的内容及其与世界统一性的关系，强调世界的统一性不在于它的存在，"世界的真正统一性在于它的物质性，而这种物质性不是由魔术师的三两句话所证明的，而是由哲学和自然科学的长期的和持续的发展所证明的"①。关于"世界的真正统一性在于它的物质性"的论断，也成为马克思主义哲学最基本和最重要的原理。

其次，运动是物质的存在方式。恩格斯强调，物质和运动不可分割，运动是物质的固有属性，物质只有通过运动才能表现出它的存在。无论在什么时候，没有运动的物质和没有物质的运动都是不可想象的。物质运动是永恒的，这种运动既不能被创造，也不能被消灭。多种多样的运动形式之间存在着相互联系，在一定条件下可以相互转化。就运动与静止的关系而言，恩格斯强调，运动是绝对的，静止是相对的，静止是运动的量度。运动与静止既相互对立又相互联系：一方面，静止表示事物的平衡状态，而运动则意味着这种平衡状态的破坏；另一方面，运动要从静止中表现出并找到自己的尺度。此外，恩格斯还对物质运动的原因进行了探讨。他认为，自然界一切运动的基本形态是吸引和排斥，两者的相互作用构成了运动。因此，物质运动的根本原因在于自身内部的矛盾。

最后，时间和空间是运动着的物质的存在形式。恩格斯批判了杜林将物质运动与时间空间割裂开来的错误观点，强调时间、空间与运动着的物质是不可分割的。物质不仅不能脱离时间、空间，而且只有在时

---

① 《马克思恩格斯文集》第 9 卷，人民出版社 2009 年版，第 47 页。

间、空间中才能运动。任何设想时间或空间之外存在的观点都是荒诞的。因为任何物体要想存在和发展，都必须占有一定的空间、经历一定的时间。不仅如此，恩格斯还论证了时间、空间的无限性以及有限与无限的辩证关系。客观世界中的每一个具体事物在时间和空间上都是有限的，但整个客观世界则在时间和空间上是无限的。无限是由有限组成的，无限的时间和空间是由数量上不可穷尽的有限时间和空间组成的。比如，我们人类的任何一项具体活动都是在一定的空间和时间中进行的，这个时间或空间的点既是一个有限的部分，又同时是无限时空的组成部分。总之，无限寓于有限之中，无限的世界由无数有限的事物构成。

（三）阐述唯物史观的基本原理

作为马克思主义哲学的核心组成部分，唯物史观在《反杜林论》之前已经确立并逐步完善。因此，恩格斯在此时并未拿出专门章节对唯物史观进行阐释，而是将其贯穿于全书之中，着重说明其对政治经济学和科学社会主义的基础性作用。

首先，阐述唯物史观的产生条件及其原理。恩格斯提出，唯物史观的产生是历史发展的必然，因为引起历史观领域决定性变革的"历史事实"老早就发生了。这种历史事实正是 19 世纪三四十年代的欧洲工人运动。由于大工业的发展、资产阶级政治统治的发展，使无产阶级和资产阶级的阶级斗争日益上升到首要地位。唯物史观的发现揭示了人类社会历史发展的一般规律和社会发展的根本动力，它用社会存在来说明社会意识，把阶级斗争作为阶级社会进步的直接动力，要求从生产方式的变更而不是从头脑中去寻找社会变迁、政治变革的终极原因。生产力与生产关系、经济基础与上层建筑的辩证关系是唯物史观的基本原理。

其次，科学论证政治和经济的辩证关系。恩格斯批判了杜林关于政治暴力决定经济关系的错误观点，强调在社会历史发展的过程中，起决定作用的不是政治暴力，而是经济。关于政治与经济的关系，恩格斯作了辩证分析：一方面，从目的和手段的角度来看，经济利益是历史上各阶级斗争的最终目的，而政治只是为经济利益服务的手段。人类社会中的一切社会权利和暴力政治都根源于一定的社会经济条件，由经济关系决定。另一方面，政治具有一定的独立性和对经济的能动反作用。作为阶级暴力统治的工具——国家在符合经济发展规律的情况和方向时，能够加速经济的发展；当其违背经济发展规律的方向时，则会阻碍和延缓经济的发展。恩格斯对经济和政治关系的阐述，实际上是对经济基础和政治上层建筑辩证关系的说明。

最后，详细阐述马克思主义的道德观和平等观。杜林鼓吹所谓超历史、超阶级的永恒道德，恩格斯批判地指出，从来都没有杜林说的这种道德，道德作为社会意识形态，归根到底是当时社会经济状况的产物。人们总是自觉或不自觉地站在自己的阶级立场、从决定其阶级地位的经济关系中吸取自己的道德观念。由此来看，道德是一个历史范畴，它要随着社会历史和阶级关系的变化而变化。而在阶级社会中，道德则表现出阶级性。同样，社会中也没有杜林所说的抽象平等的永恒"公理"。恩格斯指出，平等也是一个历史范畴，一定时代的平等观念是一定时期社会经济关系的反映。恩格斯通过考察分析指出，无产阶级的平等观不同于资产阶级，"无产阶级平等要求的实际内容都是消灭阶级的要求"[1]。

（四）阐述马克思主义的思维观

恩格斯认为，人的思维在本质上是对自然、社会等客观实在的反

---

[1] 《马克思恩格斯文集》第 9 卷，人民出版社 2009 年版，第 113 页。

映，它是一个辩证发展的过程。他在批判杜林的同时，科学阐述了马克思主义的思维观，对三对关系进行了辩证分析：

首先，阐述思维的至上性和非至上性的辩证关系。恩格斯提出，人的思维是包含着矛盾的，因为人的思维仅能以无数的过去、现在、未来的个人的思维而存在，这样人类认识世界的能力就表现为有限性与无限性的对立统一。一方面，作为整体的人类，只要其能够长久延续下去，只要认识的器官和对象没有给这种认识规定界限，那么通过一代代人的努力人们就可以完全地认识世界，因此人的认识能力是无限的，人的思维具有至上性；另一方面，人的认识却总是通过个人来实现，但个人的认识能力和思维能力是有限的，他或她因受到各种主客观条件的限制而无法完全认识世界，因此人的思维又具有非至上性。人类的思维和认识，正是在这种至上性与非至上性、有限与无限的矛盾中不断发展。这种矛盾是人类思维发展的内在动力。

其次，阐述真理和谬误的辩证关系。杜林将真理与谬误绝对对立起来，去追求所谓"终极真理"。恩格斯揭露了杜林的荒谬，强调人类认识和思维的成果——真理，是相对性与绝对性的辩证统一。真理的绝对性存在于每个时代人们所获得的相对真理之中，同时人们正是通过相对真理不断地无限接近绝对真理。恩格斯指出，在其使用的范围内，真理与谬误的对立是绝对的，对就是对、错就是错，两者的原则界限不容混淆。但两者的对立又是相对的、有条件的，如果超出一定的范围，即超出真理的适用范围，真理就变成谬误。

最后，阐述自由与必然的辩证关系。恩格斯在批判杜林将自由与必然完全对立的同时，揭示了两者的辩证关系，阐述了马克思主义的自由观。自由，不是脱离客观实际地想干什么就干什么，而是建立在对客观规律、对必然性认识的基础之上的。当人们尚未认识客观规律时，人们只能处在被必然性支配的状态，即处在必然王国中。而当人们通过实践能够认识并利用这些客观规律为自己的目的服务后，人类就获得了自由。由此可见，自由是一个历史的、相对的概念，是建立在人类实践基础上不断发展的过程。

（五）阐述唯物辩证法的基本规律

恩格斯在论述马克思主义哲学的自然观、历史观和思维观之后，阐述了唯物辩证法的基本规律，即对立统一规律、质量互变规律和否定之否定规律。

首先，就对立统一规律而言，恩格斯运用自然、社会、思维方面的客观事实论证了矛盾规律的普遍性，以此来回击杜林对矛盾客观性的否定。其实，无论是简单的机械运动还是高级的复杂生命运动，都充满了矛盾。可以说，没有矛盾就没有世界。因为矛盾是一切事物和现象运动变化和发展的源泉与根本动力。唯物辩证法与形而上学的本质区别或者说对立的焦点，就在于是否承认辩证矛盾的存在。从这个意义上讲，矛盾规律即对立统一规律是唯物辩证法最根本的规律。如果我们否认了矛盾的客观存在、否定了矛盾规律的客观普遍性，那么也就否定了唯物辩证法。

其次，就质量互变规律而言，恩格斯同样也是先用大量事实说话，以此来论证这一规律的客观普遍性。无论是量变还是质变，它们都是事物运动、变化、发展的基本形式。当量变超过一定的限度时就会改变事物的质，即我们常说的由量变到质变；同样，质变也会改变事物发展的量，从而开始新的量变。从量转化为质、从质转化为量，无论是在自然界还是在人类社会和思维中，都是事物发展的普遍规律。

最后，就否定之否定规律而言，恩格斯着重论述了辩证的否定观。这里的否定并不是我们平时所说的"肯定或否定你的意见"中的那种"否定"。因为辩证的否定并不是外部强加的否定，而是事物自身内部矛盾运动的结果，是矛盾对立面之间的转化。只有如此，事物的矛盾才能解决。所以，辩证法中的"否定"是一种"扬弃"，是克服和保存的统一。这样一来，通过否定之否定的过程，事物的发展就不再是简单的重复，而是向着更高层次的提高和改善。否定之否定规律同样是客观世界普遍存在的重要规律。

三、马克思主义政治经济学的丰富发展

在《反杜林论》的政治经济学编中，恩格斯以马克思政治经济学思想为依据，驳斥了杜林对马克思经济学理论的歪曲和攻击，阐述了马克思主义政治经济学的一系列基本原理，丰富和发展了这一理论。

(一) 明确政治经济学研究的对象和方法

恩格斯提出，政治经济学是研究人类在一切社会形态中进行生产、交换、分配的条件和形式的科学，"是研究人类社会中支配物质生活资料的生产和交换的规律的科学"[①]。在这里，他明确了政治经济学研究的对象，即各类社会的生产关系的运动规律。同时，他区分了狭义政治经济学和广义政治经济学，认为前者指资产阶级的政治经济学，后者则指研究一切社会形态的政治经济学。但是我们知道，人类在不同的发展阶段，其社会历史条件不同，生产力与生产关系不同，因此政治经济学所要研究的材料不同，生产、分配、交换的性质和发展规律也各不一样。如何才能研究和把握存在于各种社会阶段的一般的生产规律和交换规律呢？恩格斯从个别与一般的辩证关系入手，提出政治经济学首先要研究清楚人类发展各个阶段的特殊生产规律和交换规律。只有这些研究完成

---

① 《马克思恩格斯文集》第 9 卷，人民出版社 2009 年版，第 153 页。

之后，人们才能在此基础上确立为数不多的、适用于生产一般和交换一般的普遍规律。正是在这个意义上，恩格斯提出，政治经济学从本质上来说是一门历史的科学。同时，恩格斯批判了杜林的谬论。因为杜林认为政治经济学的研究对象是一切经济的最后的自然规律，试图在经济学领域寻找和构建"永恒真理"。这显然是形而上学的哲学思维方式，这种研究对象是不存在的。

（二）论述生产、交换、分配之间的辩证关系

针对杜林宣扬的"分配决定论"，恩格斯科学论证了生产、交换和分配之间的关系。他指出，不是分配决定生产和交换，相反，是生产决定交换，生产和交换又决定分配。也就是说，分配是由生产和一定的生产关系、交换关系所决定的，它要以产品的生产和生产关系的决定作用为前提。某种生产方式和交换关系一旦产生，就必然要求形成与之相适应的分配方式。而且随着这种生产方式与交换关系的变化，分配方式必然也要随之发生相应的改变。当然，分配也不是对生产和交换毫无影响，分配方式对生产方式和交换方式具有一定的反作用，能够促进或阻碍生产与交换的发展。而杜林完全割断了生产与分配之间的联系，把分配说成由道德因素来决定。这种论断就容易使人们错误地认为，资本主义分配方式是非正义的，但正义总会到来并取得最后的胜利。因此，人们只要慢慢等着这个美好王国来临就行了，完全不需要去主动进行社会革命来改变现存的资本主义生产方式。恩格斯批判地指出，资本主义的灭亡和社会主义的胜利，不是建立在正义、非正义的道德观念上的，而是扎根于对客观经济事实的分析中。这一客观事实就是：资本主义生产方式所创造的生产力及其分配制度，已经与这一生产方式本身发生激烈的矛盾；而这种矛盾的解决必须依靠社会变革，以消除一切阶级差别。

（三）阐述马克思的劳动价值论

究竟是什么决定着商品的价值？在马克思之前，并非所有的经济学家都有着相同的答案。恩格斯在批判杜林关于价值论的错误的同时，阐述了科学的劳动价值论。他强调，商品的价值不是被别的东西，而是由生产商品的社会必要的劳动决定的，而这种劳动则是由劳动时间的长短来计量的。所以，劳动创造了价值，并且成为衡量一切价值的尺度。但劳动自身并没有价值，价值也不可能直接由自己表现出来。那么价值如何才能表现出来呢？恩格斯说，我们必须通过商品的交换才能表现出其价值。换言之，人们正是通过商品的交换，用价格作为价值的货币表现。就价格与价值关系而言，两者既不能混为一谈，其关系更不能本末倒置。针对杜林提出的生产费用决定价值、工资决定价值等错误观点，恩格斯一针见血地指出，这些观点是从资产阶级庸俗经济学中抄袭出来的。因为我们一旦承认工资决定价值，那么工人的工资就应当能够反映其劳动创造的价值，这样一来资本家就没有剥削工人，实际上掩盖了资产阶级剥削工人的事实。而马克思对劳动价值论的科学论述，其革命性的意义就在于发现了剩余价值，揭示出资本主义剥削的秘密。

（四）阐述剩余价值理论及其意义

杜林在自己的论著中肆意攻击马克思的资本和剩余价值理论，非要说马克思认为"资本是由货币产生的"。针对杜林对马克思剩余价值学说的歪曲和攻击，恩格斯深入阐述了剩余价值学说及其重大意义。他强调，资本确实与货币有联系，无论历史或现实中的资本在最初都是由货币表现出来的，但这并不能得出资本是从货币中产生这一结论。因为当货币作为资本流通形式时，与它作为商品一般等价物的流通形式相比，两者在目的和性质上都有着本质的区别。就一般的买和卖的关系即简单商品流通的目的而言，它主要是为了买而卖，追求的是使用价值；但资本流通的目的是为了赚钱，即为了卖而买，它追求的是价值的增殖即剩余价值。尽管剩余价值的产生需要以货币投入流通领域为条件，但流通本身并不能产生剩余价值。货币之所以能够转化为资本，其关键环节在于货币所有者在商品市场中购买了一种特殊的商品——劳动力。劳动力作为商品，其使用价值与其他商品不同，劳动力使用的过程就是价值创造的过程，而且其创造出来的价值要大于劳动力自身的价值。资本家在使用劳动力的过程中，无偿占有了劳动者创造出来的超过劳动力价值的价值，即剩余价值。由此可见，剩余价值的产生不是在流通环节，而是在生产过程之中，正是剩余价值的产生使得货币转化为资本。此外，恩格斯高度评价了马克思发现剩余价值学说的历史贡献，将其比喻成明亮的阳光终于照进以往在黑暗中探索的经济学领域。正是剩余价值学说的发现，才揭露出现代资本主义生产方式的机制，而科学社会主义也由此开始并以此为中心发展起来。

四、科学社会主义思想的系统总结

在《反杜林论》的社会主义编中，恩格斯深入揭露和批判了杜林的虚假社会主义，同时系统阐述了科学社会主义产生的历史、实现条件和基本特征，科学论证了无产阶级的历史使命和社会主义代替资本主义的历史必然性。

（一）空想社会主义的产生条件和历史功绩

杜林出于自己的无知，把圣西门、傅立叶、欧文等空想社会主义者说成"白痴""怪物"，对其理论一概加以否定和攻击。恩格斯在批判杜林的同时，对空想社会主义的产生条件、历史地位、时代局限进行了科学分析。

首先，恩格斯对空想社会主义思想产生的社会根源进行了分析。资产阶级按照启蒙理性构建起新的社会制度，但人们逐步发现资本主义社会并没有想象中那么美好，其中的矛盾和问题构成一幅令人极度失望的讽刺画。怎样才能消除这些社会弊病呢？有些思想家试图发明一套新的更完善的社会制度以应用于社会。这些思想家就是最早的空想社会主义者。由此可见，空想社会主义正是在这样的时代背景下产生的，即资本主义生产方式的矛盾已经开始暴露但还没有完全展开，无产阶级反对资产阶级的斗争已经开始但还没有得到充分发展。因此，空想社会主义者的思想始终带有这种"萌芽"式的时代烙印。

其次，恩格斯高度评价了三位空想社会主义者的历史贡献。圣西门、傅立叶和欧文对资本主义社会的罪恶和弊端进行了揭露，并且提出许多有关社会主义发展的天才预测。圣西门主张"一切人都应当劳动"，指出法国革命是贵族、资产阶级和无财产者之间的阶级斗争，并且提出废除国家的思想。傅立叶揭露了资产阶级在物质和道德上的贫困，提出妇女解放的程度是衡量普遍解放的天然尺度，同时他将社会历史划分为四个阶段，初步揭示出社会发展的辩证法。欧文提出私有制、宗教和现在的婚姻制度是阻碍社会改革的三大障碍，并且他通过新拉纳克棉纺厂等进行共产主义试验。

最后，恩格斯对空想社会主义思想的时代局限性进行了分析。尽管三大空想社会主义者提出了许多天才的设想，但这些观点是不成熟的，明显具有时代局限性。恩格斯认为，这些不成熟的理论是和当时不成熟的资本主义生产状况、不成熟的阶级状况相联系的。由于真正解决社会问题的办法尚隐藏在不发达的经济关系之中，所以空想社会主义者就不可能从当时的历史现实中找到答案，而只能通过头脑去构想。所以，圣西门、傅立叶和欧文等人对新的社会制度的设想，从一开始就是空想，而且越是描绘得详尽越是陷入纯粹的幻想。同时，恩格斯批判地指出，杜林在空想社会主义出现 80 年后，还试图从头脑中构造出新的社会制度，说明他也只不过是空想社会主义的模仿者。

（二）全面阐述科学社会主义的理论

既然空想社会主义者找不到改变资本主义制度的现实道路，那么究竟怎样才能实现社会主义呢？恩格斯通过对资本主义制度产生和发展过程的分析，揭示了资本主义的基本矛盾及其表现，分析论证了社会主义代替资本主义的历史必然性，进而找到了实现社会主义的现实路径。

首先，恩格斯指出，唯物主义历史观是科学社会主义的哲学基础。从唯物主义历史观出发，一切社会变迁的终极原因不应到人们的头脑中寻找，而应该去生产方式和交换方式的变更中寻找。人们要消除资本主义制度弊病的手段，也不应当去头脑中发明，而应该从现实中发现。

其次，恩格斯揭示了资本主义生产方式的基本矛盾及其表现。资本主义生产方式的基本矛盾是生产的社会化与生产资料的私人占有之间的矛盾。资本主义制度在其确立、发展的过程中，逐步实现了用社会化大生产替代、淘汰分散的作坊、家庭式的小生产，整个生产过程已经社会化，这必然要求生产资料和产品归社会所有。然而，在资本主义生产方式中，社会化的生产资料和产品却依然只属于个人即资本家所有。这种矛盾随着资本主义的发展愈加鲜明地表现出来。资本主义生产方式的基本矛盾有两种具体表现，体现在阶级关系上，表现为无产阶级和资产阶级的对立；体现在生产上，表现为个别工厂中生产的组织性和整个社会的生产的无政府状态的对立。资本主义生产方式基本矛盾发展的直接后果，一方面，财富积累与贫困积累并存，资产阶级与无产阶级的对立日益严峻；另一方面，资本主义社会陷入周期性的经济危机，资本主义总是处在没有出路的"恶性循环"之中。

最后，恩格斯揭示了社会主义代替资本主义的历史必然性。周期性的经济危机表明资本主义生产方式已经过时。一方面，资本主义生产方式已经不能驾驭自己创造的生产力；另一方面，社会生产力以日益增长的威力要求克服资本主义的固有矛盾，摆脱生产资料的资本属性，消灭资本主义私人占有的性质，而承认它的社会属性。这就迫使资产阶级进行调整，使资本主义生产关系中出现了某些新因素，即股份公司和国家所有制等新的所有制形式。恩格斯经过深入分析指出，这些都没有改变生产力的资本属性，"资本关系并没有被消灭，反而被推到了顶点"①。但它们也包含着解决冲突的线索。因为一旦无产阶级和资产阶级的矛盾达到顶点，那么在顶点上就容易发生革命和变革；同时，国家资本主义的发展为社会主义准备了必要的物质前提，为社会主义社会的生产资料公有制准备了前提条件。既然资产阶级自身的调节不可能解决资本主义社会固有的矛盾，那么矛盾的解决只能依靠无产阶级。无产阶级只有通过社会主义革命夺取国家政权，由全体劳动人民共同占有生产资料，才能从根本上消除资本主义生产方式的基本矛盾。所以说，社会主义代替资本主义，是社会化大生产的客观需要，是资本主义生产方式基本矛盾运动的必然结果。

（三）科学预测未来社会主义社会的基本特征

恩格斯认为无产阶级夺取政权后，未来社会主义社会将具有以下五个方面的特征：

一是社会占有生产资料，而且这种占有通过国家来实现。换句话说，国家以社会的名义占有生产资料，以适应社会化的大生产，消除资本主义生产方式的固有矛盾。因为无产阶级夺取政权后，国家的性质就

---

① 《马克思恩格斯选集》第 3 卷，人民出版社 1972 年版，第 436 页。

发生了改变，国家的第一个行动是以社会名义占有生产资料。当然，生产资料为社会直接占有，生活资料则由个人直接占有。

二是当社会占有生产资料后，商品生产也被消除。因为商品生产是私人生产者的社会生产，商品生来就不是为满足生产者的消费，而是为了满足他人、满足社会的消费。商品要想为社会消费，必须通过商品交换。在社会主义社会，生产的直接目的就是为了满足社会消费，因而不再需要商品生产这一形式。这也就杜绝了"产品对生产者的统治"，使生产者真正成为自己产品的主人。这时候的生产和分配之间，就会建立起和谐的相互关系。当然，恩格斯提出，消灭商品生产需要一定的前提条件，即生产力高度发展，"物质条件已经具备"。

三是与资本主义社会生产的无政府状态不同，社会主义社会将是有计划地组织生产。同上述理论相衔接，在社会主义社会，由于生产资料为社会占有，人们可以根据全社会和每个成员的需要有计划地进行生产，从而克服了资本主义生产中的盲目性。

四是消灭了阶级和阶级差别，国家也将自行消亡。阶级的产生、存在和消亡都与一定的社会历史发展阶段相联系，同一定的社会生产力水平相联系。阶级的存在是由于社会生产力发展不足，社会只能提供少量的产品剩余，同时存在着体力劳动和脑力劳动的分工。而进入社会主义社会，随着现代生产力的充分发展，物质和精神产品的丰富，使得任何一个特殊阶级去占有生产资料与产品都成为多余。此时，不但统治阶级会被消灭，就连阶级差别本身也将不复存在。既然阶级都已不复存在，那么作为阶级斗争的工具——国家也就失去了自身存在的条件。随着国家的自行消亡，对人的统治逐步由对物的管理和对生产过程的领导所替代。

五是旧的社会分工将被消灭，实现人的全面发展。在共产主义社会里，生产力的高度发展，城乡之间、脑力劳动与体力劳动之间的对立将消失。生产劳动不再是奴役人的手段、一种负担，而变成每个人生活的第一需要，成为全面发展和展示自己才能的机会。不仅如此，家庭关系也将发生根本变化，宗教将消失，教育将与生产劳动结合起来。此时，人类已经不再被自然规律或社会规律所奴役，而是能够正确认识、掌握和运用这些客观规律为人类服务。只有这时，人们才是完全自觉地而不是被迫地自己创造自己的历史，才能从必然王国进入自由王国。最后，恩格斯指出，无产阶级的历史使命就是解放全人类；而科学社会主义的任务，就是通过考察和阐明这一解放事业的历史条件和性质，使无产阶级认识并完成自己的历史使命。

第四讲

恩格斯晚年的重大理论贡献

19 世纪末，随着西方资本主义国家生产力水平的提升，资本集中的速度不断加快，资本主义社会逐步由自由竞争过渡到垄断阶段。此时的资本主义国家面临着多重矛盾：其内部资产阶级与无产阶级的矛盾日益加深，外部各资本主义发达国家间争夺市场与资源的斗争日益激烈，同时西方发达国家与经济落后国家以及殖民地、半殖民地的矛盾更加凸显。这一时期的工人阶级运动不断高涨，工人政党不断巩固，各国无产阶级的联系和团结不断加强。1883 年无产阶级革命导师马克思与世长辞，此后恩格斯独立承担起指导国际工人运动的重任。然而他所拥有的有限时间与精力，与其承担的繁重任务形成了巨大的反差。归纳起来，恩格斯在晚年承担的工作主要有四种：一是抢救性地整理出版马克思的遗稿，编辑出版《资本论》第二、第三卷及其他重要论著。由于能够辨认马克思字迹的人极少，恩格斯尽最大可能在有生之年抢救出这份人类珍贵的思想遗产。二是深入研究社会科学和自然科学的最新成果，撰写新的理论著作以填补马克思以往研究的空白，进一步丰富马克思主义理论。恩格斯在这一时期写作出版了《家庭、私有制和国家的起源》《路德维希·费尔巴哈和德国古典哲学的终结》《自然辩证法》等多篇重要著作。三是帮助和指导欧美工人政党的巩固和发展，针对当时存在的把马克思主义庸俗化、简单化、教条化的错误倾向，积极开展批驳和澄清的工作，捍卫和发展马克思主义。四是针对新的历史条件和资本主义的新变化，研究无产阶级革命的新趋势和新特点，调整完善无产阶级的斗争策略，不断团结和壮大国际无产阶级的革命力量。在恩格斯 74 岁即将步入人生尽头之时，他还感慨要是能把自己分成一个 40 岁和一个 34 岁的恩格斯，那样工作就会很快完成了。两位革命导师马克思和恩格斯真正为无产阶级事业奋斗了终身。

一、恩格斯对人类历史发展进程及规律的深刻揭示

在马克思逝世之后，恩格斯在坚持唯物史观的同时，不断进行着查漏补缺的工作，力图填补两人之前研究的空白。其中，恩格斯对人类历史发展进程及规律的进一步揭示，主要体现在《家庭、私有制和国家的起源》和《论原始基督教的起源》两部著作中。恩格斯在整理马克思手稿时，发现马克思曾对美国人类学家摩尔根的《古代社会》一书作了详细的摘要、批语。恩格斯确信摩尔根的书证实了历史唯物主义的结论，而且这一研究将能进一步阐明人类社会各个发展阶段的共同规律。因此，他将其作为马克思的遗愿，运用马克思已搜集的材料，同时又补充了自己对历史研究的成果和其他大量文献，于 1884 年 4 月初至 5 月底写作完成了《家庭、私有制和国家的起源》一书。在这部著作中，恩格斯运用唯物史观科学阐述了人类社会早期发展阶段的历史，论述了国家的起源和发展，分析了私有制和阶级的产生，揭示了国家的产生原因及其阶级本质。因此，这本书被列宁称为"现代社会主义的基本著作之一"。而《论原始基督教的起源》则完成于 1894 年，恩格斯运用唯物史观研究和阐述了宗教的相关问题，科学阐释了基督教产生的历史原因、演变过程和社会本质，是研究马克思主义宗教观的重要文献。

（一）阐述两种生产的理论

"两种生产"是指物质资料生产与人自身的生产。其实在这之前，马克思和恩格斯在《德意志意识形态》中就曾提出这一思想，恩格斯在《家庭、私有制和国家的起源》中依据新的材料和成果，进一步发展了两种生产的理论。在以往马克思和恩格斯的论述中，主要侧重于强调物质资料生产在人类社会发展中的重要作用，但对人自身的生产阐述得并不充分。当然这是有原因的，一方面是由于之前有关原始社会的材料很少，还无法进行深入探索；另一方面是由于马克思和恩格斯研究的重点为资本主义社会，对资本主义各种制度起源的探索尚未深入史前社会。而在《家庭、私有制和国家的起源》中，恩格斯结合新的研究材料对他们以往的历史唯物主义理论进行了重要的补充和全面的发挥。恩格斯指出，从归根结底的意义上讲，人类历史发展的决定因素是"直接生活的生产和再生产"。而这种生产分为两种，一种是生活资料及其工具的生产，另一种是人自身的生产。因此，一定历史时代和一定地区内的人们生活于其下的社会制度，总要受到两种生产的制约：一方面受劳动的发展阶段的制约，另一方面受家庭的发展阶段的制约。有些人疑问两种生产理论更改了唯物史观的公式，即人类社会发展的决定性因素只有物质资料的生产，不包括人自身的生产，因为后者并不能算是"经济因素"。对于这种疑问，恩格斯曾明确指出，"我们把经济条件看作归根到底制约着历史发展的东西。而种族本身就是一种经济因素"[1]。

恩格斯认为，两种生产之间是辩证统一的关系，不能把两者截然分开。因为没有物质资料的生产，人类自身的生产即种的繁衍就不可能进行。但同样，如果没有人自身的生产，物质资料的生产和再生产也就失去了主体，也是不能持续下去的。不仅如此，物质资料生产的发展水平

---

[1] 《马克思恩格斯文集》第 10 卷，人民出版社 2009 年版，第 668 页。

会影响和制约人口生产的速度、数量和质量，而人口生产的速度、数量和质量反过来也影响着物质资料生产的水平和速度。当然，这并不是说两种生产对人类社会发展的影响和作用是完全等同的。实际上，两种生产在社会发展的不同阶段所发挥的主次作用并不一致。恩格斯认为，在生产力水平低下的原始社会，由于社会生产主要依靠人力，那么以血族关系组成的氏族就成为整个社会的基础，血族关系、家庭关系直接决定着社会制度。因而物质资料的生产在很大程度上受人自身生产的影响。但是随着生产力的发展和社会关系的变化，特别是当人类进入阶级社会之后，家庭关系和血缘关系就不再是社会制度的基础，也不再是社会凝结的中心，它受到所有制的制约，在整个社会中处于从属地位，而物质资料的生产和再生产则成为社会发展的主导力量。正是由于两种生产都对社会发展有制约作用，所以两者之间必须保持合理的比例关系。这也是近几年我们党和国家依据新的形势变化不断调整人口生育政策的原因。

（二）揭示家庭的起源和发展过程

在《家庭、私有制和国家的起源》中，恩格斯运用唯物史观的方法，通过丰富可靠的材料，考察了原始社会中婚姻和家庭的形成过程，揭示了氏族社会的特征。当时的资产阶级学者宣称，资本主义社会的婚姻家庭是自有人类以来就一直如此，无所谓婚姻和家庭的历史，并以此作为资本主义制度永恒存在的证据之一，进而否定历史唯物主义。恩格斯则充分利用摩尔根等人的研究史料，经过严密的分析论证，批判性地提出并不是有了人类就有了婚姻和家庭，其实婚姻家庭也有自己的发展历史，而且这种变化归根到底是由生产力和生产关系决定的。依据对原始社会史料的研究，恩格斯指出，人类在蒙昧时代的低级阶段，两性的结合并没有什么社会规范，而是处于杂乱的性交状态，没有父母、夫妻、子女的区别，当然也就没有婚姻和家庭。后来，经过漫长的发展过程，经过长久的自然选择和淘汰，人类的两性关系才开始出现某种由习俗给定的社会限制，这时才算得上是婚姻关系，由此才构成原始的家庭。

恩格斯依据摩尔根的意见和材料，对不同发展阶段的婚姻家庭形式进行了考察，叙述了其演变过程，从而揭示出原始社会的基本特征和发展规律。最初的家庭形式是由族内血缘群婚构成的血族家庭，在这一家庭中已经排斥了父母和子女间的两性关系；接着是族外非血缘群婚的普那路亚家庭，这时已经排斥了兄弟和姐妹之间的两性关系，并且直接导致母系氏族的建立；后来发展到松散的个体婚姻构成的对偶制家庭，这时一男一女组成或长或短的固定但还不牢固的成对配偶；最后是较固定的个体婚姻构成的专偶制家庭，即一夫一妻制家庭。如果说，在之前家庭形式的发展中，自然选择依然起着重要作用的话，但从对偶制到专偶制家庭的发展，则不再以自然条件为基础，而是由私有财产的出现以及私有制的建立来决定的。恩格斯认为，这种以私有制为基础、处在阶级社会中的专偶制并不是完美无缺的，由于家庭由家长特别是男性家长来作决定，家庭中充满了男性对女性的奴役，婚姻也不以性爱为基础，这种专偶制只是针对妻子来说的，有些丈夫仍公开或隐蔽地实行多妻制，所以这是一种"以通奸和卖淫为补充的专偶制"。只有随着生产力的高度发展，在消灭了私有制和阶级社会之后，个体的家庭不再是社会的经济单位，那时才能真正成为一夫一妻制的家庭，消除两性的不平等，实现妇女的彻底解放。

（三）分析私有制和阶级的产生过程

恩格斯通过对易洛魁人、希腊人、罗马人氏族制度的分析，系统研究了原始社会的各个发展阶段，详细论述了私有制和阶级的产生过程。其实，在原始社会早期，包括在氏族制度的全盛时期，生产力水平很低，工具简陋、人口稀少，人们只能集体劳动才可能生存，同样生产资料和产品也是共同占有。这种原始的共有制度在人类历史上存在了很长时期。但随着生产、社会分工和交换的发展，私有制出现了，并且导致阶级和阶级矛盾的产生。而这一过程主要是通过三次社会大分工来实现的：

第一次社会大分工是牧业与农业的分离，产生了私有制和阶级。恩格斯指出，当人类学会驯养和繁殖牲畜之后，游牧部落与其他人群分离出来，实现了牧业与农业的分离。相比于其他人群，游牧部落生产的生活资料量多类繁，这就使得经常性的交换成为可能。在交换的过程中，牲畜获得了货币的职能。货币经济的产生在氏族社会中打开了缺口，私有制开始萌芽。由于劳动生产率的提高，劳动力能够生产出超过自己所需的产品，产品的剩余为剥削的出现提供了可能。而战争中的战俘又成为新的劳动力来源，俘虏变成了奴隶。这样社会逐步分裂，分成主人和奴隶、剥削者和被剥削者两大阶级。

第二次社会大分工是手工业与农业的分离，摧毁了残存的原始公有制。随着铁器的广泛使用，社会生产力进一步发展，生产日益多样化，这就发生了手工业和农业的分离。这使得直接以交换为目的的商品生产出现，交换的范围不断扩大，金属开始成为货币商品。由于人的劳动力价值的提高，奴隶的使用成为普遍的现象，原来零散的奴隶制逐步成为社会制度的本质组成部分。社会不仅扩展了自由民和奴隶的差别，而且出现了富人与穷人的区分。这些都使得耕地变为私有，家庭开始成为社会的经济单位，残存的公有制被摧毁。

第三次社会大分工是商业与其他产业的分离，确立了奴隶制生产方式。这次分工使社会中出现了不从事生产只进行交换的阶级即商人。由于此时交换不断扩大，贫富分化更加剧烈，奴隶的人数大大增加，使得奴隶的强制劳动成为这个社会的基础。私有制和奴隶制完全确立下来，人类从此进入了奴隶社会。由此可见，私有制和阶级的产生是社会生产发展到一定阶段的结果。它并不像历史和现实中有些思想家所说那样，私有制具有天然的合理性和永恒性。既然私有制和阶级是一种历史现象，不是从来就有，也必然随着生产力的高度发展而走向灭亡。

（四）阐述国家的起源、本质和消亡

恩格斯在《家庭、私有制和国家的起源》中指出，国家不是从来就有的。在原始的共产制社会，没有私有制，没有阶级和剥削，没有国家，只有氏族制度。但随着经济的发展，私有制和阶级的出现，社会陷入了不可解决的自我矛盾，分裂为不可调和的对立面。这时，原有的氏族制度已经不能适应社会发展的需要。为了使经济利益相互冲突的阶级在斗争中不至于把自己和社会消灭，就需要一种表面上凌驾于社会之上的力量。这种力量试图缓和冲突，将冲突保持在"秩序"范围内，这种"从社会中产生但又自居于社会之上并且日益同社会相异化的力量，就是国家"①。恩格斯分别考察了雅典、罗马和德意志国家产生的形式，提出社会条件的差异性导致国家产生途径的多样性。但它们都表明，国家绝不是从外部强加于社会的，而是从氏族制度中蜕变形成的，是一定历史发展阶段中的产物。

国家虽然表面上凌驾于社会之上，并且具有管理公共事务的职能，但这并不意味着它是代表全社会各个阶级共同利益的机构。国家是阶级矛盾不可调和的产物，本质上是一个阶级压迫另一个阶级的暴力工具。在人类历史上，国家都是在经济上占统治地位的阶级的国家，这个阶级借助于国家同时在政治上也成为占统治地位的阶级。国家具有自身的基本特征，它与氏族组织的区别主要表现在两个方面：第一，不同于以血缘关系为基础的氏族，国家是按照地区来划分国民的；第二，与氏族居民的自动武装组织不同，国家设立公共权力机关，即专门的武装力量和

---

① 《马克思恩格斯文集》第 4 卷，人民出版社 2009 年版，第 189 页。

法庭、监狱等强制机构，用以控制和镇压被统治阶级。

当然，作为一个历史范畴，国家既随着私有制和阶级的产生而产生，也必将随着私有制和阶级的消亡而灭亡。恩格斯指出，在未来的共产主义社会，随着生产力的高度发展，与生产社会化相适应的公有制必然代替私有制，而"生产者自由平等的联合体"也必然代替作为阶级统治工具的国家。到那时，国家机器将同纺车、青铜斧一样要被人们放到古物陈列馆里面去。在《家庭、私有制和国家的起源》中，恩格斯正是通过对家庭、私有制和国家的科学分析，弥补了之前关于史前社会研究的不足，深刻揭示了人类历史发展进程及其规律，丰富和发展了唯物史观。

（五）阐述基督教的产生、演变和本质

在《论原始基督教的历史》中，恩格斯运用大量的历史史料特别是对《启示录》的分析，阐明了原始基督教产生的历史原因、演变的过程和社会本质。恩格斯认为，最初的基督徒主要来自处于社会最底层的受苦受难的人民，他们在统治阶级残酷的压迫和剥削下几无出路，在当时的情况下，他们只能从宗教领域中去寻找出路。但由于基督教引导人们把希望寄托于彼岸世界，因此在其发展演进的过程中必然要被统治阶级所利用。这个世界性宗教在其产生 300 年后，便从奴隶、穷人、无权者的宗教，从奴隶社会中被压迫者的宗教，变为占统治地位的剥削者的国家官方宗教，由此成为统治者在精神上奴役劳动者的工具。恩格斯对原始基督教本质的揭示，是将其与现代工人运动相比较得出的。他指出，两者具有共同点，即基督教在产生时和工人运动一样，都是被压迫者、被剥削者的运动，两者都宣传要摆脱奴役和贫苦、求得出路。但两者又有着本质区别，因为基督教是要让人去天国中寻找希望与解脱，而社会主义则引导无产阶级和劳动人民在现实斗争中寻找出路，在社会改造中

实现自身解放。

二、恩格斯对马克思主义哲学的深刻阐述

马克思和恩格斯很早就有一个愿望，即阐释自己的哲学与德国古典哲学的关系。而在 19 世纪 80 年代德国古典哲学在一些国家又有某种复活。这就给恩格斯提出了一项重要的任务，那就是系统说明马克思主义哲学与黑格尔、费尔巴哈哲学之间的联系和本质区别，全面系统地阐明辩证唯物主义和历史唯物主义基本原理，使工人阶级及其政党能够准确掌握科学的世界观。当时一个丹麦哲学家施达克写了一本关于费尔巴哈的书，相关杂志请恩格斯写篇述评，恩格斯正是借此机会完成了上述任务。这里我们把书名稍微解释一下。"德国古典哲学"主要是指 18 世纪末 19 世纪初的德国哲学，从康德开始，经过费希特、谢林、黑格尔，到费尔巴哈。前四个人在不同程度上发展了辩证法，至黑格尔时达到顶峰，但这种辩证法是建立在唯心主义基础之上的；费尔巴哈则冲破了黑格尔的体系，恢复了唯物主义的权威，成为了黑格尔哲学和马克思主义哲学的中间环节。"终结"，在这里不仅仅是结束，还包含有出口的意思。马克思主义哲学正是通过对德国古典哲学的扬弃而产生。

（一）提出并论述哲学基本问题

首先，恩格斯在回顾总结以往哲学史的基础上，明确提出了哲学的基本问题。"全部哲学，特别是近代哲学的重大的基本问题，是思维和存在的关系问题。"[①] 在哲学的发展过程中，尽管各个时代讨论的重大哲

---

① 《马克思恩格斯文集》第 4 卷，人民出版社 2009 年版，第 277 页。

学内容并不一致——在远古时代人们更多地关注灵魂与肉体、与外部世界的关系；在中世纪神学中存在一般与个别即唯名论与唯实论的争论；近代哲学争论的是精神、观念与自然界的关系，特别是主体与客体的关系问题——但在这些不同时代的重大哲学问题讨论中，都包含着存在与思维关系的问题。只是当时社会状况和生产力发展水平不同，因此这一基本问题的表现形式不同而已。应当说，任何一个哲学派别都不能回避这一基本问题。它决定着这一哲学流派发展的趋势和方向，决定着它们对其他哲学问题的解决。

其次，恩格斯阐述了哲学基本问题两个方面的基本内容。恩格斯指出，思维和存在的关系包括两个方面：一是关于思维和存在、精神和物质何为本原，即谁是第一性的问题；二是关于思维能否正确反映现实的问题，也就是思维和存在有无同一性的问题。对于哲学基本问题第一个方面的不同回答，我们可以将哲学家们划分为唯物主义和唯心主义两大阵营。凡是认为精神是本原的，属于唯心主义；凡是认为物质是本原的，属于唯物主义。当然，唯心主义与唯物主义这两个术语，也就是在这个意义上使用的。离开了哲学基本问题的第一个方面，随意扩展它们的含义，都是错误的，必然造成极大的思想和理论混乱。正如恩格斯批判的那样，我们不能把追求理想信念看作唯心主义，不能把唯物主义仅仅理解为贪吃、酗酒、性欲等。对于哲学基本问题第二个方面的不同回答，我们可以将哲学家们划分为可知论和不可知论。凡是断定思维和存在具有同一性的，就是可知论；反之，就是不可知论。在哲学史上，大部分哲学家都主张思维和存在具有同一性，是可知论者。但也有休谟、康德等一些哲学家主张不可知论，认为人们无法认识或者说无法彻底认识世界。

最后，马克思主义哲学运用科学的实践观彻底驳倒了不可知论。恩格斯指出，尽管以往的哲学家如黑格尔、费尔巴哈等都批判过不可知论，但由于各自哲学的局限，并不能驳倒不可知论。只有马克思主义哲学把科学的实践观引入哲学基本问题，既唯物又辩证地解决了思维和存在的同一性问题。因为实践是在认识的指导下进行的，如果实践取得了预期的效果，这就说明指导实践的认识是正确的，说明客观事物是可以认识的，也就彻底驳倒了不可知论。恩格斯把实践理解为试验和工业，认为推动哲学发展的力量并不是纯粹思想的力量，而在于人类的实践。应当说，恩格斯关于哲学基本问题和哲学基本阵营的论断，极具历史意义和现实意义。即使在今天，我们仍然有人脱离哲学的基本问题来谈论唯物主义与唯心主义的问题，机械地把唯物主义者当作"好人"，而唯心主义者是"坏人"。这种从哲学之外来界定哲学阵营，按照自己的需求任意扩大或缩小唯物与唯心界限的做法，完全背离了恩格斯的本意，是打着马克思主义旗号的伪马克思主义。由此看来，恩格斯在100多年前关于哲学基本问题的论述，依然为今天的我们提供了科学辨析的武器。

(二) 阐明马克思主义哲学与德国古典哲学的关系

恩格斯深刻分析了黑格尔和费尔巴哈的哲学理论，揭示出它们各自的合理因素和根本缺陷，详细说明了这些理论与马克思主义哲学的关系。恩格斯提出，马克思主义哲学实现了哲学领域的根本变革，德国古典哲学也因此终结。

首先，科学剖析黑格尔哲学，揭示其革命性质和内部矛盾。黑格尔的著名哲学命题"凡是现实的都是合乎理性的，凡是合乎理性的都是现实的"，可以说是其哲学思想及其特征的高度概括。在这一命题中，前半部分无疑是为现状作辩护，因而体现出其哲学反动、保守的一面；但后半部分包含着对现状的否定，又体现出其进步、革命的一面。尽管黑格尔说的有些拗口，但这个命题的含义并不难理解。黑格尔认为，现实性在其展开的过程中表现为必然性，事物只有具有必然性、符合规律，它才能是现实的、合乎理性的；但现实性不是事物始终都具备的属性，事物的发展是一个过程，在这一过程中原有的必然性会逐步丧失，这样事物就变成不合理的东西，终归要走向灭亡。恩格斯指出，正是由于黑格尔的辩证法，使得其哲学可以变成另外一个命题"凡是现存的，都一定是要灭亡"。恩格斯高度评价黑格尔的辩证方法，指出其真实意义和革命性质在于，结束了那种认为人的思维和行动具有最终性质的看法，把世界描绘成为一个在不断运动、变化和发展的过程。同时，恩格斯揭示了辩证法与黑格尔的唯心主义哲学体系的矛盾。正是这一无法克服的矛盾使得黑格尔的庞大哲学体系破产。

其次，科学评价费尔巴哈的哲学功绩和根本缺陷。黑格尔哲学体系的破产源于其不能克服的内在矛盾，而这种矛盾的解决则必须让哲学重回唯物主义的道路。费尔巴哈的历史功绩正在于此，他让唯物主义重新登上王座。费尔巴哈的唯物主义和无神论，无疑在当时具有重要的思想解放作用和历史价值。恩格斯在肯定费尔巴哈成绩的同时，也指出了其不足。费尔巴哈在抛弃黑格尔唯心主义的同时，也扔掉了黑格尔的辩证法。这就使得他在自然观上是个形而上学唯物主义者，而在历史观上仍然是唯心主义者。恩格斯评价他说，下半截是唯物主义者，上半身是唯心主义者。费尔巴哈唯物主义哲学的不彻底性使得其宗教观和道德观存在先天的不足，他始终以抽象的人性论为基础，追求超越阶级的爱的宗教和抽象的道德原则，也就无法找到从抽象的人走向现实的人的道路。费尔巴哈没有完成的任务，其后由马克思和恩格斯完成。

最后，阐述马克思主义哲学与黑格尔、费尔巴哈哲学的批判继承关系。马克思和恩格斯站在前人的肩膀上，顺应时代潮流和需求，超越了黑格尔和费尔巴哈，从物质生产和社会实践出发，从现实生活中的人出发，创建了马克思主义哲学，为无产阶级及其政党提供了科学世界观和方法论。一方面，马克思主义哲学在批判吸收黑格尔哲学的基础上，将原有的唯心辩证法改造为唯物主义辩证法，从现实而不是头脑中的概念出发来认识世界。这样，辩证法就成为关于外部世界和人类思维的运动的一般规律的科学。另一方面，马克思主义哲学克服了费尔巴哈唯物主义哲学的形而上学性和不彻底性的局限。马克思和恩格斯在充分吸取自然科学和社会科学新成果的基础上，把辩证法与唯物主义有机结合起来，并且把唯物辩证法运用于社会历史领域，实现了辩证唯物的自然观与辩证唯物的历史观的有机统一。马克思主义哲学正是通过对德国古典哲学的扬弃，实现了人类哲学史上的伟大革命。

（三）系统阐释唯物史观关于社会发展规律的基本原理

唯物史观是对费尔巴哈历史唯心主义的超越，也是马克思主义哲学的最伟大贡献之一。恩格斯在《路德维希·费尔巴哈和德国古典哲学的终结》中用较大篇幅论述了唯物史观的基本观点，阐述了社会历史发展规律的特点、发现社会发展规律的途径以及社会发展规律的基本内容。

首先，人类历史发展是有客观规律的。历史唯物主义是要在社会历史领域中发现现实的联系，找出在人类历史上起作用的一般运动规律，而不是那种人为臆想的联系。然而，要想做到这一点却并不容易，因为社会历史领域并不同于自然界。在自然界中，存在的主要是没有意识的、盲目的动力，其一般规律就表现在这些动力的相互作用中。在社会历史领域，由于活动的主体是有意识、追求目的的人，所以客观规律要通过人们自觉的、有目的的活动体现出来。当然，在同一社会中，人们的思想动机不同甚至是彼此冲突，这就使得有的人的预期能够实现，有的部分实现，有的则根本不可能实现。其根本原因就在于，历史发展具有不以人的主观意志为转移的客观规律。我们的意愿只有符合客观规律，才可能成功，否则只能失败。

其次，探讨动机背后的动因是发现社会历史规律的途径。既然社会历史是有规律的，那么如何才能发现这些规律呢？恩格斯回答说，找到这些规律的途径必须透过社会历史中人的思想动机，找到这些动机背后的动力。过去的唯心史观仅仅停留在认识到人们行为的动机上，并没有探究动机背后的动因。而黑格尔等人虽然也在寻找动机背后的动力，但他们不是到历史中去寻找，而是借助于外部的"绝对精神"，致使其不可能真正发现背后的原因。唯物史观认为，要发现思想背后的动力，就不仅要研究杰出人物的动机，更要研究人民群众的动机；不是研究瞬息出现的、偶然起作用的因素，而是要研究在历史中长期起作用、引起重大历史变革的原因。换句话说，只有搞清楚人民群众行为动机背后的物质动因，我们才能发现社会历史发展的客观规律。

最后，阐述社会历史发展规律的具体内容。恩格斯指出，在阶级社会里，阶级斗争是社会历史发展的直接动力。在资本主义社会中，土地贵族、资产阶级和无产阶级三者之间的阶级斗争，成为资本主义社会发展的直接动力。恩格斯进一步指出，阶级和阶级斗争又根源于物质生产方式，是社会生产方式矛盾运动的结果。他通过对封建社会和资本主义社会发展历史的考察，说明了社会生产方式的内在矛盾，即生产力与生产关系的矛盾运动，是社会历史发展的根本动力。阶级斗争只不过是这种矛盾在阶级社会里的具体表现。当然，要弄清社会发展的客观规律，仅掌握生产力与生产关系的矛盾还是不够的，必须弄清经济基础和上层建筑的关系。恩格斯对后者的矛盾运动关系也进行了阐述。他指出，无论是作为政治上层建筑的国家、法律、政治制度，还是远离经济基础的哲学、宗教等意识形态，都是"以经济发展为基础的"。当然，这些上层建筑和意识形态具有相对独立性，"它们又都互相作用并对经济基础发生作用"①。

---

① 《马克思恩格斯文集》第 10 卷，人民出版社 2009 年版，第 668 页。

三、恩格斯的辩证唯物主义自然观

《自然辩证法》是恩格斯在 1873 年至 1882 年撰写的一部未完成的著作，它由论文、札记和片段组成。此书写作的直接目的是为了批驳自然科学中的种种反马克思主义思潮，特别是社会达尔文主义的影响。当时的一些学者把达尔文关于生物界生存竞争的规律机械地搬到人类社会，把生存竞争作为社会与自然界的共同规律，以此论证资本主义社会弱肉强食、恃强凌弱的合理性。为此，恩格斯耗费十多年时间钻研自然科学和自然辩证法，用丰富、可靠的自然知识来证明自然界普遍存在着辩证法规律。作为长时间潜心研究的成果，恩格斯十分看重这本书，尽管中间因《反杜林论》的写作曾一度中断，但他仍拟制出详细的写作计划。马克思逝世后，恩格斯不得不把主要的精力放在《资本论》的编辑出版和领导工人运动的工作上，至此实际停止了该书的写作。《自然辩证法》深入研究了马克思主义关于自然界和自然科学的辩证法问题，系统阐述了既唯物又辩证的自然观，完成了自然观方面的根本性变革。

（一）阐述唯物辩证的自然观

《自然辩证法》系统阐述了唯物辩证的自然观，阐明了唯物辩证法是自然科学的重要思维方式，深刻揭示了自然界发展所遵循的辩证法规律，在此基础上描述了自然界发展的辩证图景。

首先，阐明唯物辩证法对自然科学的重要作用。恩格斯运用大量的自然科学的材料，系统考察了自然科学与哲学的历史演进过程，以此来说明唯物辩证的自然观确立的历史必然性，论证这一自然观的产生是自然科学发展的必然结果。特别是细胞学说、能量守恒定律和达尔文进化论这三大发现，让人们进一步看到自然界中各领域以及内部过程的相互联系，形而上学的自然观注定要破产，辩证唯物主义的自然观呼之欲出。而在此书的"《反杜林论》旧序"部分，恩格斯进一步通过对自然科学发展阶段的分析，详细论证辩证法对自然科学的重要意义。他认为，18 世纪中叶以前的自然科学主要处在"搜集资料"的阶段，当时还是一般性的归纳、分析、观察、比较。但随着数量众多的知识资料的积累，人们迫切需要找出它们之间的内在联系以整理资料，要求发现各个知识领域之间的内在联系，因而此后的自然科学就进入理论领域。因为这个时候原有的经验办法已经不灵了，必须借助于理论思维，进行理论的概括和综合。此时只有辩证法才能为自然界的发展过程和普遍联系提供说明的方法。从形而上学思维向辩证法复归，如果仅通过自然科学本身的力量，那将是一个旷日持久、步履维艰的过程。因此，最好的方式就是学习哲学史。人们只有学习希腊哲学和德国古典哲学，才能大大缩短这种复归的过程。恩格斯在这里已经提出了自然科学家学习掌握辩证法的必要性。

其次，科学揭示自然界辩证发展的规律。恩格斯指出，辩证法是关于普遍联系的科学，而辩证唯物主义的自然观与形而上学的自然观是根本对立的。同时，他用大量的自然科学事实充分证明"辩证法规律是自然界的实在的发展规律"[①]，这些规律是从自然界和人类社会的历史中抽象出来的。辩证法的基本规律是自然界、人类社会和思维的运动、变化的最一般的规律。这些规律可以归纳为以下三种：量转化为质和质转化为量的规律，对立面渗透的规律，否定之否定的规律。恩格斯还详细阐述了唯物辩证法的基本规律在自然界中的表现：他用水的固态、液态和气态的变化来解释质量互变规律，用力学中的吸引和排斥、电极的阳极和阴极、化学中的分解和化合来说明对立面的渗透规律，等等。恩格斯还把辩证法分为客观辩证法和主观辩证法，强调主观辩证法即辩证思维

---

① 《马克思恩格斯文集》第 9 卷，人民出版社 2009 年版，第 464 页。

是支配自然界的客观辩证法的反映。他着重研究了主观辩证法的相关问题，对辩证逻辑和形式逻辑的关系、判断的分类、归纳与演绎的关系等提出了精辟见解。

最后，描绘自然界无限发展的辩证图景。恩格斯依据当时自然科学的新成就，以系统演化的形式描绘出一幅自然界运动和发展的辩证图景。他指出，从原始星云到人类社会的演化都是物质不断分化的结果。同时，自然界是一个无限发展的过程。自然界的一切有限的事物，都在经历着一个永恒循环和无限发展的过程。这样，在自然界的辩证图景中，物质的任何存在方式和属性，都是有限的、可变的、暂时的。无论是太阳系、地球，还是生命和人类，都是在自然界发展到一定程度后产生，也必然走向灭亡。也就是说，自然中除了永恒运动着的物质及其运动规律，再没有什么永恒的东西。当然，这并不意味着宇宙将最终归于沉寂。因为依据事物运动不灭的原理，从量上来看，物质的运动既不会凭空产生，也不会凭空消失；从质上看，物质始终具有从一种形式转化为另一种形式的能力，而这种能力也是永不消失的。物质的各种运动形式相互转化的能力是永恒的、无限的，物质无论如何变化永远都是物质。

（二）阐释马克思主义的科学观

恩格斯不仅系统阐述了唯物辩证的自然观，而且还深入研究了自然科学及其历史。恩格斯结合近代科学发展的新成果和各门科学的理论内容，对马克思主义的科学观进行了阐释。

首先，依据物质的运动形式对自然科学进行分类。恩格斯认为，辩证法对自然科学的指导意义，首先体现在对研究对象的规定上。自然科学不是要去探讨世界不变的本质或本原，而是要研究物质的运动形式，各门科学就是对这些运动形式的反映。当然，物质及其运动形式不是单一的，而是多种多样的，需要进行分类研究。恩格斯依据当时的自然科学成果，对物质运动的形式进行了区分，并以此为基础对自然科学进行了分类。他把自然界多种多样的运动变化，划分为四种不同的基本运动形式：机械运动、物理运动、化学运动、生命运动。这些运动形式是由低级到高级顺序排列的，每一个运动形式都有其特殊本质，由其内部的特殊矛盾所规定。与这些运动形式相对应，恩格斯按照研究对象的不同把自然科学相应地划分为四类，即以机械运动为对象的力学、以物理运动为对象的物理学、以化学运动为对象的化学、以生命运动为对象的生物学。

其次，揭示各种自然科学之间的辩证关系。恩格斯指出，既然物质运动的形式是相互联系并相互转化的，那么将其作为对象的各门自然科学也应该是相互联系的。各门自然科学之间既相互区分，但之间也有联系和过渡。恩格斯还提出，物质运动形式的历史先后顺序不是随意的，而是遵循由低级到高级的历史顺序。从机械运动到高级的生命运动，后一级的高级运动都是从前面的低级运动形式转化而来的。与此相对应，自然科学中的力学、物理学、化学和生物学也有一个依次产生的历史过程，后一个从前一个中产生出来。不仅如此，由于物质的各种运动形式是相互渗透、相互包含的，所以各门自然科学之间必然也是如此。这种辩证联系的集中体现，就是在两门或多门自然科学之间出现交叉学科。而现代自然科学的发展特别是更多交叉学科的出现，证明了恩格斯分析判断的科学性。

最后，阐述自然科学发展的动力。为了揭示近代以来自然科学发展的原因，恩格斯深入研究了自然科学的发展动力问题。恩格斯指出，人类的生产实践是自然科学发展的根本动力。生产实践的发展，不仅对自然科学提出新的发展要求，还为其提供新的研究事物和研究手段。生产与科学互为因果、相互作用，正是在这一互相促进的过程中，实现两者的不断发展。除了生产实践的推动，就自然科学自身来讲，科学内部各门学科之间的相互作用是科学发展的内在动力。这主要表现在各门学科在理论和方法上的相互渗透和相互借鉴，还表现在因学科间的相互推动促使边缘学科的出现。恩格斯举例说，地质学的发展推动了生物学的研究，而生物学的发展反过来又推动了地质学的发展。除此之外，恩格斯还考察了阻碍科学发展的因素，因为自然科学只有克服阻力才能实现发展。他提出，生产力水平、社会制度和错误的思维方式都对自然科学的发展起着制约作用。特别是他提出，尽管资本主义制度对近代科学的发展起到了巨大推动作用，但其剥削的本质必然会阻碍自然科学的发展。我们只有推翻这种制度、建立社会主义制度，才能实现自然科学的突飞猛进。

（三）揭示从自然界到人类社会发展的辩证法

《劳动在从猿到人的转变中的作用》一文在篇章结构中处于《自然辩证法》的最后部分，也是恩格斯的画龙点睛之笔。该文在拓展前面的自然辩证法思想的同时，又进一步回答和阐明了自然界是如何转化为人类社会的、人类活动与自然界是什么关系等问题。如果说马克思在《资本论》中科学解释了人类社会史的辩证法，而恩格斯则在这里揭示了自然史的辩证法并且找到了两者的结合点，从而实现了自然辩证法和历史辩证法、自然史和社会史的统一，使马克思主义哲学成为一个系统严密的理论体系。

首先，劳动创造了人本身。关于人类起源的问题，自古以来就是一个引起无数争议的"斯芬克斯之谜"。达尔文的进化论颠覆了宗教神学的上帝造人说，解决了"人由何而来"的问题，肯定了猿是人类的祖先。但还有一个问题尚待解决，即"人如何而来"。恩格斯通过详细而科学的分析论证回答了这一问题：劳动创造了人本身。自然科学已经证明，从猿到人的演化经历了漫长的由量到质的转化过程，恩格斯阐述了这一过程的三个阶段及其劳动的关键作用。第一个阶段是直立行走能力的形成。直立行走使人猿的手获得解放，使其从事制造工具成为可能。第二个阶段是手的活动的加强。在劳动中，手的作用越来越大，当第一批工具制造出来时，才有了真正的手和真正的劳动。这是从猿到人的第一个质的飞跃。在劳动中，由于交往的需要，语言诞生了。第三个阶段是脑髓的形成。首先是劳动，然后是语言和劳动一起，使猿脑逐步过渡到人脑。而大脑的发育又推动着其他感觉器官的发育。在此基础上，人类意识形成和发展起来，人类从动物界中分化出来。

其次，劳动是人与动物相区别的根本标志。恩格斯指出，劳动不仅是人得以产生的决定性动力，而且也是人同其他动物的本质区别。一方面，人类社会与猿群相区别的标志是劳动。人是社会化的动物，人在劳动的过程中逐步结成各种复杂的社会关系，在最初的经济关系的基础上，又产生出政治关系、法律关系、意识形态等，最终形成人类社会。另一方面，人与动物根本区别的另一特征是，人的劳动具有目的性和能动性。一切动物包括猿类也能从事一些选择性的活动，但这种活动与人类活动的目的性、计划性特别是能动性相比，简直有天壤之别。因为动物的生存是一种本能的活动，只能消极地适应自然界、利用自然物。但劳动是人的生存方式，人通过劳动改造外部自然物来满足自己的需要。恩格斯指出，动物仅仅是利用外部自然界，而人类则通过劳动来支配自然界、让自然界为自己的目的服务。

最后，正确认识和运用自然规律与社会规律以实现人与自然的协调发展。人类在劳动中改变自然、支配自然界，但同时人也是自然界的一部分，同时也改变人自身。人类在劳动中认识和改造着自然并且逐步成为自然的主人，因而人类的历史与动物历史的最根本区别就在于：人能够自己创造自己的历史。人之所以能够支配自然，是由于人认识并掌握了自然规律，并按照自然规律办事。在此，恩格斯严肃地指出，人类对自然规律的认识总会受到一定历史条件的限制，往往无法摆脱自己行动的盲目性，因此"不要过分陶醉于我们人类对自然界的胜利。对于每一次这样的胜利，自然界都对我们进行报复"①。此外，恩格斯还提出，要实现人与自然关系的长远协调，这不仅是一个认识问题，更是一个社会问题。因为人类对自然界的改造必然也同时会造成一定的社会后果。而社会历史也与自然界一样有着自己的客观规律。由于认识社会规律比自然规律更困难，即使人们认识了社会规律，也不等于能够做到对社会生活的自觉调节。而在资本主义社会，这种自发性的调节更不可能。只有彻底变革资本主义制度，才能从根本上调节人与自然的关系。唯有如此，人类才能既从物种关系又从社会关系方面把自己从动物中提升出来，成为自然界和社会的主人，才能实现从必然王国到自由王国的飞跃。在当前多地遭遇雾霾围城等环境问题。在全社会践行"绿色发展"理念之际，我们回头来看恩格斯关于人和自然协调统一的思想，更能深刻领会其时代穿透力和现实影响力。

四、恩格斯对唯物史观的丰富发展

书信是我们交流思想的重要媒介，也是后人了解书信作者思想的重要载体。马克思和恩格斯在一生中留下了大量的书信，这些都成为我们学习掌握马克思主义思想的重要文献遗产。就唯物史观而言，一般我们会选取马克思和恩格斯关于历史唯物主义的八封书信，其中马克思的三封，恩格斯晚年的五封。这里我们仅以后者为代表加以介绍。

在19世纪90年代，历史唯物主义主要面临着两个方面的挑战。一方面是资产阶级学者对历史唯物主义的攻击。其代表人物是德国社会学

---

① 《马克思恩格斯文集》第9卷，人民出版社2009年版，第559—560页。

家保尔·巴尔特。他在 1890 年出版了《黑格尔和包括马克思及哈特曼在内的黑格尔派的历史哲学》一书，把马克思主义歪曲为"技术决定论"，硬说马克思只承认经济的决定作用，却否定先进思想观念的积极作用，把"社会存在决定社会意识"原则污蔑为任意的历史编造。另一方面的挑战则是德国社会民主党内"青年派"对历史唯物主义的歪曲。其核心是一些年轻的大学生、作家和编辑，他们缺乏对马克思主义理论的深入研究，却以党内的理论家和领导者自居，还谎称得到了恩格斯的支持。他们把历史唯物主义歪曲成"经济唯物主义"，正好给巴尔特等人攻击马克思主义留下口实。针对上述情况，已是古稀之年的恩格斯于 1890 年至 1894 年间在给康·施密特、约·布洛赫、弗·梅林和瓦·博尔吉乌斯的书信中，有针对性地阐明了历史唯物主义的基本原理，进一步丰富和发展了唯物史观。

（一）阐述经济基础和上层建筑的辩证关系

恩格斯首先确认了经济关系是社会历史的决定性基础，坚持经济基础对上层建筑的决定作用，重申了历史唯物主义的基本原理。这也是我们全面认识经济基础与上层建筑、理解上层建筑独立性与反作用的前提。只有承认这一前提，我们才能区分历史唯物主义与历史唯心主义。当然，恩格斯在谈到社会历史决定性因素时，在不同场合使用了多个概念，比如"物质存在方式""现实生活的生产和再生产""经济条件""经济基础""经济关系"等。应当说，尽管这些概念在具体含义上有所区别，都从总体上都是相对于上层建筑的政治、意识形态来说的，因而都是同一序列的概念。在致博尔吉乌斯的信中，恩格斯对作为社会历史基础的经济关系进行了阐释。恩格斯指出，生产关系是指一定社会中人们生产生活资料和相互交换产品的方式。它是包括生产力与生产关系的生产方式，既涵盖人们在生产与交换中形成的关系，也包括生产和运输的技术。此外，制约历史发展的经济条件还包括一定的自然地理环境、旧经济的残余、外部环境，以及种族本身。由此可见，经济条件由多种因素构成，而物质资料的生产方式是其中最重要的力量。恩格斯一再强调经济因素的决定性作用是从归根结底的意义上说的，如果把经济因素作为唯一的决定性因素，那就变成了经济唯物主义。

在此基础上，恩格斯突出强调了上层建筑的相对独立性及其对经济基础的反作用。首先，他强调了上层建筑各因素间的相互影响及其对经济基础的反作用。尽管经济状况是基础，但许多时候决定着历史斗争形式的还有政治、法、哲学等上层建筑等因素。而且这些因素之间也在相互作用，并对经济基础具有反作用。这里的"反作用"是相对于经济的"决定"作用而言的，是指上层建筑"反过来"对决定自身的经济起作用。其次，恩格斯以国家权力为例，详细阐释了政治上层建筑的能动反作用。那么国家权力如何对经济发展发生作用呢？他将其概括为三种情况：一是沿着同一方向作用，从而促进经济的发展；二是沿着相反的方向起作用，从而阻碍经济的发展；三是阻碍经济沿着某个方向发展，强行改变经济发展的方向，其作用与第二种情况相似。最后，恩格斯论述了意识形态形式的相对独立性。所谓相对独立性，是指政治、思想等因素一旦形成就有其自身运动的规律，这些由经济决定的因素追求独立性但仍受到经济的制约，因而具有一定的独立性但又不完全独立。就宗教和哲学等社会意识形态而言，其相对独立性表现为：它们远离经济基础，但又对经济基础具有能动作用；它们具有自己相对独立的发展历史和规律，同经济发展具有不平衡性；不同社会意识形态之间相互作用、相互影响。正是在这里，恩格斯指出，"经济上落后的国家在哲学上仍然能够演奏第一小提琴"①。

---

① 《马克思恩格斯文集》第 10 卷，人民出版社 2009 年版，第 599 页。

（二）阐述历史创造中必然性和偶然性的关系

在书信中，恩格斯提出一个著名论断：人们自己创造自己的历史。人们是如何创造自己的历史的呢？一是人们要在十分确定的前提和条件下创造历史。因为每一代人都要从前人那里传承相应的生产力和社会关系，这种生活条件不是自己能够主观选择的。因此，人们不能随心所欲地创造历史，而必须从现有环境出发来创造历史。在这些环境中，经济因素是决定性的，同时政治、文化等也产生着重要影响，而且在一定条件下还会表现为决定的作用。二是历史创造的最终结果是由许多单个意志相互作用产生的历史合力。在现实中，人们并不是按照共同的意志来创造历史的，而是你有你的追求、我有我的目标，甚至这些意愿间还相互冲突。这些不同意愿的根源，是各种特殊的生活条件，是由每个人的内在需求和外在经济状况决定的。恩格斯指出："历史是这样创造的：最终的结果总是从许多单个的意志的相互冲突中产生出来的，而其中每一个意志，又是由于许多特殊的生活条件，才成为它所成为的那样。这样就有无数相互交错的力量，有无数个力的平行四边形，由此就产生出一个合力，即历史结果，而这个结果又可以看作一个作为整体的、不自觉地和不自主地起着作用的力量的产物。"① 由此可见，历史的发展确实是一个不以任何人的意志为转移的自然历史过程。

人类在创造历史时，要面对合力与个人意志、经济与政治，以及思想的关系问题，其中经济关系决定着历史发展的总趋势，而多种因素的相互作用又使得历史事件的发生具有偶然性。这些就决定了历史创造的过程，是必然规律与偶然事件的统一。当然，在历史发展的过程中必然性与偶然性的地位作用并不是完全相同的。其中，必然性占统治性地位，而偶然性只是必然性的补充和表现形式。恩格斯强调，通过各种偶然性

---

① 《马克思恩格斯文集》第 10 卷，人民出版社 2009 年版，第 592 页。

为自己开辟道路的必然性，归根结底仍然是经济的必然性。因此，越是远离经济的意识形态，在其发展中越是表现为偶然现象，它的曲线就越是曲折。但是，如果画出曲线的中轴线的话，如果我们考察的时期越长、范围越广，就会发现这个中轴线越是接近经济发展的轴线，是与经济发展轴线平行前进的。这就说明，我们在历史的发展中要把握必然性，就必须深入研究经济关系是如何起最终的决定作用的。同时，既然经济只能是从归根到底的意义上的决定因素，那么我们就应关注到必然性总是需要偶然性为补充和表现形式的，决不能简单地看待历史发展的进程。

此外，如何看待历史上伟大人物出现的必然性与偶然性，也是理解"人们自己创造自己历史"的一个重要问题。恩格斯以拿破仑的出现为例进行了剖析。在当时历史条件下的法国，需要一个强有力的人物来掌握政权，因此拿破仑的出现是历史的必然。但恰恰由拿破仑而不是其他人来充当这个角色，又体现出历史的偶然性。因此，每当历史的发展需要一种历史角色时，这种伟大人物就必然会出现；而恰好是某一个伟大人物在一定时间、一定国家中出现，则是一种偶然现象。但是，即使没有这个人，那么他的历史角色也会由另一个人来扮演。这说明，偶然性背后有必然性，历史的必然性一定会通过偶然现象表现出来。由此可见，伟大人物的出现也是必然性与偶然性的统一，是人们自己创造自己历史的具体表现。

（三）强调唯物史观是历史研究工作的指南

随着马克思主义在世界范围内的广泛传播，如何对待马克思主义的问题日益凸现出来。特别是德国社会民主党内"青年派"把马克思主义教条化的做法，使得恩格斯着重论述了这一问题，突出了唯物史观的方法论功能，强调马克思主义是研究工作的理论指南。

"青年派"认为，只要掌握了主要原理，即使掌握得不够正确，也算是理解了新理论，就可以运用新理论了。他们以这样的态度对待马克思主义，显然就不可能去做深入细致的研究工作，而是把唯物史观作为套语和标签，以为只要贴到事物上，问题就算解决了。结果呢？他们不但歪曲了唯物史观，败坏了马克思主义的名声，更在工人群众中造成了思想的混乱，为巴尔特等资产阶级学者提供了攻击马克思主义的借口。恩格斯对这种做法进行了严厉批评，强调"我们的历史观首先是进行研究工作的指南"①。他指出，马克思主义为我们提供的是世界观和方法论，而不是现成的公式或教义，若我们用它来裁剪各种历史事实，那么我们就走向了唯物史观的对立面——历史唯心主义。应当说，恩格斯提出的对待马克思主义的思想原则，不仅在当时具有重要的意义，直至今天仍具有指导作用。

相对于以往的唯心史观，历史唯物主义的创立是一种革命性的进步，它揭示了人类社会历史发展的一般规律。但是我们不能因此满足和止步。恩格斯指出，这种历史发展的一般规律在不同的国家、不同的历史时期、社会生活的不同方面，都有其特殊的表现。因此，我们对历史发展一般规律的理解、对历史总趋势的预见并不能代替对各种具体历史过程、历史事件的认识和把握。唯物史观的诞生，决不是人类认识历史的任务的完成，而只是重新研究的开始。恩格斯提出："必须重新研究全部历史。"②他要求必须详细研究各种社会形态的存在条件，然后从这些条件中找出相应的政治、法律、美学、哲学、宗教等观点。这个领域是如此的广阔，只有深入钻研、下苦功夫、出大力气，才能取得新的成果。他要求人们深入研究经济史、商业史、工业史、农业史等专门史，特别是加强对经济史的研究。在历史的研究中，唯物史观是研究工作的指南，而不是作为随便乱用的标签和套语。

---

① 《马克思恩格斯文集》第 10 卷，人民出版社 2009 年版，第 587 页。
② 《马克思恩格斯文集》第 10 卷，人民出版社 2009 年版，第 587 页。

第五讲

马克思主义在俄国的早期传播与发展

马克思主义诞生后，其影响范围不断扩大，不仅在英国、德国、法国等发达资本主义国家得到了广泛传播，而且逐渐扩大到了包括俄国在内的一些经济文化相对落后的国家。马克思主义传入俄国的时间是 19 世纪后半期。此时，资本主义正从自由竞争阶段向垄断阶段过渡，整个资本主义的社会经济、政治、文化等方面都在发生剧烈的变化。而在俄国，资产阶级与沙皇专制政府、地主与农民、工人与资本家的矛盾不断激化，整个国家处于革命的火山口上。这个剧变的时代，给马克思主义在俄国的发展提供了历史契机，但社会的分裂也给马克思主义的传播与发展带来了极大的挑战，各种"修正"主义和错误思潮，不断冲击着人们对马克思主义的认同。什么才是真正的马克思主义，如何看待马克思主义，如何用马克思主义指导俄国革命，成了当时必须回答的问题。此时，列宁勇敢地站了出来，以渊博的学识和坚强的毅力，全身心地投入捍卫马克思主义的斗争中去，同各种错误思潮展开了激烈的斗争，有力地捍卫了马克思主义，并以新的实践进一步丰富和发展了马克思主义，把马克思主义推进到了一个新的发展阶段——列宁主义。

一、马克思主义在俄国的早期传播及其思想斗争

19 世纪后半期，俄国在西欧国家的影响下逐步走上了资本主义发展道路。1861 年，俄国废除农奴制，资本主义获得了迅速发展，但由于没有废除沙皇专制制度，农奴制经济关系的残余依然大量存在，俄国的经济社会发展仍然面临诸多严峻挑战。在城市，由于不堪忍受资本家的剥削，反对剥削压迫的工人运动风起云涌且规模越来越大；在农村，深受资本主义和农奴制残余双重剥削的农民，反抗意识也愈加强烈，农民暴动不时发生。但必须指出的是，此时的工人运动和农民运动虽然蓬勃发展，但由于缺乏组织，缺乏科学理论的指导，基本上是属于自发性质。革命的运动迫切需要革命理论的指导，这就为马克思主义在俄国的传播和发展奠定了社会基础。

（一）马克思主义在俄国的早期传播

早在 19 世纪六七十年代，马克思主义就已经传入俄国，但受各种因素的影响，此时马克思主义在俄国的影响甚微。在这一时期，占据俄国思想主阵地的理论主要是由民粹主义提供的。但民粹主义主要反映的是俄国农民革命运动的特点，在总体上带有很深的小资产阶级气息，而在历史观上则是唯心主义的，因此，这一思潮在社会实践中屡遭失败，这就为后来马克思主义在俄国的广泛传播提供了历史契机。

19 世纪 80 年代以后，伴随着俄国无产阶级的快速发展，马克思主义在俄国的传播和研究进入了活跃期和深化期。在这个过程中，有"一个组织"和"两个人"需要我们记住。"一个组织"是劳动解放社。劳动解放社是俄国境内的第一个马克思主义团体，1883 年 9 月 25 日由普列汉诺夫、查苏利奇、捷依奇、阿克雪里罗德、伊格纳托夫等人在日内

瓦创立。该社成立之初就为自己提出如下任务：把马克思、恩格斯的重要著作译成俄文，借此在俄国传播科学社会主义思想。该社先后翻译和出版了《共产党宣言》《雇佣劳动和资本》《哲学的贫困》《关于自由贸易的演说》《费尔巴哈和德国古典哲学的终结》《俄国的社会问题》等马克思主义著作，为俄国革命者用马克思主义理论分析俄国的社会情况提供了理论文本。列宁曾高度评价劳动解放社的作用，称它培育了整整一代俄国马克思主义者。

"两个人"中的第一个人是普列汉诺夫。普列汉诺夫（1856—1918），1856年出生于唐波夫省利佩茨克县古达洛夫卡村一小地主之家，1868年至1873年进沃罗涅什陆军中学学习，毕业后进入康士坦丁诺夫军官学校深造。在1883年后的二十年间，普列汉诺夫是俄国马克思主义政党的创始人和领袖之一，是俄国最早传播马克思主义的思想家。1882年，普列汉诺夫将《共产党宣言》翻译成俄文，在俄文版序言中，他旗帜鲜明地指出，必须建立无产阶级政党，通过开展政治斗争达到无产者自身的解放。1883年，普列汉诺夫同查苏利奇等人创立了劳动解放社。除了组织翻译马克思主义著作以外，普列汉诺夫自己也写了大量宣传马克思主义的著作。如1883年的《我们的意见分歧》和1895年出版的《论一元史观的发展问题》。《论一元史观的发展问题》一书，阐述了辩证唯物主义和历史唯物主义的基本原理，批判了改良主义民粹派的"主观社会学"。这部著作在宣传马克思主义方面起了重要的作用。恩格斯认为这本书能在俄国出版是"一次巨大的胜利"，列宁称赞这本书"培养了一整代俄国马克思主义者"。虽然后来普列汉诺夫投入孟什维克阵营，在第一次世界大战期间还成了社会沙文主义者，但他对马克思主义在俄国的传播和发展所起到的重大作用是不应该被抹杀的。列宁也曾深受普列汉诺夫的影响，对此，列宁夫人克鲁普斯卡娅在她的回忆录中写道："普列汉诺夫在弗拉基米尔·伊里奇的成长中起到了巨大的作用，他帮助列宁找到了正确的革命道路，因此长期以来，普列汉诺夫在列宁看来是个光辉的人物。"

"两个人"中的另一个人是列宁。马克思主义在俄国的传播，列宁虽然不是最早的，但贡献是最大的。列宁，1870 年俄历 4 月 10 日出生于俄国伏尔加河畔的辛比尔斯克，原名是弗拉基米尔·伊里奇·乌里扬诺夫，列宁是他参加革命后的笔名。他的父亲叫伊利亚·乌里扬诺夫，是辛比尔斯克省国民教育厅的视察员，曾担任教师。列宁的母亲玛丽亚·亚历山大罗夫娜是一位医生的女儿。哥哥亚历山大·乌里扬诺夫曾是喀山大学的优等生，民意党人青年小组的成员，1887 年 3 月 13 日因参加谋刺沙皇亚历山大三世而被捕，同年 5 月 20 日被杀害。1887 年 6 月底，列宁全家移居喀山，秋天进入喀山大学法律系学习。在家庭的影响下，列宁到喀山不久就参加学生运动、反对警察制度，也因此被学校开除。但也正是从这时起，列宁开始潜心研究马克思和恩格斯的著作，逐渐成长为一名马克思主义者。1889 年 5 月，列宁跟随全家迁往萨马拉城，并在当地建立了该地第一个马克思主义小组，积极宣传马克思主义。1893 年 8 月，列宁移居彼得堡，很快成为彼得堡马克思主义小组的领导人。这时的列宁已由一个革命民主主义者转变为一个共产主义者了。1895 年，列宁在彼得堡创立了"彼得堡工人阶级解放斗争协会"。这标志着社会主义开始和俄国工人运动相结合。在这个协会的影响下，俄国各地相继成立了类似的组织。1895 年底，列宁再次被捕入狱，经过十四个月的狱中生活后，于 1897 年被流放到西伯利亚。在西伯利亚的三年中，列宁时刻关注俄国和国际工人运动的发展状况，深入研究马克思主义理论，先后阅读了大量的马克思、恩格斯以及普列汉诺夫的著作，对马克思主义的唯物论、辩证法、剩余价值学说、科学社会主义理论特别是阶级斗争和暴力革命理论、人民群众是历史的主体和创造者的理论、消灭私有制和无产阶级专政理论有了更深的了解，进一步坚定了对马克思主义的信仰。

（二）马克思主义在俄国早期传播中的思想斗争

对于俄国来说，马克思主义是一种异域文化，它要想在俄国生根发芽，必然要经过一番思想的斗争，这也是理论发展的规律。在马克思主义俄国化的过程中，以列宁为代表的马克思主义者，不仅积极学习、宣传马克思主义，而且还运用马克思主义的基本理论和方法，同各种反马克思主义进行积极的思想斗争。从 1894 年起，列宁同民粹主义、"合法马克思主义"、经济派等在俄国有较大影响的思潮进行论战，在论战中写下了《什么是"人民之友"以及他们如何攻击社会民主党人?》《我们拒绝什么遗产?》《俄国资本主义的发展》《非批判的批判》等一系列著作。这些著作不仅为即将到来的俄国 1905 年革命作了理论上的准备，而且在很多方面阐述和发展了马克思主义唯物史观。

1. 反对民粹主义的思想斗争

在俄国，民粹主义是沙皇专制农奴制度走向危机和资本主义薄弱发展的产物，19 世纪 40 年代开始出现于俄国社会政治舞台，60 年代中后期成了社会思想的主潮，并在 70 年代一跃而占据了社会思想的优势地位。民粹主义的主要观点是：俄国的特殊国情决定资本主义在俄国的发展没有必然性，俄国可以在村社基础上过渡到社会主义，革命的主力不是工人而是农民，革命的领导者是知识分子。俄国民粹主义有各种各样的派别，有革命的和保守的，激进的和温和的，唯物主义的和宗教的，他们的思想观点既有相同之处，也有明显之别。70 年代，革命民粹主义者曾发起了一个颇具声势的"到民间去"运动。他们穿着农民的衣服、留着农民的发式，到民间宣传群众、动员群众。但这些知识分子到底不太了解农民，虽然他们在装扮上极力向农民靠拢，但农民对他们始终抱着怀疑态度，有的甚至向官府告发，引起了官方对他们的抓捕和镇压。"到民间去"运动的失败，招致了 70 年代末到 80 年代初民粹主义的危机和分化。列宁 90 年代走上政治舞台时，民粹主义已经分化成左右两翼。列宁批判的实际上主要是以米海洛夫斯基为代表的右翼民粹主义，即自由派民粹主义。对于革命民粹主义者，列宁一向给予高度评价。列宁虽然对民粹派进行了深刻批判，但对民粹派最早的批判者实际上是普列汉诺夫和他领导的劳动解放社。普列汉诺夫撰写的《社会主义与政治斗争》《我们的意见分歧》《论一元论历史观的发展》和《论个人在历史上的作用》等论著，都是反对民粹主义的力作。当然，真正完成批判民粹主义任务的是列宁。他在1894年至1899年撰写的《什么是"人民之友"以及他们如何攻击社会民主党人?》和《俄国资本主义的发展》等著作，给了民粹主义的理论体系以毁灭性打击。

列宁在1894年发表的《什么是"人民之友"以及他们如何攻击社会民主党人?》，主要批判自由主义民粹派代表人物米海洛夫斯基的主观社会学，并同时阐述了马克思主义特别是历史唯物主义的理论和方法。1894年，《俄国财富》杂志第1期和第2期发表了米海洛夫斯基的《文学与生活》的文章，文章从批判马克思的《资本论》入手，向马克思主义哲学特别是历史唯物主义发动了全面攻击，认为马克思没有创立历史唯物主义，马克思主义唯物辩证法只是黑格尔的三段式，讽刺科学社会主义之所以得到广泛传播并不是因为它立足现实，揭示出资本主义社会经济形态产生、发展和灭亡的客观规律，而是因为它向人们许诺了"美好的未来"。列宁为了批驳米海洛夫斯基的这些论点，并根据马克思和恩格斯的著作，深入阐述了唯物史观和唯物辩证法的基本原理，着重阐明了社会内部生产力和生产关系、经济基础和上层建筑的矛盾运动是推动社会形态发展一般规律的原理，详细论证了人民群众是历史的创造者、阶级斗争是阶级社会发展动力的原理，并提出工人阶级是俄国全体被剥削劳动群众的唯一的和天然的代表，是推翻沙皇制度和资产阶级统治领导力量的观点。

俄国的资本主义命运问题是19世纪90年代马克思主义者和自由主义民粹派争论的焦点。自由主义民粹派以俄国国内市场日益缩小、国外市场发展较晚、资本家无法实现其全部剩余价值为依据，认为资本主义不可能在俄国得到发展。如何看待俄国资本主义的发展，不仅仅是个理论问题，更是个如何认识俄国国情的问题，而这又和俄国革命的前途问题和领导权问题有着密切的关系。为了批判自由主义民粹派的这个观点，列宁在监狱和流放地（西伯利亚），经过三年多艰苦努力，写成了《俄国资本主义的发展》这一巨著。在这部著作中，列宁全面分析和研究了俄国改革后的社会经济制度和阶级结构，用大量的事实材料证明了资本主义在俄国的存在和发展，揭示了俄国资本主义发展的特点、矛盾和规律，论证了各国社会革命的不可避免性和工人阶级在这一革命中的领导作用，再一次强调了工农联盟的重要性，从而在思想理论上完成了批判民粹主义的任务。

2. 反对"合法马克思主义者"的思想斗争

19 世纪末，俄国马克思主义者反对自由主义民粹派的斗争取得了巨大成功，再加上强大的国际工人运动的影响，马克思主义在俄国迅速传播开来。这种情况使得某些资产阶级思想家也试图利用马克思主义为自己反对封建专制的斗争服务，为资产阶级的阶级利益服务。于是他们便穿起马克思主义的外衣，采用马克思主义的某些词句，在当时合法的即经过沙皇政府批准的报纸杂志上发表言论，因此被称为"合法马克思主义者"。代表人物有司徒卢威、杜冈·巴兰诺夫斯基、布尔加柯夫、别尔加耶夫等。"合法马克思主义者"曾经运用马克思主义的一些观点进行过反对自由主义民粹派和封建专制的斗争，因此列宁一度同他们缔结为联盟。但是，"合法马克思主义者"毕竟是由资产阶级知识分子构成的，他们利用马克思主义进行反对自由主义民粹派和封建专制的斗争，目的不是为了传播马克思主义，而是为了影响和控制俄国工人运动。对于"合法马克思主义者"的这一目的，列宁始终有着清醒的认识，即使在同他们一道进行反对自由主义民粹派斗争时，也没有忘记批判他们的自由资产阶级的观点，批判他们对马克思主义的歪曲和篡改。

揭露"合法马克思主义者"的本质。在"合法马克思主义者"看来，那些按照本来意义去理解马克思主义的人只是简单地解释马克思主义的"正统派"，而自己才是"新批评派"。对于这一观点，列宁在《非批判的批判》一文中进行了深刻批判。列宁指出，"正统派"马克思主义者和"合法马克思主义者"都说要改造和发展马克思主义，但却是沿着两种完全不同的方向前进。前者始终想做彻底的马克思主义者，根据改变了的条件和各国当地的特点来发展马克思主义的基本原理，进一步研究马克思主义的辩证唯物主义和政治经济学理论；另一派则想抛弃马克思主义学说中若干相当重要的方面，例如，在哲学上不是站在辩证唯物主义的方面，而是站在新康德主义的方面，在政治经济学上是站在那些硬说马克思的某些学说"有片面性"的人们方面，等等。总之，"合法马克思主义者"不是向前发展马克思主义，而是使它向后退，一直退到康德那儿去。

批判"合法马克思主义者"对《资本论》的歪曲。"合法马克思主义者"的代表人物杜冈·巴兰诺夫斯基认为，马克思在《资本论》第三卷中所阐述的资本主义有限消费同生产无限扩大的矛盾同第二卷所阐明的社会总资本再生产是矛盾的。针对杜冈·巴兰诺夫斯基的观点，列宁指出，这种说法是完全错误的，马克思在《资本论》第三卷中指出，资本主义的直接剥削条件和实现这一剥削的条件是不同的，资本家对工人阶级的剥削以及剥削的轻重多少只受社会生产力的限制，而剥削来的剩余价值能否实现，成为现实的剩余价值则要受不同生产部门的比例和社会消费能力的限制。"无限扩大生产的意图和必然的有限消费的矛盾"是资本主义再生产的固有的矛盾。资本主义生产就是在这种矛盾运动中实现的。当然，得出这一矛盾，并不意味着资本主义就不可能存在，也不意味着同以前的经济制度相比就没有进步性，其价值就在于使人们清楚地认识到资本主义的历史短暂性和其被更高社会形态取代的历史必然性。

列宁通过撰写著作和对各种反马克思主义思潮的批判，不仅促进了马克思主义在俄国的进一步传播，而且为俄国无产阶级政党的建立奠定了理论基础。1898 年 3 月，俄国社会民主工党宣告成立并举行了第一次代表大会。但由于大会没有制定出相应的党章、党纲，这使得党成立之初就面临着思想混乱、政治动摇和组织涣散的危机，而社会环境的艰险和沙皇警察的迫害，则更进一步助长了这种情况。1900 年，列宁结束流放生活，同年 7 月他抵达慕尼黑，12 月创办《火星报》，在工人中秘密散发，并以此为阵地，将一大批坚定的马克思主义者团结在了自己身边。俄国建立新型无产阶级政党的条件逐渐成熟。

二、列宁建立新型无产阶级政党学说的创立

对于无产阶级来说，要取得对资产阶级的胜利，就必须建立坚强的无产阶级政党。欧洲的无产阶级应该这样，俄国的无产阶级也应该这样。但是在经济文化相对落后的俄国，无产阶级政党应该是什么样的？它的指导思想是什么？纲领、策略和基本原则又是什么？这些问题都要清晰的理论回答。列宁针对一些人主张把党建成一个以改良主义为指导、以议会斗争为手段的观点，明确指出，俄国马克思主义者要建立的党，应该是最符合俄国社会条件的工人阶级的革命政党。从这一基本原则出发，列宁发表了《我们运动的迫切任务》《从何着手？》《同经济主义的拥护者商榷》《怎么办？》《进一步、退两步》等一系列文章和论著，全面系统地阐述了他对建立新型无产阶级政党的理论认识。

（一）在俄国必须建立新型的无产阶级政党

1893 年，俄国社会民主工党宣告成立，但不久之后党内就出现了一个机会主义派别。由于这个派别盲目崇拜自发的工人运动，片面强调

经济斗争的意义和作用，因此被人们习惯称为经济派。由于经济派迷恋工人运动的自发性，醉心于经济斗争，遂成了提高无产阶级的阶级觉悟、建立无产阶级政党的严重障碍，给社会民主工党的生存和发展蒙上了厚厚的阴影。

针对经济派的自发论，列宁通过论述自觉性和自发性的关系，论证了在俄国建立独立的工人政党的必要性。列宁指出，自发性和自觉性是辩证统一的关系。自发性是工人运动开始阶段所具有的形式，它的特点是运动的主体对自己活动的方式、结果和意义没有全面清楚的认识，带有盲目性，多半是绝望和报复的表现。当然，自发性也包含着自觉性的萌芽，甚至原始的骚乱本身就已经表现出某种程度的自觉性。如果这种觉醒再经过"有计划"的理论引导，使它们意识到它们的利益同现代社会制度的不可调和的对立，那么自发性就会演变成自觉性。因此，列宁进一步指出，不能把自发性和自觉性割裂开来并加以对立，用自发性否定自觉性，而应该把它们联系起来，使自发性上升为自觉性。然而，这种上升也不是自发的，它必须有政党和领导者的引导。在列宁看来，这种政党和领导者应该是这样的：能够自觉地走在自发运动的前面，为它指明出路和方向，善于比其他人更先解决运动中自发地遇到的一切政治的、组织的、策略的和理论的问题，善于用批判的、富于说服力的精神指出自发运动的危险性，从而使自发性提高到自觉性。

（二）党必须以马克思主义为指导思想

"要不要建党"问题解决后，列宁接着要回答的就是要"建立一个什么样的党"的问题。针对经济派轻视理论、否认马克思主义指导作用的错误观点，列宁旗帜鲜明地指出，俄国工人阶级革命政党必须以马克思主义为指导思想。在《我们的纲领》中，列宁强调，没有革命理论，就不会有坚强的社会党。在《怎么办？》中，列宁指出，"只有以先进理论为指南的党，才能实现先进战士的作用"①。列宁为什么作出如此判断呢？他解释道，革命理论能使一切社会党人团结起来，他们从革命理论中能取得一切信念，他们能运用革命理论来确定斗争方法和活动方式。而对俄国社会民主工党人来说，由于存在下述三种情况，理论的意义就显得更为重要。第一，党刚刚形成，它同诱使运动离开正确道路的危险的机会主义派别进行的清算还远没有结束。第二，刚刚开始的俄国社会民主主义运动只有在运用别国经验的条件下才能顺利发展，但是，要运用别国经验，简单了解经验或简单抄袭别国的决议是不够的，为此，必须善于用批判的态度来看待这种经验，并独立地加以检验。为了完成这个任务，需要雄厚的理论力量和丰富的政治经验。第三，俄国社会民主工党担负的民族任务是世界上任何一个社会党都不曾有过的，这就更需要用革命理论来武装队伍、分析形势、指导行动。一句话，在列宁看来，俄国社会民主工党应该完全以马克思主义的理论为依据，用它来组织和指导无产阶级的阶级斗争。

党以马克思主义为指导，但马克思主义并不会自发地进入党员的头脑和自发地成为工人运动的指导思想，怎么解决这一问题呢？列宁提出了"灌输论"。在《怎么办？》一书中，列宁指出，马克思主义学说是科学的，但是如果不把它灌输到工人阶级中去，同工人运动相结合，那它也只能永远停留在理论的水平上，而资本主义也不会因为这种仅仅是理论的东西而自行消灭。所以，工人运动需要马克思主义革命理论，马克思主义革命理论也需要工人运动。在此基础上，列宁进一步指出，要把社会主义意识特别是马克思主义理论灌输到工人阶级中去，实现社会主义同工人运动的结合，就必须同资产阶级思想体系进行不可调和的斗争。那么用什么力量去开展反对资产阶级思想体系的斗争呢？列宁认为这个力量就是无产阶级政党的力量。因为无产阶级政党是社会主义同工

---

① 《列宁专题文集·论无产阶级政党》，人民出版社 2009 年版，第 71 页。

人运动相结合的产物，又是进一步实现这种结合的推动者。无产阶级政党作为无产阶级中最自觉的部分，其宗旨、任务和作用，就是用社会主义思想教育工人阶级和其他劳动群众，把他们组织起来，领导他们自觉地开展推翻资本主义制度的斗争，直至取得最后的胜利。如果工人阶级离开自己的政党，不愿意接受社会主义思想的教育，那它就永远也不能摆脱资产阶级思想的奴役和资本主义制度的压迫。

（三）党必须制定明确的纲领和基本策略

对于一个政党来说，纲领就是性质、宗旨和旗帜，其重要性不言而喻。马克思、恩格斯在创建无产阶级政党时，就十分重视党纲建设。列宁继承了他们这一思想，并特别强调指出，以马克思主义理论为指导的俄国社会民主工党要想顺利开展活动，首要的工作就是要制定出党的纲领和基本策略。

无产阶级政党的纲领应该是什么样的呢？列宁提出了四个方面的要求：第一，党的纲领应该完全具备当代科学社会主义理论的水平，应该准确反映马克思主义学说的整个精神和党的无产阶级性质，应该与社会经济发展的方向相一致，应该贯穿反对一切机会主义的精神。第二，党纲必须明确指出党的最终目的是要由无产阶级夺取政权，消灭资本主义社会，建立社会主义社会；必须明确指出达到这一目的的道路是进行无产阶级反对资产阶级的阶级斗争，以及在农村开展全体农民反对农奴制残余的斗争。第三，党纲制定时可以仿效和借鉴别国社会民主党党纲的内容，但不能简单地抄袭，必须充分体现本国的特点。第四，党纲要写得有战斗性，要明确地控诉俄国的资本主义。

在《俄国社会民主党人的任务》（1897）一文中，列宁初步阐述了党的基本策略问题。列宁认为，党的基本策略是关系到党内团结和革命成败的重大问题，必须高度重视、科学谋划。他告诫全党既要旗帜鲜明地反对机会主义主张，也要旗帜鲜明地反对无政府主义；争取民主主义的斗争和争取社会主义的斗争是无产阶级斗争的重要方式，两者既有区别又有联系，无产阶级政党要完成自己的历史使命必须把两者结合起来，而不能顾此失彼；在斗争手段上，党应该承认一切斗争手段，善于把各种不同的斗争形式和斗争方法结合起来，并随着形势的变化巧妙地从一种斗争形式和方法过渡到另一种斗争形式和方法，而不能像经济派那样片面夸大经济斗争和和平方法的意义而忽视和拒绝政治斗争、暴力革命和理论斗争。同时，党在领导斗争的过程中要善于利用敌人内部的矛盾分化敌人，争取一切直接或间接的同盟者。

（四）党必须坚持民主集中制的基本组织原则

1903 年 7 月至 8 月间，俄国社会民主工党召开了第二次代表大会，大会在讨论党章时，以列宁等为一方和以马尔托夫等为一方发生激烈争执，出现了截然对立的两种主张。结果在选举党的领导机关时，列宁一派的人在中央机关中占多数，因此被称为布尔什维克派（多数派），马尔托夫这派则被称为孟什维克派（少数派）。这次大会后布尔什维克同孟什维克继续就组织问题展开激烈的争论。孟什维克的基本观点包括：反对集中制、拥护自治制，认为集中制是官僚主义，少数服从多数、部分服从整体是粗暴地硬性压制党员的意志和自由；赞美无政府主义，反对党的组织和党的纪律，反对由上下各级党的机关构成的严密体系，不要党的章程；主张以信任作为处理党内关系的依据，维护组织上的落后现象，维护小组习气和涣散状态；知识分子可自行宣布入党。

针对孟什维克的观点，列宁在 1904 年专门写作了《进一步，退两步》一文进行反击。针对马尔托夫的"每个罢工者、每个示威者"都可以"自称为党员"的错误主张，列宁指出，按照这种观点，就等于把整个阶级都包括到党里面，党和阶级之间就没有了任何区别，然而事实上，作为无产阶级的先锋队，无产阶级政党只是工人阶级和广大群众的先进部队和领导者，它由工人阶级中最有觉悟、积极性最高的那部分人组成。因此，绝不能把作为工人阶级先进部队的党同整个阶级混淆起来。同时，无产阶级政党是一种组织，是由许许多多的组织细胞构成的有机整体，是联系在一起的各个组织的总和，绝不能把党和组织分开，因为无产阶级在政权的斗争中，除了组织，没有别的武器。如果把党和组织分开，必然会造成无政府状态，最终使党走向消亡。列宁还从党是工人阶级先进的、有组织的部队这种观点出发，强调党员必须是工人阶级的先进分子和有组织性的分子，他必须承认党纲，在物质上帮助党并参加党的一个组织，否则就不能成为党员。

　　针对孟什维克反对集中制、拥护自治制的观点，列宁专门论述了党的组织原则问题。列宁认为，党的组织原则是民主集中制。所谓集中制，就是要有统一的党章、统一的领导机关、统一的纪律，实行少数服从多数、下级服从上级、部分服从整体的原则；所谓民主制，就是整个组织根据选举原则自上而下地建立。民主集中制的基本内容包括：少数服从多数；党的最高机关应当是代表大会；党的中央机关（或党的各个中央机关）的选举必须是直接选举，必须在代表大会上进行；党的一切出版物，不论是地方的或中央的，都必须服从党代表大会，绝对服从相应的中央或地方党组织；对党员资格的概念必须作出极其明确的规定；对党内任何少数人的权利同样应在党章中作出明确的规定。列宁还特别强调指出，民主和集中是紧密地联系在一起的，不能把它们割裂开来，片面地强调一方面而否定另一方面。

三、列宁民主革命理论与策略的系统阐发

　　20世纪初，伴随着沙皇专制制度同人民大众的矛盾、地主同农民

的矛盾、资产阶级同无产阶级的矛盾、俄国沙皇政府同其他帝国主义的矛盾的日益尖锐，俄国成了帝国主义矛盾的焦点。1904 年爆发的日俄战争以及俄国在战争中的失败，彻底地暴露了沙皇政府的腐败，人民群众的不满情绪达到了顶点。正如高尔基所预感的："暴风雨！暴风雨就要来了！"革命迫在眉睫。1905 年 1 月，俄国资产阶级革命爆发，19 世纪 70 年代开始的资本主义和平时期结束了，俄国进入革命和动荡的时代。虽然 1905 年这场革命最后以失败告终，但同历史上的资产阶级革命相比，这场革命因为有社会民主工党的参加而又具有了一些新的特点。为了总结这场革命的经验和教训，列宁撰写《社会民主党在民主革命中的两种策略》《社会民主党和临时革命政府》《无产阶级和农民的革命民主专政》《社会民主党对农民运动的态度》等论著，对民主革命理论与策略进行了系统阐发，进一步发展了马克思主义关于民主革命的理论和策略。

（一）民主革命向社会主义革命转变的理论

1905 年 1 月，俄国资产阶级革命爆发。在这场革命中，出现了两种截然相反的认识，孟什维克认为，俄国资产阶级革命胜利后应当建立资本主义的长期统治，社会主义革命要等到资本主义的发展使无产阶级在全国人口中占大多数的时候才能进行。与这种观点相反，托洛茨基则认为可以跳过民主革命直接进行社会主义革命，并喊出了"不要沙皇，要工人政府"的口号。怎么看待民主革命和社会主义革命的关系，成了当时社会民主党必须面对和解决的问题。列宁继承了马克思、恩格斯提出的"继续革命"理论，结合时代发展和俄国实际，提出了与上述两种不同的观点，认为俄国民主革命胜利后可以立即转变为社会主义革命。

资产阶级民主革命与无产阶级社会主义革命是两种不同性质的社会革命。列宁认为，无论是所要解决的矛盾，还是革命的任务、对象、动力，资产阶级民主革命和无产阶级社会主义革命都有本质的不同，在革命实践中不能混淆。民主革命的任务是反对封建制度，为资本主义发展扫清障碍；而社会主义革命的目标则是反对资产阶级，建立社会主义制度。但列宁同时又指出，二者又有一定的联系。民主革命为社会主义革命准备条件、扩展基础，民主革命进行得越彻底、越充分，社会主义革命就会开展得越迅速、越坚决。因此，社会主义政党不能因为社会主义的斗争而忘记民主主义的斗争，也不能因为民主主义的斗争而忘记社会主义的斗争，而要把这两种斗争联结起来。对于俄国来说，其进行的社会革命必须分为两步走，第一步进行资产阶级民主革命，以推翻封建专制制度，消灭农奴制残余。第二步进行社会主义革命，以摧毁资产阶级的反抗，消灭资本主义。这两种革命是一个历史的顺序，那种企图越过民主革命阶段而直接进入社会主义革命，或者混淆两种不同性质的革命的认识和看法，不仅是错误的而且也会给革命带来极大的危害。

民主革命的胜利就是民主革命的终结和社会主义革命斗争的开始。列宁认为，民主革命和社会主义革命是一个历史的顺序，但两者之间并不必然有一个长久的停顿时期。民主革命的胜利，意味着封建势力被消灭，也意味着资产阶级甚至是小资产阶级革命性的终结。因此，当民主革命的完全胜利成为事实的时候，就要用无产阶级专政的口号来代替民主专政的口号，积极推动民主革命向社会主义革命转变。当然，推动民主革命向社会主义革命的转变是需要一定的客观条件和主观条件的。客观条件是资本主义生产关系和生产力发生矛盾，主观条件是广大人民群众有了社会主义革命的觉悟。

（二）民主革命中无产阶级领导权理论

在 17 世纪到 19 世纪的历次资产阶级革命中，革命的领导者都是资产阶级。马克思、恩格斯曾结合 1848 年德国资产阶级革命的教训指出，由于历史条件的变化，在资产阶级革命中，无产阶级不能只充当资产阶级的附庸，而要保持自己的独立性，与资产阶级并立。在俄国的民主革命中，也面临着领导权问题。在1905年革命前，列宁已经在《什么是"人民之友"以及他们如何攻击社会民主党人?》《俄国社会民主党人的任务》《俄国社会民主党人抗议书》《怎么办》等著作中初步提出了无产阶级及其政党要领导资产阶级民主革命的观点。在1905年的俄国革命中，革命的领导权问题进一步凸显出来。孟什维克认为，俄国的资产阶级民主革命应该由资产阶级领导，主张通过和平方式改良沙皇专制制度，革命胜利后建立资产阶级专政，发展资本主义。对于孟什维克的这个观点，列宁结合1905年革命实践，在《社会民主党在民主革命中的两种策略》等著作中对无产阶级掌握民主革命的领导权问题进行了充分论述，形成系统的无产阶级领导权理论。

无产阶级掌握民主革命领导权的必要性和可能性。列宁认为，资产阶级革命是不超出资本主义社会经济制度范围的革命，它反映了资本主义发展的需要，扩大和加深了资本主义的基础。虽然资本主义革命在一定程度上也代表了工农群众的利益，但根本上代表的是整个资产阶级的利益。在俄国，鉴于资产阶级与封建农奴制和沙皇专制有着扯不清的密切关系，由资产阶级担当民主革命的领导者，势必不敢将革命进行到底。如果这样的话，不仅无法改变无产阶级的生活状况和社会地位，反而会使情况变得更糟。因此，无产阶级不能对资产阶级革命领导权漠不关心，不能把革命的领导权交给资产阶级，而是要竭尽全力争取革命领导权，从而把革命进行到底。就无产阶级掌握民主革命领导权的可能性问题，列宁也进行了分析，他认为无产阶级是俄国最先进的和唯一的彻底革命的阶级，同西欧资产阶级革命时期的无产阶级相比，俄国无产阶级有着高得多的觉悟性和组织性，力量也大得多，因此能够在民主革命中起到领导作用。

无产阶级领导权是在同资产阶级的坚决斗争中实现的。民主革命虽然只有在无产阶级领导下才能取得胜利，但资产阶级绝不会把领导权拱手相让。列宁认为，无产阶级要实现自己的领导权，就必须努力争取。为此，第一，无产阶级先锋队必须走在人民群众的前面，成为他们的灯塔，向他们指出达到完全的无条件的彻底胜利的道路，并以自己坚定的和不屈不挠的行动来贯彻，从而把农民和小资产阶级民主派群众吸引过来。第二，必须坚决支持农民的革命行动，特别是要支持他们要求土地和自由的革命愿望，使农民坚定地跟着无产阶级走，同无产阶级结成联盟。第三，要无情地揭露和痛斥资产阶级的每一个虚伪的行动，把它所有的叛变行为和错误揭露无疑，把它没有履行的诺言、被实际生活推翻了的漂亮话完全揭穿。

（三）工农联盟是民主革命主要动力的理论

任何革命都需要动力，农奴革命的主要动力是奴隶，农民革命的主要动力是农民，而 19 世纪以前资产阶级革命的主要动力则是资产阶级和小资产阶级。历史的惯性思维和认识上的局限性，使得俄国社会民主党内的孟什维克派也认为，俄国资产阶级应是俄国革命的动力和领导者，无产阶级千万不能吓退资产阶级，如果那样的话，革命队伍就会因为资产阶级的退出而缩小。针对孟什维克的这个观点，列宁以马克思主义为指导，结合资产阶级、无产阶级、农民阶级在 1905 年革命中的表现，提出了不同的看法，认为工农联盟才是俄国民主革命的主要动力，因为同资产阶级相比，无产阶级和农民比资产阶级受到农奴制的压迫更残酷，因此他们更需要自由、更需要消灭地主，反抗斗争的意志也更坚决。而资产阶级则由于同旧势力有着千丝万缕的联系，如果认为资产阶级是革命的主要动力，极有可能会使得革命半途而废。

列宁还对农民在革命中的地位和作用给予了充分肯定。在孟什维克的视野里，农民是没有地位的，他们极力贬低农民的作用，认为没有农民的支持，资产阶级民主革命照样能取得胜利。列宁则提出了不同的看法，他认为只有农民以积极革命者的姿态同无产阶级一起行动的时候，俄国革命才会开始具有真正的规模，只有那时，才会有资产阶级民主革命时代可能有的那种真正最广大的规模。为什么这么说？列宁指出，农民在俄国人口中占大多数，他们所遭受的农奴制残余的剥削也最为严重，因此他们有着很深的革命根基和强大的革命冲击力。历史事实也证明了这一点。1905 年春秋时节和 1906 年春季，农民起义波及了俄国中部地区 1/3—1/2 的县份，它的矛头直接指向农奴制、地主和地主国家，充分显示了革命民主主义的性质。而且同 19 世纪西欧资产阶级革命中的农民运动相比，俄国的农民运动要强大得多、坚定得多、自觉得多。因此，对于俄国革命来说，只有农民加入无产阶级的革命斗争，无产阶级才能成为战无不胜的民主战士。列宁还特别提到，农民由于本身的弱点，单靠自身的力量也不可能取得民主革命的胜利，而同资产阶级联盟只会被欺骗和被出卖，因此，农民只有同无产阶级联盟，在无产阶级的领导下才能取得民主革命的彻底胜利，才能获得土地和自由。

（四）工农民主专政的理论

19 世纪以前，因为资产阶级革命的主要动力是资产阶级，所以革命的结局都是建立资产阶级专政或资产阶级和地主联合专政。1905 年革命也面临着革命结局的问题。孟什维克认为，俄国资产阶级民主革命胜利后，应该让资产阶级掌握政权，无产阶级只能从下面施加压力，推动资产阶级把革命进行到底。针对孟什维克的观点，列宁写了《无产阶级和农民的革命民主专政》《社会民主党在民主革命中的两种策略》等著作，在批判孟什维克观点的基础上，创造性地提出在俄国资产阶级民主革命中无产阶级及其政党可以参加临时革命政府，由无产阶级领导的、以工农联盟为动力的资产阶级民主革命胜利后，应当建立无产阶级和农民的革命民主专政等观点，形成了关于无产阶级和农民的革命民主专政理论。

阐述建立工农民主专政的必要性。列宁认为，之所以要建立无产阶级和农民的革命民主专政，原因如下：第一，革命政权是完成政治变革的最重大和最高的手段之一，只有建立革命政权，才能从政治上领导人民群众，把人民的革命力量集中起来，把各地的起义从政治上联合起来、组织起来，使其成为全民的胜利起义。第二，只有建立革命政权，才能实行种种革命的政治改造，保障政治自由，并按照普遍、平等、直接和无记名投票的选举制度来召集真正代表民意的立宪会议，建立民主共和国。第三，之所以要建立无产阶级和农民的革命民主专政，还因为在俄国农民占大多数，农民受地主的残酷剥削，革命性极强，而俄国资产阶级的阶级性决定了它不能和沙皇专制作坚决斗争，甚至有背叛革命的危险。要防止资产阶级使革命成为不彻底的和自私自利的革命，除了实行无产阶级和农民的革命民主专政外，没有别的办法。第四，无产阶级和农民的革命民主专政之所以必要，还因为工农民主专政可以彻底肃清一切封建残余，从而为生产力发展扫除障碍。

阐述建立工农民主专政的可能性。列宁认为，在俄国资产阶级民主革命中，无产阶级争取实现无产阶级和农民的革命民主专政是可能的。因为，无产阶级和农民虽然在建立社会主义社会的斗争中意志不统一，但是在反对专制制度、农奴制度，争取建立民主共和国等方面却是一致的，这就使它们可以联合在一起共同战斗。无产阶级和农民联合在一起时，他们在全国人口中占绝大多数，他们的力量就能够压倒一切反革命力量，在资产阶级革命中取得胜利，建立起无产阶级和农民的革命民主专政，并巩固这一专政。

阐述工农民主专政的政治形式。在俄国 1905 年革命中，人民群众在政治罢工的基础上，自发地创建了工人代表苏维埃。列宁对此给予了积极认可和高度评价，他认为，工人代表苏维埃是革命政权的萌芽，它不应当只是从工人中吸收新的代表，而且要从水兵和士兵中、从革命农民中、从革命的资产阶级知识分子中吸收新的代表，组成一个体现工农联盟、社会民主党人和革命民主派合作的广泛组织。在革命的恰当时机，苏维埃应当宣布自己是临时革命政府，或者组成这样一个政府，选出临时革命政府的核心，吸收一切革命政党和一切革命民主派的代表人物来充实这个核心。列宁这里所讲的革命临时政府，实际上就是无产阶级和农民的革命民主专政。可以看出，列宁已经把工农代表苏维埃看作无产阶级和农民的革命民主专政的合适形式。

第六讲

列宁主义的创立形成

1908 年至 1916 年，在俄国的历史上是一个不平静的时期，这一时期，俄国既经历了革命从低潮再到高潮的曲折历程，也经历了第一次世界大战的战火硝烟。风云变幻的世界形势，波诡云谲的国内形势，提出了许多未曾遇到过的新课题和新任务，对马克思主义能否适应时代发展要求提出了严峻考验，马克思主义需要在总结新的实践基础上实现创造性发展。正是在这样的情况下，列宁针对甚嚣尘上的各种修正主义系统阐述了马克思主义科学理论体系，密切结合帝国主义民族关系特点提出了民族和殖民地理论，密切结合资本主义国家政治经济发展的新变化撰写了《帝国主义是资本主义的最高阶段》，创立了帝国主义理论，密切结合东方落后的资本主义俄国的国情提出了社会主义一国胜利论，等等。这些理论，既符合马克思主义的基本原理，也反映了时代发展的新特点，是 20 世纪初马克思主义理论的一次重大飞跃，标志着列宁主义的创立形成。

一、批判修正主义和系统阐述马克思
主义科学理论体系

1907 年俄历 6 月 3 日，是俄国革命发展上一个曲折时期的开端。

这一天，沙皇专制政府背信弃义地撕毁了它在 1905 年 10 月颁布的宣言，宣布解散第二届国家杜马和修改选举法，并把第二届杜马中社会民主党的党团代表提交审判和流放服苦役。俄国社会民主党的各级组织以及党领导的工会等群众团体遭到严重破坏，一些领导人被逮捕杀害，党员和工会会员人数急剧下降。资产阶级则采用同盟歇业、集体解雇、降低工资、增加工时等办法，强化对工人的压迫和剥削。在农村，地主阶级则对农民实行野蛮的反攻倒算，农民的贫困进一步加剧。革命的失败不仅带来政治上的动摇和背叛，也带来了思想上的倒退和混乱。社会民主党党内的经济主义、孟什维主义、取消主义、召回主义等机会主义思潮，以及社会思想领域的马赫主义、神秘主义等哲学唯心主义流派甚嚣尘上。这些社会思潮或流派，既是当时俄国社会现实在上层建筑领域的反映，也是国际修正主义思潮在俄国的反映。面对这些思想思潮，列宁进行了坚决的斗争。

（一）批判"经验批判主义"，丰富发展了马克思主义哲学

1909 年 5 月，列宁费时八个月撰写的《唯物主义和经验批判主义》终于出版。为了撰写这本书，列宁阅读了大量的哲学和自然科学著作，还曾经专门花了一个月时间到英国博物馆的图书馆去查阅资料。在革命的低潮时期，列宁为什么要花费这么大的精力去写这部哲学著作呢？目的就是为了清算 1905 年俄国革命失败后出现的修正主义思潮特别是经验批判主义思潮。

经验批判主义，也叫马赫主义，是流行于 19 世纪末 20 世纪初的资产阶级哲学流派。创始人和主要代表人物是奥地利物理学家、哲学家马赫和德国哲学家阿芬那留斯。经验批判主义的思想核心是马赫的"世界要素"论和阿芬那留斯的"原则同格"说。马赫认为，物质的东西和精神的东西、物理的东西和心理的东西在本质上是相同的，都是感觉要

素，整个世界便是由这些要素构成的，并存在于这些要素的相互联系中。一切研究的任务就是要探知这些要素的联结方式。阿芬那留斯也认为，自我和环境、物理要素和心理要素是不可分离的，它们在原则上同格。经验批判主义者把这些思想说成最新哲学，认为它排除了世界究竟是起源于物质还是起源于精神这类的"臆想"的问题，永远超越了唯物主义和唯心主义的对立，开创了哲学上的第三条路线。由于经验批判主义打着"自然的科学"的旗号，所以它一出笼就受到了那些早已对唯物主义世界观持怀疑态度或批判态度的资产阶级的重视，就连一些进步的科学家包括爱因斯坦也一度对这些观点抱同情态度。经验批判主义也博得了工人运动中一些修正主义者如奥地利社会民主党的领导人鲍威尔的叫好，主张用经验批判主义来"修正"马克思主义，并为发现了经验批判主义的价值而欢呼雀跃。经验批判主义在俄国的泛滥，产生了十分严重的后果。它不仅在工人运动中造成了极大的思想混乱，而且直接危害马克思主义的理论基础——辩证唯物主义和历史唯物主义，危害社会民主党组织的巩固和革命事业的发展。因此，批判经验批判主义，捍卫马克思主义哲学的纯洁性，就成为摆在列宁和布尔什维克面前的一项紧迫任务。

列宁首先批判了经验批判主义的基本前提，提出了是从物到感觉和思想，还是从思想和感觉到物的两条对立的基本认识路线。针对经验批判主义提出的人的全部认识都应当以感觉经验为对象，超出了经验界限便没有意义的观点，列宁提出了辩证唯物主义反映论的三个重要结论：第一，作为我们认识对象的自然界、物，即客体，是不依赖于我们的意识、感觉而在我们之外存在着的，被反映者不依赖于反映者而存在；第二，感觉、意识是物、客体的主观映像，物和感觉、意识二者之间没有天生的不一致，"自在之物"是可知的；第三，在认识论上和在科学的其他领域中一样，我们应该辩证地思考，不要以为我们的认识是一成不变的，而要去分析怎样从不知到知，怎样从不完全的不确切的知到比较完全比较确切的知。列宁提出的这三个结论概括了马克思主义认识论的获得灵魂和本质，体现了认识论的唯物主义、可知性和辩证法的统一，使辩证唯物主义认识论形成为一个有机的整体。

其次，列宁批判了经验批判主义的主观真理观，阐明了马克思主义的真理观。经验批判主义从"物是感觉的复合"这一唯心主义前提出发，否认感觉的客观源泉，不承认感觉是外部世界的主观映像，也就必然在真理问题上否定客观真理的存在。比如，俄国的经验批判主义者波格丹诺夫就认为，真理是有的，但这种真理不是客观真理，而是思想形式——人类经验的组织形式。对于经验批判主义的这种观点，列宁根据恩格斯在《反杜林论》中关于思维的至上性和非至上性、认识的绝对性和相对性的辩证关系的论述指出，绝对真理存在于相对真理中，无数相对真理的总和就构成了绝对真理，二者之间没有不可逾越的鸿沟。凡是真理，都是绝对和相对的统一，它们之间的区分既是确定的，又是不确定的，是确定和不确定的统一。针对经验批判主义者从实用主义立场出发而否定实践在认识中作用的观点，列宁旗帜鲜明地批判了这种混淆是非的做法，明确阐述了马克思主义的实践标准观，指出生活、实践的观点，应该是认识论的首要的和基本的观点，从而把马克思主义的实践观提高到了一个全新的认识水平。

在《唯物主义和经验批判主义》一书中，列宁还提出了物质的哲学概念。19 世纪末 20 世纪初，自然科学特别是物理学出现了划时代的革命。伦琴射线、电子、放射性元素镭等一系列新发现，使物理学的研究从宏观世界进入微观世界，为自然科学的发展开辟了广阔前景。然而，这些新发现对于当时许多受形而上学思维方式支配的自然科学家来说，带来的不是欢欣鼓舞，而是思想上、理论上的混乱。我们究竟能不能认识客观世界？我们过去研究所获得的物理学原理和定律，是客观世界的正确反映，还只是我们的主观想象？物理学是不是一门科学？对此，列宁在总结自然科学研究成果的基础上指出，物理学仍然是一门科学，物质并没有消失，只不过人类对物质结构认识的传统界限消失了；唯物主义大厦并没有崩溃，只不过是旧唯物主义把物质归结为原子的物质观崩塌了。在此基础上，列宁提出了我们耳熟能详的物质定义。所谓物质，是标志客观实在的哲学范畴，这种客观实在是人通过感觉感知的，它不依赖于我们的感觉而存在，为我们的感觉所复写、摄影、反映。[①] 列宁的物质定义，不仅坚持了唯物主义一元论和可知论，还明确区分了哲学的物质范畴和自然科学的物质范畴，反映了人类对物质世界认识的深化，成为辩证唯物主义的理论基石。

（二）批判寻神说和造神说，揭露宗教的本质

1905 年革命失败后，一股颓废的情绪在社会上蔓延开来，哲学唯心主义开始沉渣泛起，复活宗教的活动也日益猖獗。这种情绪集中表现在梅列日科夫斯基、布尔加科夫、卢那查尔斯基等人提出的寻神说和造神说中。寻神说认为，神是幸福和自由的源泉，人们要追求幸福、自由和道德，就必须追求神、信仰神。造神说认为，人就是神，人之外的神是没有的，人类必须用集体的力量去创造神，宣称只有宗教才是社会主义的组织力量。寻神说和造神说虽然在形式上有一定的区别，但在本质上却是相同的，都在散布颓废情绪，诱导人民放弃斗争，做统治者逆来顺受的奴仆。面对寻神说和造神说的错误观点，列宁在《社会主义和宗教》（1905）、《论工人政党对宗教的态度》（1909）、《各阶级和各政党对宗教和教会的态度》（1909）等论著中进行了集中批判。

列宁首先揭露了宗教的本质、作用及产生的社会根源。对于宗教，马克思有句名言——宗教是人民的鸦片，认为现在所有的宗教和教会，各式各样的宗教团体，都是资产阶级反动派用来捍卫剥削制度、麻醉工

---

① 《列宁专题文集·论辩证唯物主义和历史唯物主义》，人民出版社 2009 年版，第 35 页。

人的机构。列宁在继承马克思有关宗教理论的基础上进一步指出，在阶级对抗社会中，宗教是一种颓废说教，它唆使人们放弃在尘世建立幸福生活的斗争，而向往所谓"天堂的快乐"的不切实际的幻想世界。反动阶级之所以抓住宗教不放，并且利用各种办法巩固宗教，加强宗教宣传，就在于他们看到了宗教这种游离于自己统治的作用。虽然从本质上讲，宗教是一种颓废的说教，但其为什么能够在城市无产阶级的落后阶层中，在广大的半无产阶级阶层中，以及在农民群众中保持影响呢？资产阶级及其学者认为，这是由于人民的无知造成的。列宁认为这是一种肤浅的、资产阶级狭隘的文化主义观点，实际上，在现代资本主义国家里，劳动群众之所以迷信宗教，是因为他们面对比战争、地震等任何非常事件带来的灾难和折磨多一千倍的资本主义的残酷折磨感到毫无办法，这才是目前宗教最深刻的根源。所以，对于马克思主义者来说，反对宗教的斗争不应当立足于抽象的、纯粹理论的、始终不变的宣传，而应当具体地，立足于当前实际上所进行的阶级斗争，这样才能对广大群众进行最有效的宣传。

列宁在论述了宗教的本质、作用及其根源后，开始进一步揭露和批判造神派和寻神派的错误观点。针对造神派关于"宗教是私人的事情"的错误观点，列宁旗帜鲜明地指出，同宗教作斗争的问题绝不是"私人的问题"，而造神派把情况故意歪曲为似乎"社会民主党认为宗教是私人的事情"，完全是机会主义者的观点。针对造神派所谓创造"无神"的社会主义宗教的观点，列宁指出，这是离开社会主义转到宗教的一种方式，布尔什维克与这种对科学社会主义的歪曲毫无共同之处。针对寻神派关于民主派"知识分子"要想靠近人民，必须经道德宗教的洗礼的观点，列宁指出，神的观点从来不会使人联合，而是一贯用对压迫者的神圣性的信仰来束缚被压迫阶级。革命民主主义者要同人民结合起来，只有通过阶级斗争和无产阶级革命才能实现。列宁还把造神派和寻神派联系在一起，揭露它们共同的本质和危害性。针对高尔基主张以造神说代替寻神说的观点，列宁直率地批评说，寻神说同造神说、建神说或创神说的差别，丝毫不比黄鬼同蓝鬼的差别大；宣扬这种纯洁的、精神上的、创造出来的神的观念，就是拿最甜蜜的、用糖水和各种彩色纸包裹着的毒药来诱惑人们的灵魂。列宁对造神派和寻神派的批判，对于教育无产阶级认清宗教本质、抛弃宗教偏见，为自己争取人间幸福生活指明了重要方向。

二、民族和殖民地理论的形成

俄国是一个民族关系十分复杂的国家，有大大小小百余个民族，其中俄罗斯民族占人口总数的 43%，其他非俄罗斯民族占 57%。由于沙皇政府实行大俄罗斯沙文主义，并在少数民族之间制造矛盾和冲突，所以民族矛盾向来十分尖锐。在 1905 年革命，长期受到沙皇专制残酷压迫的边疆地区少数民族运动异常活跃，成为反对沙皇专制统治的重要力量。1905 年革命失败后，沙皇政府采用各种高压手段镇压被压迫民族的运动，极力维护俄罗斯民族的特权，民族矛盾进一步尖锐化。1912年以后，俄国革命运动开始出现新的高涨，把被压迫的工人和被压迫民族团结起来，就成为无产阶级政党一项紧迫任务。可就在这时，一部分高加索社会民主党人宣布高加索各民族实行民族文化自治，说民族文化自治的要求和承认民族自决权的党纲并不抵触，企图以民族文化自治权取代民族自决权。面对愈加复杂的民族问题。列宁认为，党应当比以往更加重视民族问题，应当以坚定的国际主义和各民族的无产阶级统一的精神，为民族问题制定彻底的马克思主义的解决办法。1913 年至 1916年，列宁先后撰写了《关于民族问题的批评意见》(1913)、《论民族自决权》(1914)、《社会主义革命和民族自决权》(1916) 等著作，全面分析俄国的民族关系和民族问题的特点，深入批判各种民族主义，用马克思主义观点对布尔什维克的民族纲领和民族政策作了科学论证。

（一）阐明民族运动的实质，提出完整的民族纲领

民族运动的实质是什么呢？它和资产阶级民主革命是什么关系？这是制定布尔什维克民族纲领和民族政策需要首先解决的问题。列宁在对民族问题产生的历史背景、经济条件进行深入研究的基础上，阐明了资本主义民族运动的产生、实质、作用和历史趋势。他认为，民族运动是资产阶级民主革命的伴侣，它是随着资产阶级民主革命的产生而产生的。在世界上，资本主义彻底战胜封建主义的时代，是同民族运动联系在一起的。而在资本主义发展的过程中，民族关系发展呈现出两种明显的历史趋势：一是民族觉醒，反对一切民族压迫，建立民族国家；二是民族间的各种交往日益频繁和发展，民族隔阂逐渐消除，经济、政治、科学等领域的国际统一逐渐形成。对于民族关系发展的这两种趋势，列宁认为其都是资本主义的世界性规律，第一种趋势在资本主义发展初期占主导地位，第二种趋势标志着资本主义已经成熟，正在向社会主义转化。所以，在以剥削、利润为基础的资本主义社会里，实现民族和平的办法只有一个，就是实行彻底的民主主义，西欧的瑞士和东欧的芬兰即是例证。

在此基础上，列宁还进一步全面总结世界和俄国的经验，提出了民主革命阶段的民族纲领——各民族完全平等，各民族享有自决权，各民族工人打成一片。具体而言就是，俄国无产阶级在民族问题上应承担起两方面的任务：一方面，要反对一切民族主义特别是大俄罗斯民族主义，要用彻底民主主义的办法处理民族关系，坚持一切民族和语言的完全平等，把取消任何民族特权和不得侵犯少数民族权利的基本法律包括在宪法里，实行广泛的区域自治和完全民主的地方自治，根据当地居民自己对经济和生活条件、居民民族成分统计，确定地方自治地区和区域

自治地区的边界。另一方面，坚持国际主义原则，坚持无产阶级斗争和无产阶级组织的统一，使国内各民族的工人在一切无产阶级组织中打成一片，形成一个整体。

（二）强调民族平等的核心是民族自决权问题

实现完全民族平等，是社会民主党制定的民族纲领的重要内容，但这个内容却遭到了德国思想家、理论家罗莎·卢森堡的批评。卢森堡在 1908—1909 年撰写的《民族问题和自治》一文中，批评俄国社会民主党党纲承认民族自决权的条文太抽象、笼统、死板，是形而上学的空谈，并强调在任何现代社会党的纲领内都找不到这个原则。取消派谢姆柯夫斯基、李普曼、尤尔凯维奇等人对民族自决权也持否定态度。针对否定民族自决权的言论，列宁围绕什么是民族自决，为什么俄国社会民主党必须承认民族自决权等问题同卢森堡、谢姆柯夫斯基展开了论战。

列宁认为，在存在压迫民族和被压迫民族的条件下，民族平等的核心是民族自决权问题，如果没有民族自决权，压迫民族承认民族平等就是假的。那么什么是民族自决和民族自决权呢？列宁认为，回答这个问题不能到法律定义中去寻找，而应从对民族运动的历史经济条件的研究中去寻找，从资本主义民族运动的取向是建立最能满足资本主义发展要求的民族国家方面去寻找。在此基础上，列宁指出，所谓民族自决，就是"民族脱离异族集合体的国家分离，就是成立独立的民族国家"。民族自决权就是"分离权和成立独立国家的权利"，不能做别的解释。为什么要强调民族自决权呢？列宁认为，承认民族自决权，有助于消除民族间的不信任、疏远、猜疑和仇视，有利于各民族无产阶级联合起来反对沙皇专制。否认自决权，实际上就必然是拥护统治民族的特权。当然，承认民族自决权并不意味着民族分离，更不提倡民族分离。列宁还以婚姻法为例对此进行说明，他说就像法律规定夫妻有离婚的自由但并不提倡离婚一样，决不允许把民族自决权问题同某一民族实行分离是否适宜的问题混淆起来。

列宁还结合俄国的民族特点强调，在俄国承认民族自决权，就必须反对大俄罗斯民族主义。在俄国，俄罗斯民族占总人口的43%，其他百余个民族才占总人口的57%，且大多居住在边疆地区，因此，在俄国大俄罗斯民族主义历来盛行。列宁认为，大俄罗斯民族主义是资产阶级成分少而封建成分多的东西，是民主运动和无产阶级斗争的主要障碍。俄罗斯民族的无产阶级不同这种偏见进行斗争，不反对民族压迫，就不能替自己扫清走向解放的道路。只有宣传各民族有自决权，才能保证对群众进行真正民主主义和真正社会主义的教育，才能捍卫民主的利益。

（三）批判民族文化自治

民族文化自治最早发源于奥地利，创始人是奥托·鲍威尔，其核心思想是认为民族与地域无关，主张用公民自由登记的办法，把散居各地的同一民族成分组成一个法定的民族，在文化事务方面主要是教育方面实行自治。在俄国，民族文化自治得到了崩得分子弗·李普曼，取消派分子谢姆柯夫斯基，乌克兰的机会主义分子尤尔凯维奇等人的支持。这种理论无视民族与地域、民族与阶级的联系，把解决民族问题仅局限于超地域的民族联盟，实行超地域的文化自治，其结果是分裂各民族无产阶级的团结，维护资产阶级的统治。因此，列宁斥之为最精致的、最彻底的、最有害的民族主义。

列宁之所以认为民族文化自治是一种精致而又有害的民族主义，原因有二：第一，列宁认为，住在一个国家里的各民族，在经济上、法律上和生活习惯上有着千丝万缕的联系，而民族文化自治则企图在文化问题特别是教育问题方面把这些民族划分开来，进行隔离，加深民族的孤立，这是违反历史发展趋势的，并使比较落后的民族的状况更加恶化，这是荒谬和反动的。第二，列宁认为，在资本主义社会，每一个现代民族中，都有两个民族；每一种民族文化中，都有两种民族文化；每个民族文化，都有一些民主主义和社会主义的文化成分，因为每个民族都有被剥削劳动群众，他们的生活条件必然会产生民主主义的和社会主义的意识形态。但是每个民族也有资产阶级的文化，而且这是占统治地位的文化。因此，笼统说的民族文化就是地主、神父、资产阶级的文化。民族文化自治以民族在文化上的统一的幻影来欺骗工人，使无产阶级和劳动群众受资产阶级民族主义思想的支配，同本民族的资产阶级联合起来而同其他民族的无产阶级相分裂。民族文化自治口号同无产阶级国际主义是根本对立的，无产阶级的口号不是民族文化，而是民主主义和全世界工人运动的国际主义文化，这种文化只包含每个民族文化中具有彻底民主主义和社会主义内容的那一部分。列宁这里讲的两种民族文化，是就文化的阶级内容说的，不是指文化的民族形式。这个论点的精神实质，是要用无产阶级的阶级观点和国际主义精神来观察和处理资本主义社会的民族问题，它不是全面论述民族文化问题，更不是否定文化的民族形式。

（四）阐述帝国主义时代的殖民地问题

在帝国主义时代，民族问题和殖民地问题密切相关。如何处理好民族殖民地问题，把民族运动同社会主义革命统一起来，是摆在各国社会主义者面前的一大问题。第二国际机会主义者认为，列强兼并殖民地是进步的，可以促进被压迫民族经济文化的发展。以考茨基为首的中间派则抱着"骑墙"的态度，既口头拥护民族自决权，又强调每个民族要求民族自治就够了，要求国家独立未免过分。而以卢森堡、布哈林等人为首的左派则认为，在帝国主义时代民族国家已经成为过时的理想，民族自决权是不能实现的政策。在这场国际范围的关于民族和殖民地问题争论中，列宁撰写了《社会主义革命和民族自决权（提纲）》（1916）、《论尤尼乌斯的小册子》（1916）等著作，创造性地论述了马克思主义在民族殖民地问题上的理论和纲领。

列宁首先肯定了殖民地民族解放运动的重大意义，强调国际无产阶级和被压迫民族联合起来共同斗争的理想，认为民族解放运动及争取民主的斗争是帮助反对帝国主义的真正力量即社会主义无产阶级登上舞台的一种"酵母"。那么哪些国家才能算是殖民地呢？列宁给出了详细的答案，他说，帝国主义时代的殖民地不仅指那些丧失主权的国家，还要包括那些"在政治上、形式上是独立的实际上却被金融和外交方面的依附关系的罗网缠绕着"的国家。帝国主义不仅在经济上控制和操纵着殖民地国家，也通过意识形态的渗透来干涉和兼并这些落后国家，因此，无产阶级革命要反对帝国主义推行的殖民主义政策。在此之外，列宁还积极评价帝国主义时代被压迫民族运动的意义，认为殖民地反对帝国主义的民族战争，必然是他们民族解放政治的继续，意义十分重大。

需要特别指出的是，列宁还以兴奋的心情密切关注中国和亚洲民族民主运动的兴起。在《中国的民主主义和民粹主义》《亚洲的觉醒》《落后的欧洲和先进的亚洲》等文章中，列宁高度认可中国的辛亥革命和亚洲其他国家兴起的民主革命运动，认为"亚洲的觉醒和欧洲先进无产阶级夺取政权的斗争的开始，标志着 20 世纪初所开创的全世界历史的一个新阶段"[①]。列宁还对孙中山给予了高度评价，认为孙中山具有革命民主主义的崇高精神和英雄气概，其提倡的革命纲领"带有建立共和制度要求的完整的民主主义"，反映了"真正伟大的人民的真正伟大的

---

① 《列宁全集》第 23 卷，人民出版社 2017 年版，第 161 页。

思想"①。可以说，列宁关于民族和殖民地的理论，极大地丰富和发展了马克思主义民族殖民地理论，有力地推进了殖民地半殖民地被压迫民族的解放运动。

三、帝国主义理论的创立

1914 年 7 月 28 日，酝酿已久的第一次世界大战爆发了。英、法、俄等组成的"协约国"集团和德、意、奥等组成的"同盟国"集团大打出手，先后有 36 个国家卷入这次战争。第一次世界大战的爆发，再次在国际工人运动中引发了关于如何认识资本主义最新发展的争论。大部分已堕落为社会沙文主义者的原第二国际中的机会主义分子，在"保卫祖国"的幌子下积极支持本国发动的战争。以考茨基为代表的一些人，则采取歪曲战争性质、掩盖战争根源和散布"超帝国主义"幻想等办法来麻痹工农群众，试图使他们脱离革命轨道。如何看待这场战争的性质，社会党人应对战争持什么态度，要不要利用战争造成的革命形势加速无产阶级革命进程，成了马克思主义和机会主义、社会沙文主义斗争的焦点。正是在这样的背景下，列宁深入研究了各发达资本主义国家的政治和经济情况，并在批判吸取了前人研究成果的基础上，建立了科学的帝国主义理论。

列宁帝国主义理论的形成是一个过程。在 1895—1913 年写作的著作中，列宁就在《旅顺口的陷落》《社会民主党纲领草案》《对华战争》《马克思主义与修正主义》《资本主义财富的增长》等论著中初步揭示和分析了帝国主义时代出现的一系列新现象。第一次世界大战爆发后，为了说明这场战争的阶级性质和当时的世界政治，列宁集中精力对帝国主

---

① 《列宁全集》第 21 卷，人民出版社 2017 年版，第 427 页。

义作了深入全面系统的研究，完成了《帝国主义是资本主义的最高阶段》这一名著，对帝国主义的本质、特征和基本矛盾进行了深刻分析，对帝国主义产生、发展和必然灭亡的规律进行了科学揭示。《帝国主义是资本主义的最高阶段》一书，是列宁长期研究的结果，也是对 20 世纪以来关于帝国主义问题争论的总结，它的出版标志着马克思主义的关于帝国主义理论已经形成。

（一）揭示帝国主义的实质和基本特征

列宁在书中研究得出的第一个重要结论就是：帝国主义是资本主义经济发展过程中的一个特殊阶段，它是资本主义的最高阶段。在资本主义发展的这一最新阶段，自由竞争已经开始转化为它的对立面，已为垄断所代替。列宁在《帝国主义是资本主义的最高阶段》一书中指出，19 世纪 70 年代自由资本主义便发展到它的顶峰，这时自由竞争开始造成了大生产，小生产被排挤，接着又用更大的生产代替了小生产，使资本和生产集中发展到很大程度，并从中产生出垄断，产生了卡特尔、托拉斯等垄断组织以及工业垄断资本同银行垄断资本融合而成的金融资本。这些规模巨大、实力雄厚的金融资本通过各种经济的和政治的手段排斥竞争，垄断着国内市场及人民的政治经济文化生活，对外则奉行侵略扩张的政策，掠夺殖民地、瓜分世界领土。这种状况，一方面说明资本主义发展已经进入了一个同自由竞争阶段的资本主义不同的新的垄断阶段；另一方面也说明帝国主义并不仅是一般资本主义的否定，而是它的继续和发展，在这一阶段，资本主义的基本矛盾并没有解决，而是在更广阔的范围内，以更为尖锐的形式表现出来。因此，列宁说，从自由竞争中生长起来的垄断并不消除竞争，而是凌驾于这种竞争之上，与之并存，因而产生许多特别尖锐特别激烈的矛盾、摩擦和冲突。

最高阶段的资本主义——帝国主义具有以下五个基本特征：（1）生

产和资本高度集中造成了在经济生活中起决定作用的垄断组织；（2）银行资本和工业资本已经融合起来，形成了金融寡头；（3）资本输出有了特别重要的意义；（4）瓜分世界的资本家国际垄断同盟已经形成；（5）最大的资本主义列强已经把世界领土分割完毕。列宁在作了上述五个方面的论述后，对帝国主义问题作了一个简要的总结和归纳，指出帝国主义作为一般资本主义基本特性的发展和直接继续而生长起来的，但是只有在资本主义发展到一定的、很高的阶段，资本主义的某些基本特征开始转变为自己的对立面，从资本主义到更高级的社会经济结构的过渡时代的特点已经全面形成和暴露出来的时候，资本主义才变成了资本帝国主义。

（二）提出帝国主义是社会主义革命前夜的论断

在阐明资本主义本质特征的基础上，列宁进一步分析了帝国主义的寄生性、腐朽性和垂死性，提出了帝国主义是社会主义革命前夜的论断。

帝国主义的寄生性，表现在货币资本大量积聚于少数国家，使得以"剪息票"为生的食利者阶层大大增加，而资本输出，也使得依靠剥削海外国家和殖民地为生的国家大大增加。帝国主义的腐朽性，表现在垄断资本主义的生产关系严重阻碍了生产力的发展，资本主义的生产和技术出现停滞的趋势。帝国主义的垂死性，表现在垄断的存在使少数垄断者对其余居民的压迫百倍沉重和令人难以忍受，同时垄断造成对殖民地原料资源的掠夺和对殖民地领土分割的加剧引起帝国主义和殖民地人民的矛盾不断尖锐化。寄生的、腐朽的、垂死的资本主义由于需要的是专制而不是自由，因而不仅不能克服自身的矛盾，反而会使各种矛盾更加激化。

寄生的、腐朽的、垂死的资本主义必然会走向死亡，但这并不意味着这一天马上就可以到来。要想把这一趋势变为现实，就必须实现生产力的大发展和人民群众斗争意识的大觉醒。列宁认为，国家垄断资本主义的出现，意味着垄断资本已经实现了从低级向高级形式的过渡，它标志着资本和生产社会化的高度发展，从而为社会主义社会准备了物质条件。而第一次世界大战又异常地加速了垄断资本主义向国家垄断资本主义的转变，从而使人类异常迅速地接近社会主义。所以，列宁认为，国家垄断资本主义是社会主义的最充分的物质准备，是社会主义的前夜，帝国主义的垄断是它走向社会主义过渡的开始。

四、社会主义将首先在一国或几个国家 获得胜利理论的提出

当资本主义还处在自由竞争阶段时，马克思、恩格斯根据他们对欧洲和世界资本主义的研究，认为社会主义革命只有在主要资本主义国家同时发生时才能取得胜利，因为社会主义革命是以生产力的普遍发展和世界交往的普遍实现为前提的。虽然恩格斯在晚年时期也曾提过革命可以在一国或少数国家取得胜利的想法，但从马克思、恩格斯的一贯思想来看，一国或少数几国胜利的思想只是一种带有假设性的想法，占主导地位的还是"同时胜利论"。但是，当资本主义发展到垄断阶段以后，情况发生了变化。在这种情况下，革命将从哪里开始呢？列宁没有固守马克思、恩格斯已有的结论，而是从帝国主义阶段的新情况出发，果断地作出"社会主义革命不一定非得在工业发达的资本主义国家首先开始，它可能在资本主义比较弱的国家开始，并将首先在一个或几个国家内取得胜利"的论断。

（一）资本主义经济政治发展不平衡规律的发现与"一国胜利论"的提出

列宁之所以作出社会主义革命首先在一国或多国胜利的可能性，是同他发现了资本主义经济政治发展不平衡规律和社会主义革命之间内在联系分不开的。

在研究帝国主义的过程中，列宁发现了资本主义经济政治发展不平衡的规律，而且发现了这个规律同社会主义革命之间的关系。他在《论欧洲联邦口号》一文中首次指出，"经济和政治发展的不平衡是资本主义的绝对规律。由此就应得出结论：社会主义可能首先在少数甚至在单独一个资本主义国家内获得胜利"①。由于生产资料的私有制和生产的无政府状态，资本主义的各经济部门和各个国家在经济上不可能平衡发展。尤其当资本主义发展到帝国主义阶段时，这种不平衡更加剧烈，从而使一些国家迅速赶上并超过另一些国家，经济的迅速发展引起了实力地位的变化，资本和实力迅速增加的国家，必然要求用战争手段重新划分势力范围和瓜分殖民地。而帝国主义战争又使帝国主义各种矛盾进一步激化，从而使社会主义革命可能首先在单独一个国家获得胜利。

1916 年 8 月，列宁在《无产阶级革命的军事纲领》一文中，评论荷兰、斯堪的纳维亚国家和瑞士的社会民主党左派的军事纲领时，进一步发挥了这一思想，不仅指出了社会主义革命有可能首先在少数国家或一国取得胜利，而且强调了社会主义革命在各国同时取得胜利是根本不可能的。他说，资本主义的发展在各个国家是极不平衡的，而且在商品生产下也只能这样，由此得出一个必然的结论：社会主义不能在所有国家内同时获得胜利，它将首先在一个或几个国家内获得胜利，而其余的国家在一段时间内将仍然是资产阶级的或资产阶级以前的国家。

---

① 《列宁专题文集·论社会主义》，人民出版社 2009 年版，第 4 页。

当然，对列宁提出的"一国胜利论"要做全面的理解。在十月革命前，列宁为了激发群众的革命热情，着重强调了社会主义革命首先在一国胜利的可能性。当革命取得胜利后，列宁为了向全体苏维埃人民说明巩固胜利的艰巨和支持其他国家无产阶级革命的必要性，他在不同的场合反复强调要取得社会主义的彻底胜利，就需要全世界工人阶级的联合行动。直到1921年7月，列宁在共产国际第三次代表大会做《关于俄共策略的报告》时，依然强调没有国际上世界革命的支持，无产阶级革命是不可能取得胜利的。

可见列宁关于社会主义革命可以首先在一国或几个国家取得胜利的理论包括两个方面的基本内容：第一，社会主义革命可以首先在一国或几个国家取得胜利；第二，社会主义革命要实现彻底胜利则有待于世界革命的完成。

（二）"一国胜利论"推进了俄国革命的发展

列宁在提出"一国胜利论"时，并未明确指出其中的"一国"就是俄国，而是认为这个国家只能是帝国主义链条上的薄弱环节。那么哪个国家才是帝国主义链条上的薄弱环节呢？列宁认为是俄国。确实如此，当时的俄国是个经济上比较落后、政治上极其反动的军事封建帝国主义国家，是帝国主义一切矛盾的集合点。与欧洲其他资本主义国家相比，俄国社会主义革命面临的敌人是比较软弱的，而且得到了贫苦农民的支持，加上帝国主义各国忙于交战，无暇顾及俄国内政，出现了有利于俄国革命的国际环境。关键还有无产阶级革命政党布尔什维克党的领导。根据以上条件，列宁全面论证了比较落后的资本主义俄国可以首先取得社会主义革命的胜利。

"一国胜利论"的提出和完善，使社会主义革命有了科学的理论指导，从而为俄国革命高潮的再次到来和十月革命的爆发奠定了理论基础。1917年，俄国爆发了二月革命，完成了俄国资产阶级革命的首要任务。革命胜利后，俄国出现了两个政权并存的局面：一个是由十月党人和立宪民主党人掌握的资产阶级临时政府；一个是工农革命民主专政的工农代表苏维埃。面对如此复杂的政治局面，列宁在深入分析的基础上，认为俄国无产阶级不能有丝毫懈怠，必须进一步推动革命，力求使资产阶级民主革命转变为社会主义革命，进而推翻资本家和地主的临时政府，建立苏维埃社会主义国家。1917年11月7日（俄历10月25日）十月革命爆发，1918年2月，革命在全国范围内取得了决定性胜利。十月革命的胜利，第一次将科学社会主义从理论变为现实，建立了世界上第一个无产阶级领导的、以工农联盟为基础的、各民族平等的无产阶级专政国家，证实了列宁关于社会主义革命有可能首先在一个或者几个国家内取得胜利的理论的科学性。

五、马克思主义国家学说的丰富发展

1914爆发的世界大战，严重破坏了交战各国的经济发展，人民的生活水平大大下降，欧洲大陆的不少国家先后出现了革命形势。正当革命逐渐走向高潮的时候，作为革命根本问题即国家政权问题却被一些机会主义理论家弄得混乱不堪，他们把资产阶级议会说成有全民性质的，不主张无产阶级夺取政权。甚至一些有影响的社会民主党人，在第一次世界大战中采取护国主义立场，支持本国政府进行帝国主义战争。基于这些情况，列宁认为，批判机会主义的国家理论，宣传马克思主义的国家学说，帮助无产阶级正确认识革命与国家的关系，乃是当务之急。从1916年下半年起，列宁便把研究的中心逐渐集中到这个问题上来。1917年1—2月作了《马克思主义论国家》的笔记。列宁十分重视这本笔记，1917年4月，他从瑞士回到俄国，笔记和其他材料一起存放在外国。同年 7 月，他写了一张便条给加米涅夫，告诉他要是自己被杀害，请他将这本笔记出版。1917 年 8—9 月，列宁利用这本笔记的材料，在拉兹利夫的草棚和芬兰的赫尔辛福写了著名的《国家与革命》。这本著作结合俄国革命的经验系统阐述了马克思主义关于国家和革命的学说，并极大地向前发展了这一理论。

（一）进一步阐发马克思、恩格斯的国家学说

重申恩格斯关于国家起源和本质的思想，强调国家是阶级矛盾不可调和的产物，是压迫被剥削阶级的工具。恩格斯在《家庭、私有制和国家的起源》中指出，国家既不是从外部强加于社会的一种力量，也不是像黑格尔所断言的"伦理观点的现实"，而是社会在一定发展阶段上的产物，是从社会中产生但又自居于社会之上并同社会日益相异化的力量。列宁以恩格斯的《家庭、私有制和国家的起源》一书为依据，在《国家与革命》中着重说明了国家是阶级矛盾不可调和的产物，认为在阶级矛盾客观上不能调和的地方、时候和条件下便产生了国家，国家本质上是阶级统治的机关，是一个阶级压迫另一个阶级的机关。列宁还特别指出，那些小资产阶级的政治家和理论家关于国家是阶级调和的机关的说法不仅是荒谬的，也是有害的，它不仅掩盖了国家的本质，也否定了暴力革命的必要性和重要性。

依据恩格斯关于国家与氏族的区别，揭示国家的基本特征和职能。在国家的特征上，恩格斯从国家与氏族不同的地方阐述了国家的特征：一是按地区来划分它的国民；二是公共权力的设立。列宁继承了恩格斯的这一思想，指出国家与旧的氏族不同：第一，这种组织已经不是按血缘关系来划分它的国民；第二，建立了与居民的自动武装力量不同的公共权力，这种公共权力的核心就是特殊的武装队伍，是常备军、警察和监狱，这是国家最根本的标志。关于国家的职能问题，列宁认为，国家

既是统治阶级用来镇压被统治阶级反抗的暴力工具，也是统治阶级用来向居民征税剥削被统治阶级的工具，前者集中体现了国家的政治功能，后者集中体现了国家的经济功能。

针对机会主义者对恩格斯关于国家消亡思想的歪曲，论述了暴力革命与国家消亡的关系。在《反杜林论》中，恩格斯曾指出："国家真正作为整个社会的代表所采取的第一个行动，即以社会的名义占有生产资料，同时也是它作为国家所采取的最后一个独立行动。那时，国家政权对社会关系的干预将先后在各个领域中成为多余的事情而自行停止下来。那时，对人的统治将由对物的管理和对生产过程的领导所代替。国家不是'被废除的'，它是自行消亡的。"机会主义者对恩格斯的这一思想进行了肆意的篡改，认为资产阶级国家也会"自行消亡"。列宁认为，机会主义者的解释是对马克思主义最粗暴的歪曲，是对革命的回避和否定。列宁全面阐释了马克思、恩格斯关于暴力革命与国家"自行消亡"的理论，指出资产阶级国家是不会"自行消亡"的，而只能通过暴力革命予以消灭。暴力革命，用马克思的话说，是每一个孕育着新社会的旧社会的助产婆，是社会运动借以为自己开辟道路并摧毁僵化的垂死的政治形式的工具。无产阶级为了摆脱资产阶级的压迫和剥削，就必须通过暴力革命，打碎无产阶级的国家机器。

列宁还根据马克思《哥达纲领批判》提出的基本观点，探讨了国家消亡的两个阶段：第一个阶段是国家正在消亡的社会主义阶段，即共产主义第一阶段，虽然这个阶段阶级已经没有了，但因为还需要国家在保卫生产资料公有制的同时来保卫劳动的平等和产品分配的平等，所以国家还不能完全消亡；第二个阶段是国家完全消亡的共产主义阶段，因为在这个阶段，不仅阶级完全没有了，而且因为实现了各尽所能、按需分配的原则，所以国家也就没有存在的必要而归于完全消亡了。

（二）阐发无产阶级专政理论和民主理论

打碎旧的国家机器以后建立什么样的新国家？新国家的性质和特征是什么样的？列宁在考察了马克思无产阶级专政思想的形成、发展过程的基础上，阐发了无产阶级专政的理论。列宁指出，无产阶级专政是马克思主义在国家问题上一个最卓越最重要的思想，只有懂得这一点的人，才算掌握了马克思国家学说的实质。

无产阶级需要国家政权，既是为了镇压剥削阶级的反抗，也是为了领导广大人民组织和发展社会主义经济，建设新的社会制度和社会生活，大力发展社会生产力，最终消灭阶级，过渡到共产主义。马克思在1852 年 3 月 5 日写给魏德迈的信中说：无论是发现现代社会中有阶级存在或发现各阶级间的斗争，都不是我的功劳。……我所加上的新内容就是证明了下列几点：(1) 阶级的存在仅仅同生产发展的一定的历史阶段相联系；(2) 阶级斗争必然导致无产阶级专政；(3) 这个专政本身不过是达到消灭一切阶级和进入无产阶级社会的过渡。列宁认为，这一段话极其鲜明地表达了马克思的国家学说的实质，因此在《国家与革命》出第 2 版时，专门增加了"1852 年马克思对问题的提法"一节。列宁特别强调过渡时期始终坚持无产阶级专政的必要性，并把它作为检验真假马克思主义者的试金石。因为机会主义者恰巧不把承认阶级斗争贯彻到最主要之点，贯彻到从资本主义向共产主义过渡的时期，贯彻到推翻资产阶级并完全消灭资产阶级的时期。实际上，这个时期必然是阶级斗争空前残酷、空前尖锐的时期，因而这个时期的国家就不可避免地应当是无产阶级专政。列宁还指出，从资本主义向共产主义过渡，当然不能不产生非常丰富和多样的政治形式，但本质必然是一样的：都是无产阶级专政。

无产阶级专政是新型民主（对无产者和一般穷人是民主的）和新型专政（对资产阶级是专政的）的国家政权。一方面，无产阶级成为统治阶级掌握国家政权之后，首先就要大规模地扩大民主制度，使它第一次成为穷人的、人民享受的民主，使广大劳动群众都能够平等地、普遍地参与国家事务和社会事务的管理。民主扩展到一定的界限，彻底的民主就变成了社会主义，同时也要求实行社会主义。彻底发展民主，找出彻底发展的种种形式，用实践来检验这些形式，是对社会进行社会主义改造的基本任务之一。没有民主，就不可能有社会主义。随着社会主义民主不断扩大，越来越多的人具备了直接参加国家管理的条件。当社会全体成员或者大多数成员自己学会了管理国家的时候，对任何管理的需要就开始消失；民主愈完全，它成为多余的东西的时候就愈接近；国家愈民主，国家就会愈迅速地开始消亡。另一方面，无产阶级的国家政权还要对压迫者、剥削者、资本家实行强力镇压，粉碎他们的反抗，采取一系列剥夺自由的措施，把他们排斥在民主之外。显然，凡是实行镇压和使用暴力的地方，也就没有自由，没有民主。

第七讲

十月革命后列宁对马克思主义的新发展

1917 年 10 月 25 日（俄历），"阿芙乐尔"号巡洋舰攻打冬宫的隆隆炮声，震撼了俄国，也震撼了世界。俄国无产阶级和劳动人民在布尔什维克党的领导下，在首都彼得格勒举行武装起义，推翻了资产阶级临时政府，建立了世界上第一个无产阶级专政的国家，实现了社会主义从理论到现实的飞跃，开辟了人类历史的新纪元。十月革命发生在俄国这样一个经济文化都比较落后的国家，这与社会主义理论的奠基人马克思、恩格斯原来的设想有很大的不同。这种历史发展的特殊性给社会主义者提出了一个全新的课题：如何在经济文化比较落后的国家建设社会主义。列宁在十月革命后的六年多时间里，对这一历史性课题进行了艰难而大胆的探索，并提出了一系列全新的构想。

一、列宁对社会主义经济建设的初步探索

十月革命，打开了人类历史发展的崭新一页，也打开了俄国历史发展的崭新一页。但伴随着这伟大荣光的还有环生险象，此时新生的苏维埃政权，不仅要面对外部敌对势力的围追堵截和内部反动势力的反扑，

更要面对在经济文化落后的俄国怎样建设社会主义这样一个全新的历史性课题。以列宁为核心的布尔什维克党勇敢地承担起了时代赋予的责任，对这一历史性课题进行了艰难曲折的探索。

（一）十月革命前后列宁对社会主义建设的构想和规划

在十月革命前的同一年，俄国还爆发了一场革命——二月革命。二月革命推翻了沙皇专制政府，完成了俄国资产阶级民主革命的首要任务。但由于当时布尔什维克党许多领导者被监禁或流放，大批工人被送上前线，所以布尔什维克党还没有足够力量把革命成果掌握在自己手中，由此形成了两个政权并存的局面：一个是资产阶级临时政府，一个是彼得格勒工兵代表苏维埃。面对如此局面，列宁先后写了《远方来信》（1917 年 3 月）、《无产阶级在我国革命中的任务》（1917 年 4 月）、《国家与革命》（1917 年 8 月）、《大难临头，出路何在》（1917 年 9 月）、《布尔什维克能保持国家政权吗?》（1917 年 9 月）等著作，阐明了俄国由资产阶级民主革命向社会主义革命过渡的具体计划。在政治方面，列宁主张用苏维埃共和国代替议会制共和国。在经济方面，则主张将银行、大工业、土地收归国有，使全体居民都加入消费合作社，利用银行、辛迪加等现代化的管理机构，对产品的生产和分配实行最严格的、包罗万象的计算和监督，使全社会变成一个劳动平等、报酬平等的大工厂、大辛迪加，使全体公民都成为辛迪加的职员和工人。

十月革命后的 1918 年 3 月，苏维埃俄国和德国及其盟友签订了《布列斯特和约》，这个条约的签订使得苏维埃政权获得了一个短暂的喘息机会。此时，列宁开始着手制定俄国向社会主义过渡的方案。1918 年春，列宁先后写了《苏维埃政权的当前任务》（1918 年 4 月）、《科学技术工作计划草稿》（1918 年 4 月）、《论"左派"幼稚性和小资产阶级性》（1918 年 5 月）等一系列文章和著作，提出了建设社会主义的最初构想。

概括起来，这一构想主要包括经济建设和社会制度改造两个方面的内容。在经济建设方面，列宁提出并反复强调要首先恢复和发展大工业，从而为社会主义奠定物质基础。列宁特别强调要大力发展重工业，积极促进燃料、铁、机器制造业、化学工业的生产。在社会制度的改造方面，列宁强调要把资本主义特别是小商品生产纳入国家资本主义轨道；让全体居民都加入消费公社；用国家统一领导下的有计划的产品分配来代替贸易；在发展工业的基础上建立由国家控制的直接的工农业产品交换体系；同时引导小农实现共耕制；等等。这些举措旨在实现列宁早就设想的那种国家统一组织生产、分配和消费，没有商品货币的社会主义社会。因此，列宁反复强调统计和监督的重要性，并将其视为走向这一目标的途径和手段，甚至是社会主义改造的实质。

列宁在 1918 年春提出的这个向社会主义过渡的规划，从总体上看是一个"直接过渡"的规划。就是说，这个规划不是在适应当时俄国占主导生产方式的小农经济的基础上，通过发展小农经济的途径去恢复和发展大工业，而是把恢复和发展社会主义大工业和小农经济对立起来，在首先抓大工业的同时，企图排斥、限制并消灭小商品生产，并企图同时使小农经济实现集体化。同时，列宁也预测到了从一个小农国家过渡到社会主义可能面临的困难，因而提出利用国家资本主义这一中间环节逐步改造旧的经济关系，并在此基础上提出了一系列比较谨慎和渐进的政策措施。这与当时"左派共产主义者"那种不顾俄国具体国情而一味高喊"国有化"的主张是完全不同的。

（二）实施战时共产主义政策

十月革命的胜利，引起了国内外敌对势力恐惧和仇视。1918 年夏天，英、美、法、日等 14 个国家对苏俄进行武装干涉。在它们的支持下，国内反革命势力在不少地方发动武装叛乱，建立反革命自卫政府。

一时间，国内 3/4 的领土落入敌人手中，主要产粮区和主要原料产地、石油中心、煤炭基地被占领，使许多城市和工业中心的粮食、燃料和原料供应十分紧张。莫斯科和彼得格勒城市的工人每天只能领到 1/16 的面包，60% 以上的工厂停工。人口死亡率特别是儿童的死亡率大大增加，前线军队供应难以为继。在这样的背景下，列宁提出的向社会主义过渡的规划很难实施下去，一些原来企图通过渐进的形式逐步改造旧经济的比较谨慎的政策措施，很快被更加激烈的战时共产主义政策所代替。战时共产主义政策的主要内容有：

第一，实行余粮收集制。这是"战时共产主义"政策最突出的一个内容。这项政策的实施有一个过程。最早是实行粮食专卖。1918 年 5 月 13 日，人民委员会颁布了《粮食专卖法令》，规定农民必须把除种子和个人消费以外的全部余粮，按规定价格卖给国家，由粮食人民委员部负责收购，严禁私人粮食贸易。国家组织了大批工人征粮队下乡。这样，国家收购的粮食虽有所增加，但仍不够城市的需要。粮食黑市贸易仍很活跃。为了尽可能多地收购粮食，1918 年 10 月 30 日颁布了《农产品实物税法令》，规定农民必须先向国家缴纳一定数额的实物税，然后再由国家收购余粮。但是，粮食仍不够供应城市。于是，1919 年 1 月 11 日颁布了《关于在各产粮省份收集余粮和饲料交国家支配的法令》（即余粮收集制法令），规定由粮食人民委员部把国家必需的粮食总额硬性逐级分摊到产粮各省、县、乡，直到每一农户，然后由国家收购，还严格规定了交售余粮的期限。法令还规定，除了粮食人民委员部规定的国家摊派任务外，经省粮食委员会批准还可以增征一定数量本地居民所需的粮食和谷物饲料。因为指标较高，农民交售的实际不仅是余粮，还有一部分种子和口粮。国家付给农民的是不断贬值的纸币。因此农民实际上是把粮食无偿地交给国家了。这种硬性摊派的办法从 1919 年下半年起还陆续扩大到其他农产品，包括肉类、油料和棉花等。为了完成余粮收集任务，列宁号召每一个党组织、工会组织和工人集体，从其成员中抽出 1/10 或 1/5 有觉悟的工人参加征粮队。从 1918 年到 1920 年全国共建立了 2700 个征粮队，参加的工人达 8.2 万人。每个征粮队还配备了武器。由于采取了余粮收集制这种高度强制性的措施，国家得到了较多的粮食。1918—1919 年度共收集粮食 10790 万普特，1919—1920 年度为 21250 万普特，1920—1921 年度为 36700 万普特。

第二，禁止私人贸易。1918 年 11 月 21 日，人民委员会颁布《关于组织对居民的各种食品、个人消费品和家庭日用品供应的法令》（即贸易垄断法令）。这是商业国有化方面的决定性步骤。法令规定居民的各种生活必需品，包括食糖、糖果、茶叶、食盐、火柴、布匹、靴鞋、胶皮套鞋、肥皂等，全部由国家与合作社经销，禁止私人贸易。1920 年年中，进一步取缔了各类小商小贩。

第三，加速工业国有化和集中管理。1918 年 6 月，大工业企业实行了国有化。1920 年年初，中型企业也基本上被收归国有。内战结束后，最高国民经济委员会决定：凡拥有机械动力而工人数目超过 5 人，或无机械动力而工人数目超过 10 人的一切私人的和团体的工业企业，都实行国有化。这样，大中小企业都实行了国有化。工业管理实行集中。全国一切大中小企业都由国家统一领导。在最高国民经济委员会下面按行业设立 52 个总管理局。总管理局越过地方行政机关直接给所属企业制订生产计划和产品分配计划。企业从上级机关取得机器和原料，并按照上级机关的规定提供产品。

第四，实行口粮和各种生活必需品的定量供应和实物工资。从 1918 年 7 月起，各城市开始实行定量供应口粮。分配的标准分为若干类：从事体力劳动的工人、哺乳母亲、四口以上的家庭主妇、1—12 岁的儿童，按第一类标准供应；职员、学生、三口以上的家庭主妇、12 岁以上的儿童，按第二类标准供应；自由职业者和剥削分子按第三类标准供应。1918 年年底莫斯科的供应量是 1.5 磅土豆。供应量一开始是很少的，后来逐步有所提高。1920 年年末开始供应量不仅大为提高，而且更加稳定。每个劳动者每月的基本定量是：烤面包 30 磅，肉或鱼 4 磅，食糖 0.5 磅，蔬菜 20 磅，食盐 1 磅，肥皂 0.25 磅，代咖啡 0.25 磅等。从 1919 年年底起，对最重要的工业部门，包括军工部门的工人，实行高于一般标准的"专用供应"。享受这一标准的人共有 64.2 万人，到 1921 年 3 月增加到 370.86 万人，占全部工人的一半以上。后来，定量供应由口粮逐步发展到各种生活必需品。由于货币严重贬值，为了保证工人生活，实行了实物工资，如在公共食堂免费就餐，按供应卡免费供应食品日用品等。实物工资比重的不断提高，以及国家为劳动者免费提供房屋居住、燃料饲料、报刊邮电、交通运输等，使货币的作用逐渐减小以致接近于消失。

第五，实行义务劳动制。要求凡是有劳动能力的成年人必须参加劳动，同时强迫剥削阶级分子参加体力劳动。强制贯彻"不劳动者不得食"的原则。政府可以招募公民完成不同的社会工作，而不论其担任何种经常性工作。

以上就是"战时共产主义"政策的主要内容。这些强制性的非常措施，在反对外国武装干涉和国内战争中起到了积极作用，有力地保证了新生的苏维埃政权取得战争的胜利。

（三）新经济政策的理论与实践

"战时共产主义"政策的实施，对于巩固苏维埃政权发挥了重要作用，但我们也必须看到，"战时共产主义"政策是在险恶的战争环境和物资极度缺乏的特殊条件下采取的应急措施，因此具有明显的临时性和过渡性，战争结束后仍然实行这样的非常政策，并将其作为向社会主义直接过渡的措施，就违背了社会发展规律，脱离了当时俄国的生产力水平，必然会挫伤农民的生产积极性，引发社会不满情绪和严重的政治危机。1920 年下半年，就发生了多起由富农发动的农民暴乱，1921 年

2月底3月初，曾作为十月革命重要军事力量的喀琅施塔得水兵发生叛乱。农民的不满、经济的困顿、水兵的叛乱，促使布尔什维克党不得不对"战时共产主义"政策进行深刻反思。列宁深入乡村进行调查，接待来访的工人、农民和基层干部，了解群众的疾苦和诉求。农民代表一致要求取消余粮收集制，诉说收成被"洗劫一空"的艰难困苦，列宁深深为之动容。而对实际情况，列宁坦率地承认，"现实生活说明我们错了"。"我们在经济进攻中前进得太远了。……向纯社会主义形式和纯社会主义分配直接过渡，是我们力所不及的。"为了改变这种严峻的形势，列宁提出了一系列的措施，主要是让农民有发展农业生产的积极性，在改造农业的基础上使工业恢复起来，从经济上加强工农联盟。1921年3月俄共（布）十大决定实行新经济政策。

新经济政策的主要内容有：第一，废除余粮收集制，实行粮食税。俄共（布）第十次代表大会决议指出，立即以粮食税代替余粮收集制，粮食税的数额应当低于余粮收集的数额，粮食税采取累进制，对贫苦农民免征或少征，允许农民自由处理余粮，允许农民按自己的意愿以实物或货币纳税。

第二，准许农民出租土地和雇工。1922年5月22日，根据俄共（布）第十一次代表大会决议精神，全俄中央执行委员会颁布法令，允许农民出租土地和雇工，规定土地出租期限不得超过三年（后来延长至12年），租来的土地只准租地农户本身耕作，雇工只能充当辅助劳力，雇主本人及其家庭成员应与雇工共同劳动。

第三，允许私人占有中、小工业。1921年7月7日，人民委员会颁布《关于手工业和小企业的决定》，允许私人开设不超过20名工人的小企业。1921年12月10日，全俄中央执行委员会颁布法令，将职工人数不超过20人的国营小企业解除国有化发还给原主。

第四，恢复自由贸易，重建商品货币关系。1921年3月27日，俄共（布）中央和国家粮食人民委员部分别通过了有关商品交换的条例，规定在地方范围以内，在生产者个人之间或生产者与国家之间（通过合作社），可以自由进行实物交换。但实物交换这种形式很快被突破了，商品交换变成了通过市场和中介人的货币交换，同时地方范围的限制也被打破。1922 年 3 月俄共（布）第十一次代表大会认同这种变化，会议的决议指出，应当把利用市场和商品货币关系作为向社会主义过渡时期的一项基本任务。

第五，进行工业管理体制的改革。从 1921 年 8 月开始，废除"战时共产主义"时期的总管理局体制。最高国民经济委员会除了对全国工业进行计划调节以外，只直接管理一部分大型的重点企业，其余企业都下放给地方的经济机构领导。

第六，实行租让制和租赁制。租让，就是允许将一些有利于整个国家经济的恢复和发展的、但是国家暂时又无力经营的企业，按照一定的条件，通过签订相应的合同租让给外国资本家经营。租赁，就是允许将已经国有化了的一部分中小企业租给私人或合作社经营。

实施新经济政策不仅是苏俄经济政策的重大转折，而且是布尔什维克党对如何走向社会主义认识的深化。这一重大转变，引起了社会各阶层的强烈反应：一方面受到许多工人、农民的欢迎，另一方面也招致党内一些人的反对，一些老布尔什维克甚至认为这是"资本主义在俄国复辟"，其中有的人为此痛哭流涕。1921 年 10 月 29 日，在莫斯科省第七次党代表会议上发生了一场面对面的辩论。列宁在报告中指出："目前的情况是，我们党内有很多人对新经济政策还不那么清楚……对过去的经济政策的错误没有明确的认识。"列宁的这句话引起一些人哗然，一位代表站起来大声喊道："不！如果说战时共产主义是'官僚主义邪恶'，那么新经济政策就是'资产阶级邪恶'。"为了消除思想分歧、澄清错误认识，列宁反复阐明了实施新经济政策的出发点和必要性，强调新经济政策不会导致资本主义复辟。经过列宁的反复解释和耐心教育，原先持反对意见的党内同志大多消除了疑虑，新经济政策得到了很好的贯彻。

新经济政策实施后，很快在实践中取得了明显成效，对于恢复和发展国民经济、提高人民的生活水平、改善工农关系、巩固工农联盟和苏维埃政权，都发挥了重要作用。新经济政策实施后的第二年即 1922 年，苏俄工业总产值增长了 36.6%，农业在遭受自然灾害的情况下，谷物产量仍增加了 20%。新经济政策的实施，使苏维埃俄国很快摆脱了经济、政治危机，极大增强了布尔什维克党和广大人民建设社会主义的信心。1922 年 12 月 30 日，由俄罗斯联邦、乌克兰、白俄罗斯和外高加索联邦共同组成的苏维埃社会主义共和国联盟（简称苏联）正式成立，列宁当选为苏联人民委员会主席。

总之，新经济政策是在一个有着多种经济成分的、小农经济占优势的落后国家里建设社会主义所必须经过的一个阶段。这是列宁经过反复的思考和实践，把马克思主义的基本原理创造性地运用到俄国的结果，是列宁对马克思主义特别是马克思主义政治经济学的重大发展，对于经济文化落后国家过渡到社会主义具有重要的借鉴意义。

二、马克思主义无产阶级专政与民主思想的新发展

十月革命后，在应对国内外敌对势力围剿的斗争中，在实施"战时共产主义"政策和新经济政策的过程中，列宁在理论和实践上对无产阶级专政和社会主义民主政治建设也进行了艰苦探索，初步形成了针对俄国国情的独特的无产阶级专政和民主建设理论，捍卫并大大发展了马克思主义无产阶级专政和民主思想。

（一）关于无产阶级专政思想的新发展

无产阶级专政理论是列宁主义的重要内容。随着苏维埃政权的建

立，无产阶级专政有了基本的政治条件。在此基础上，列宁结合俄国的政治实践进一步发展了马克思主义关于无产阶级专政的思想。

苏维埃是无产阶级专政的最好形式。苏维埃是在俄国1905年革命过程中工人群众自己创立的一种领导起义的机关。当时，列宁就敏锐地指出，苏维埃是革命政权的萌芽。在1917年的二月革命中，起义的工人和士兵又成立了工兵代表苏维埃。列宁在《远方来信》（1917年3月）一文中，肯定了工兵代表苏维埃是与资产阶级临时政府同时并存的一个政权。1917年4月，列宁在《四月提纲》中把苏维埃表达得更为明确，指出俄国不要议会制共和国，而要从下到上由全国的工人、士兵和农民代表苏维埃组成的共和国。随着十月革命的胜利和苏维埃政权的建立，列宁关于苏维埃作为无产阶级专政形式的思想得到了进一步实现。列宁在俄共（布）七大上关于修改党章和更改党的名称的报告中，进一步阐明了苏维埃是无产阶级专政的最好的国家形式问题。他指出，在《国家与革命》一文中曾从理论观点上阐述过这个问题，而苏维埃在俄国的建立，从实践上已经得到证实。列宁还把苏维埃和巴黎公社视为同一类型的国家。当然，他也指出，同巴黎公社只是在一个城市内存在几个星期相比，苏维埃这种国家类型就不是存在几个星期，而是存在几个月，不只是存在一个城市，而是存在于一个大国。这就使得苏维埃政权这种新型的国家形式具有极为重要的世界历史意义。对于苏维埃，列宁虽然肯定其是俄国无产阶级专政的最好形式，但是他也指出，苏维埃只是无产阶级专政的俄国形式，东方各国共产主义者不要照抄俄国的经验，而必须结合自己的国情和民族特点来确定自己革命和政权的具体形式。

无产阶级专政的基本任务。1919年2月，列宁在《俄共（布）纲领草案》一文中阐述了无产阶级专政的基本任务。列宁认为，无产阶级专政所肩负的第一方面的任务是镇压剥削者的反抗，要对"资产阶级阶层不作丝毫的政治让步，无情地镇压他们的各种反革命阴谋"①，"对富农即对农村资产阶级的政策是坚决反对他们的剥削意图，镇压他们对苏维埃政策即社会主义政策的反抗"②。列宁还认为，镇压地主和资产阶级的反抗是比较容易的，因为对无产阶级和劳动人民来说，反对剥削压迫他们的宿敌，是比较容易理解的。无产阶级专政所要肩负的第二个方面的任务，则是完成组织经济、建立社会主义经济关系方面的任务。相对于第一方面的任务，列宁认为完成第二方面的任务则是相对比较困难的，无论在时间上还是在精力上都要付出更高的代价。在这两个方面的任务中，第一方面的任务在无产阶级取得政权的初期比较突出，而随着无产阶级政权的巩固，第二方面的任务则越来越成为主要任务。

工农联盟是苏维埃政权的主要支柱和无产阶级专政的阶级基础。在以小农经济为主要生产方式的俄国，无产阶级只占人口中的少数一部分，农民占大多数。基于这样的国情，保持和维护工农联盟就成为无产阶级专政的一项具有战略意义的任务。对此，列宁有着深刻的认识。他认为工农联盟是否巩固将决定苏维埃共和国的命运，特别是在其他国家的革命还没有到来之前，只有同农民妥协，才能拯救俄国的社会主义革命，所以工农联盟是苏维埃政权的主要力量和支柱。工农联盟将保证苏维埃政权胜利完成社会主义改造事业。因此，在俄国，"无产阶级专政是劳动者的先锋队——无产阶级同人数众多的非无产阶级的劳动阶层（小资产阶级、小业主、农民、知识分子等等）或同他们的大多数结成的特种形式的阶级联盟"③。无产阶级专政的最高原则就是维护无产阶级同农民的联盟，使无产阶级能够保持领导作用和国家政权。

共产党是无产阶级专政的领导力量。列宁指出，无产阶级的专政不能直接由包括整个阶级的组织来实现，只有作为无产阶级先锋队的共产

---

① 《列宁全集》第 36 卷，人民出版社 2017 年版，第 89 页。

② 《列宁全集》第 36 卷，人民出版社 2017 年版，第 92 页。

③ 《列宁全集》第 36 卷，人民出版社 2017 年版，第 362 页。

党才能实现这种专政。因为，只有共产党才能抵制群众中不可避免的小资产阶级的动摇性，才能抵制无产阶级中不可避免的种种行业狭隘性或行业偏见的传统和恶习的复发，并领导全体无产阶级的一切联合行动。不这样，就不能实现无产阶级专政。所以，党是无产阶级专政的最高领导力量，它领导着国家的全部政治经济工作。当然，共产党是无产阶级专政的主要领导力量，但这并不意味着共产党可以凭借一己力量就可以实现专政，它也必须通过苏维埃、工会、非党工农代表会议等同本阶级和群众取得密切联系，唯有这样，才能更好地实现阶级专政。后来，列宁还针对当时出现的党政不分、以党代政的弊端，指出党的任务则是对所有国家机关的工作进行总的领导，不能过分频繁的、不正常的、往往是琐碎的干预。

可以说，列宁关于无产阶级专政的思想有着丰富的理论内涵和实践内涵，是对马克思主义无产阶级专政学说的重大发展。作为马克思主义的创始人，马克思当时由于受历史条件的限制，并没有对无产阶级专政的内涵、任务作出详细而深入的论述。而列宁根据十月革命后的经验，对无产阶级专政的内容、任务、实质则进行了详细的论述，这些论述大大发展了马克思主义的无产阶级专政学说。

(二) 社会主义新型民主的设想和独特的理论创造

早在十月革命前，列宁就指出了实现民主对于实现社会主义的重大意义，认为胜利了的社会主义如果不充分实行民主，就不能保持所取得的胜利成果。十月革命后，无产阶级取得了政权，那么社会主义民主将采取什么样的形式呢？列宁对此进行了不懈的探索。

驳斥考茨基的"纯粹民主"，阐述民主的阶级性。1918 年，考茨基在维也纳伊格纳茨·勃兰德出版公司出版了《无产阶级专政》一书。在书中，考茨基把专政和民主绝对对立起来，认为资产阶级民主是"纯粹民主"，无产阶级专政就是消灭了民主，并以此反对无产阶级专政学说，诋毁苏维埃政权。针对考茨基的观点，列宁专门写了《无产阶级革命和叛徒考茨基》（1918 年 10 月）一书，对考茨基的观点进行了驳斥，并明确指出了民主的阶级性和历史性。列宁认为，只要有不同阶级的存在，就不能说"纯粹民主"，而只能说阶级的民主，"纯粹民主"是自由主义者用来愚弄工人的谎话。历史表明，民主作为国家政治制度，不过是统治阶级进行阶级统治的手段。资产阶级民主制是在资产阶级内部实行民主，对劳动人民则实行专政。无产阶级民主制则是在人民内部实行民主，对反抗社会主义革命和社会主义建设的敌人实行专政。到了共产主义社会，国家消亡了，作为国家政治制度的民主制也就自然消亡了，可见永远没有什么"纯粹民主"。列宁还指出，资产阶级民主制同封建制度相比较，是历史的一大进步，但从本质上讲它始终是富人的天堂、穷人的陷阱。而无产阶级民主则是历史上最高类型的民主，比资产阶级民主的范围和程度要深刻和广泛得多。

揭露资本主义民主的欺骗性和虚伪性。对于资本主义民主，马克思早有深刻认识。在马克思看来，资本主义民主只是"容许被压迫者每隔几年决定一次究竟由压迫阶级中的什么人在议会里代表和镇压他们"①！列宁继承了此思想，指出资本主义民主始终是少数人的即只是有产阶级的、只是富人的民主制度，大多数居民在通常的平静的局势下都被排斥在社会政治生活之外。从民主内容上看，列宁在《论"民主"和专政》一文中以出版自由和"普选制"为例，揭露了资本主义民主的局限性和欺骗性。列宁认为，资本主义民主制度下的出版自由，实际上是"富人收买和贿赂报刊的自由，是富人用资产阶级报纸谎言这样的劣等烧酒来麻醉人民的自由，是富人'占有'地主宅第、最好的建筑物等

---

① 《列宁选集》第 3 卷，人民出版社 1995 年版，第 190 页。

等的自由"①。对于资本主义民主标榜的"普选制"，列宁认为，其在"微小的"细节上都存在事实上的限制，如居民年限、妇女没有选举权、限制集会、限制办报，所以普选权也形同虚设。所以，列宁主张用无产阶级专政代替资产阶级专政，因为无产阶级专政是用穷人的民主代替富人的民主，是真正的广大工农群众都能享受到的民主。

积极探索无产阶级取得政权后如何保证劳动人民真正享有民主权利的问题。十月革命后，伴随着"战时共产主义"政策的实施，各种体现高度集中特征的管理措施不断出台。这些措施在集中全国力量有效应对各种风险挑战的同时，也衍生了使苏维埃代表变成议会议员或官僚的小资产阶级的趋势。1921 年 3 月，列宁在主持召开的俄共（布）十大时指出："集中化就发展了官僚主义化和脱离群众的倾向；战斗命令制往往采取被歪曲了的不必要的压制形式；必要的特权变成了各种舞弊行为的凭籍；党机关的必要的缩减削弱了党的精神生活，如此等等。这一切引起了党内的危机。"② 对此，列宁强调必须防止和克服这种趋势，必须放弃"极端集中制"使党内生活向民主化方向发展，必须吸引全体苏维埃成员实际参加管理来防止这种趋势，必须吸收全体贫民实际参加管理。同时，列宁还要求苏维埃要同人民群众保持稳固的联系，使国家机关置于群众监督之下，以防止苏维埃组织受官僚主义的毒害。

三、列宁晚年对社会主义建设的新思考

1918 年 8 月 30 日，在莫斯科河南岸区原米歇尔逊工厂举行的一次群众大会上，列宁不幸遇刺，后经全力抢救虽然保住了性命，但身体健

---

① 《列宁全集》第 35 卷，人民出版社 2017 年版，第 385 页。
② 《苏联共产党决议汇编》第 2 分册，人民出版社 1964 年版，第 52 页。

康每况愈下。长期的超负荷工作，1922 年 12 月，列宁再次中风，右手和左脚完全瘫痪。在列宁已意识到自己可能将不久于世的情况下，他以对革命事业的高度责任感和惊人的毅力，对苏维埃俄国的社会主义建设进行了深入的思考，并以口授的方式写下了《日记摘抄》《论合作社》《论我国革命》《我们怎样改组工农检查院》《宁肯少些，但要好些》等五篇论文，以及给即将召开的党的十二大写的《给代表大会的信》《关于赋予国家计划委员会以立法职能》《关于民族或"自治化"问题》3 封重要信件，此外，还有 10 多封其他信件。这些文献被称为列宁的"政治遗嘱"，构成了列宁晚年对如何建设社会主义的"最后构想"。在这些文献中，列宁总结了俄国建设社会主义的经验，阐发了在以前论著中提出的关于社会主义建设的一些观点和原理，指明并论证了国家经济、政治、文化建设的道路。

（一）用合作社形式引导农民走向社会主义道路

合作社是早在十月革命前就在俄国城乡出现的联合小商品生产者的集体经济组织，其形式包括消费合作社、信贷合作社、产品采购和加工与销售合作社，以及生产合作社。在《论合作社》（1923 年 1 月）一文中，列宁深入阐述了合作社的意义、性质以及建设要求。

对于合作社的意义，列宁认为，由于找到了合作社这种改造小农的新形式，就有了建成完全的社会主义所必需而且足够的一切；有了完全合作化的条件，也就在社会主义的基地上站稳了，在政权掌握在工人阶级手里和生产资料公有制的条件下，现在要解决的任务就只有居民的合作化了；等等。至此，列宁"一国建成社会主义"的理论才得以正式确立。正是从这意义上，列宁认为，实现合作化有着"巨大的、不可估量的意义"。

对于合作社的性质，列宁改变过去把合作社看作国家资本主义性质的观点，认为它是社会主义性质的，反复强调，在政权掌握在工人阶级手里和生产资料公有制的条件下，文明的合作社工作者的制度就是社会主义制度；单是合作社的发展就等于社会主义的发展。列宁还反复指出，对于合作社的性质，人们还没有改变过去那种认为改造小农的形式只能是集体农庄的认识，还没有认识到合作社是改造小农的好形式，还对合作社抱有"鄙视态度"。

对于合作化建设的原要求，列宁认为，首先要对合作社提供财政上的帮助和支持。他说，对合作社的优待要"成为纯粹资财上的优待（如银行利息的高低等等）。贷给合作社的国家资金，应该比贷给私人企业的多些，即使稍微多一点也好，甚至和拨给重工业等部门的一样多"[①]。其次要找出一种能够充分帮助合作社的奖励方式，要努力使真正的居民群众参加合作社的流转，并要经常检查农民参加的情况。最后，列宁还提出要对农民进行文化教育，认为这是实现合作化的条件，指出没有整个的文化革命，要实现合作化是不可能的，社会主义不仅要求具有新的经济制度和政治制度，而且要求具有高度发达的文化和科学。

（二）积极发展大工业，实现工业化和电气化

对于发展大工业，列宁一直持积极肯定的态度，认为大工业是社会主义赖以建立的物质基础，没有大工业，就没有真正意义上的社会主义。十月革命胜利不久，他在《苏维埃政权的当前任务》（1918 年 4月）中就指出，提高劳动生产率，是保证新社会制度获得胜利的首要任务，而要提高劳动生产率，就必须发展大工业，特别是重工业，即燃料、铁、机器制造业、化学工业等生产。1920 年年初，在列宁的倡议下，成立了全俄电气化委员会。1920 年年底，制定出全俄电气化计划

---

① 《列宁选集》第 4 卷，人民出版社 2012 年版，第 769 页。

并在苏维埃八大上通过。改行新经济政策以后，列宁并没有放弃发展大工业的思想和主张，也没有废弃和否定电气化计划。在俄共（布）第十次代表大会上，列宁指出，开发资源、建立社会主义社会的真正的和唯一的基础只有一个，这就是大工业。

在《宁肯少些，但要好些》（1923 年 3 月）的最后部分，列宁从俄国所处的国际环境的角度，再次提出和阐述了发展大工业，实现电气化这一任务，同时强调通过支持小农生产力的发展来实现工业化和和电气化的方法和途径。列宁指出，光靠培植小农和极小农，光靠农民对无产阶级政权的信任，支持到社会主义革命在较发达的国家里取得胜利，是不容易的，因为小农和极小农还停留在极低的劳动生产率水平上。那么，在西方革命推迟的条件下，应该采取什么样的政策和策略呢？列宁回答，为了保住俄国的工人政权，为了保持工人政权在俄国小农和极小农中间的威望和对他们的领导，必须极其谨慎，"把自己社会关系中任何浪费现象的任何痕迹铲除干净"，"靠大力节约把任何一点积蓄都保存起来，以发展我们的大机器工业，发展电气化，发展泥炭水力开采业，完成沃尔霍夫水电站工程，如此等等"[1]，从而使俄国从农民的、庄稼汉的、穷苦的马上"跨到大机器工业、电气化、沃尔霍夫水电站工程等等的马上"[2]。列宁还特别指出，我们的消亡就在这里，而且仅仅在这里。

可以看出，列宁在其最后著作中提出的经济建设的规划是：用合作社的形式引导农民走向社会主义，用无产阶级国家政权支持小农生产力的发展，保持住工人政权在小农和极小农中间的威信和对他们的领导，在此基础上，用厉行节约的办法逐步实现工业化和电气化。这就是列宁最后关于社会主义经济建设的纲领和构想。

---

① 《列宁全集》第 43 卷，人民出版社 2017 年版，第 395 页。

② 《列宁全集》第 43 卷，人民出版社 2017 年版，第 396 页。

（三）加强文化教育

列宁历来重视文化教育，并将其看作是实现社会主义不可或缺的条件和保证。在《苏维埃政权的当前任务》（1918 年 3 月）中就指出，提高劳动生产率的另一个首要条件就是提高群众的文化水平。他多次指出，"应当知道和记住，当我们有文盲的时候是不可能实现电气化的"[1]，必须让每个青年懂得，"只有受了现代教育，他才能建立共产主义社会，如果不接受这种教育，共产主义仍然不过是一种愿望而已"[2]。实施新经济政策以后，列宁更加看重文化教育。1921 年，列宁在全俄政治教育委员会第二次代表大会的报告中，将提高群众的文化水平看作"从政治上描述伟大任务的时期已经过去"以后的一项"最迫切"的任务，认为，能否完成文化任务关系到苏维埃政权所取得的一切政治成果。当列宁对俄国社会主义建设作最后的思考和规划时，他再一次把文化教育问题、文化条件视为实现社会主义经济建设纲领和任务必不可少的条件和保证，认为没有文化革命，要完全合作化是不可能的，没有文化水平的提高，既谈不上实现合作化，也谈不上实现社会主义。基于上述思想，列宁在《日记摘录》（1923 年 1 月）中，专门论述了文化教育问题。

必须提高国民的文化水平。俄国是一个后起的欧洲资本主义国家，比较西欧各国文化发展水平的时候，列宁总是把西欧国家视为文明国家，赞扬西欧国家为"文明国家""有文化的国家""较有文化的国家"，承认"现在资本主义大大提高了整个文化，其中包括群众的文化"[3]。而反观俄国，俄国的文化教育水平非常低下。列宁在《日记摘录》中抄录了 1897 年和 1920 年俄国居民识字状况的统计表后，这样写道："当我们高谈无产阶级文化及其与资产阶级文化的关系时，事实提出的数据向

---

① 《列宁全集》第 40 卷，人民出版社 2017 年版，第 161 页。
② 《列宁全集》第 39 卷，人民出版社 2017 年版，第 336 页。
③ 《列宁全集》第 34 卷，人民出版社 2017 年版，第 76 页。

我们表明，在我国就是资产阶级文化的状况也是很差的。果然不出所料，我们距离普遍识字还远得很……这说明我们还要做多少非做不可的粗活，才能达到西欧一个普通文明国家的水平。这也说明，我们现在还要进行多么繁重的工作，才能在我国无产阶级所取得的成就的基础上真正达到稍高的文化水平。"[①] 据统计，在十月革命前夕，俄国 3/4 的成人不能读写，农村文盲占 80%，民族地区的文盲是 99.5%。

为了扫除文盲，列宁在《日记摘录》中对如何办好国民教育提出了明确要求，包括：增加教员的面包配给额；提高人民教师地位的问题和加强教师队伍的建设问题。列宁认为，不提高人民教师的地位，"就谈不上任何文化，既谈不上无产阶级文化，甚至也谈不上资产阶级文化"[②]。"应当把我国国民教师的地位提到在资产阶级社会里从来没有、也不可能有的高度。"[③] 关于加强教师队伍建设问题，列宁倡导要进行有步骤的、坚持不懈的工作，应提高他们的思想意识，使他们具有真正与他们的崇高称号相符合的修养，应加强组织人民教师的工作，使他们成为苏维埃制度的支柱。列宁的国民教育思想在实践中得到了很好的回报。到 1925 年，俄国全国 9 岁以上识字人数的比例已由 1920 年的 31.9% 上升到 51.1%，工人中的文盲基本扫除。

(四) 推动党和国家机关的改革

政治建设问题，也是列宁晚年最为关注的问题之一。在《我们怎样改组工农检查院》(1923 年 1 月)、《论合作社》(1923 年 1 月)、《宁肯少些，但要好些》(1923 年 3 月) 以及《给代表大会的信》(1922 年 12 月) 等文中，列宁都论述了党和国家机关的改造问题。

---

① 《列宁专题文集·论社会主义》，人民出版社 2009 年版，第 343—344 页。
② 《列宁全集》第 43 卷，人民出版社 2017 年版，第 361 页。
③ 《列宁全集》第 43 卷，人民出版社 2017 年版，第 362 页。

改善和重组党的领导机构，扩大中央委员会的人数特别是工人的人数。中央委员会是党代表大会决议的执行机构，列宁主张"由最有威信、最有影响、最有经验、被选出担任最重要职务而称为领袖的人们所组成"①。为进一步加强中央委员会的工作，根据列宁的倡议中央委员会设立了政治局、组织局和书记处三个机构，分别负责政治工作、组织工作和日常工作。但是，中央委员会在得到强化的同时也出现了权力过分集中和滥用的危险。比如，斯大林出任总书记一职后，就一身兼数职，掌握了极大的权力。列宁意识到权力集中的倾向与危害，在《给代表大会的信》中谈到党和国家领导制度改革的设想，提出重新改造中央委员会。列宁"建议把中央委员人数增加到几十人甚至 100 人"②，打破长期以来由少数清一色的职业革命家组成领导核心的传统格局，大量增加普通工农群众。他们"更接近于普通的工人和没有成为直接或间接剥削者的农民"③。这样做，就能"更好地检查、改善和改造我们的机关"④。

提出党的监察委员会与工农检查院合并，形成一个统一的强大的人民监督系统。在当时的苏联，党领导着整个国家机关，党本身才是监督的重点。列宁最初寄希望于工农检查院从外部来监督党的机关和领袖集团，结果没有奏效，"只是成了这些中央委员的'附属品'，或者在一定条件下成了他们的助手"⑤。只有把对国家的监督和党的监督结合起来，才能增强监督工作的实效性，否则恐怕只有形式，没有实际。列宁在《宁肯少些，但要好些》中谈到这种结合是我们"巨大的力量源泉"。1923 年 1 月，列宁《我们怎样改组工农检查院》文中，建议增加中央监察委员的人数，"从工人和农民中选出 75—100 名新的中央监

---

① 《列宁全集》第 39 卷，人民出版社 2017 年版，第 21 页。
② 《列宁全集》第 43 卷，人民出版社 2017 年版，第 341 页。
③ 《列宁全集》第 43 卷，人民出版社 2017 年版，第 346 页。
④ 《列宁全集》第 43 卷，人民出版社 2017 年版，第 345 页。
⑤ 《列宁全集》第 43 卷，人民出版社 2017 年版，第 345 页。

察委员"①，他们享有中央委员的一切权力，而且应比组织局更具有独立性。监察委员会必须独立地行使自己的监察权，而不受同级党委决议的约束。列宁还着重指出："中央监察委员会委员必须在自己主席团的领导下，经常检查政治局的一切文件。"②"有一定的人数必须出席政治局每次会议的中央监察委员会的委员们，应该形成一个紧密的集体，这个集体应该'不顾情面'，应该注意不让任何人的威信，不管是总书记，还是某个其他中央委员的威信，来妨碍他们提出质询，检查文件，以至做到绝对了解情况并使各项事务严格按照规定办事。"③可见，列宁晚年力图建立党内监督机制与权力制衡系统，并把监督的重点指向党的最高领导机关和领袖人物。列宁认为这一改革，一定能够"成功地解决我们长期未能解决的这一任务"④。

改造国家机构，建立精干、高效的国家机关。随着苏维埃政权的稳固，大量人员进入国家机关工作，随之而产生的机构膨胀、效率低下、官僚主义和形式主义等问题也逐渐凸显出来。例如，最高国民经济委员会及其全国系统 1918 年仅有 6000 人，1921 年时竟达 23 万人；交通部由 1815 人发展到 8500 人；跨部门的委员会从无到有发展到 90 多个。对于这种状况，列宁进行了深刻的批判，强调当前最主要的迫切任务，也是最近几年最重要的任务，就是要通过缩减苏维埃机关、改善组织、消灭拖拉作风和官僚主义、减少非生产开支，来不断精简苏维埃机关和减少其费用，主张在国家机关中厉行节约，反对任何奢华和浪费现象等。在精简人员的同时，列宁还指出要通过考试制度选拔人才。列宁认为正是人才的缺乏制约国家机构的改革，所以迫切需要人才。他主张建立严格的考试选拔制度，不拘一格，公平公正地把具有各种不同素质和

---

① 《列宁全集》第 43 卷，人民出版社 2017 年版，第 378 页。
② 《列宁全集》第 43 卷，人民出版社 2017 年版，第 388 页。
③ 《列宁全集》第 43 卷，人民出版社 2017 年版，第 380 页。
④ 《列宁全集》第 43 卷，人民出版社 2017 年版，第 347 页。

专长的优秀人才吸纳到国家机关中来，实现机关干部队伍的优化组合，形成一股合力，以充分地发挥国家机关的职能。

列宁晚年关于社会主义建设的构想，有着极其丰富而深刻的内涵，具有独特的新颖性和创造性。这些构想的提出，是列宁新经济政策思想的最后完成，标志着通过新经济政策实施建立社会主义经济基础这一理论的完成和确立。至此，列宁找到了一条符合俄国国情的建设社会主义的道路，从而也大大发展了马克思主义的社会主义理论。

第八讲

马克思主义在苏联的发展与挫折

1924 年 1 月 21 日列宁去世，苏联社会主义建设进入了一个新的阶段。俄共（布）（1925 年改称为联（共）布）在领导建立社会主义基本制度和运行机制的基础上，制定并实施了建设社会主义的各项方针政策，有力推动了苏联经济社会发展，为战胜德国法西斯奠定了基础。第二次世界大战结束后，在苏联的推动下，国际共产主义运动风起云涌，马克思主义在世界范围内得到更加广泛的传播和发展。但此后不久，世界就进入美苏争霸的冷战时代。在这一时期，为解决自身发展中出现的矛盾问题，苏联和东欧的社会主义国家也都进行尝试性改革，但均未取得突破性成果。20 世纪 80 年代末至 90 年代初，苏联及东欧社会主义国家在内部多重矛盾和外部和平演变的共同作用下，改革最终改向，由此导致东欧剧变，世界社会主义运动遭遇严重挫折，留下了深刻的历史教训。

一、斯大林对马克思列宁主义的贡献

列宁去世后，斯大林成为苏联最高领导人。斯大林，原名朱加什维利，1878 年出生于格鲁吉亚的格里，曾协助列宁领导十月革命。1931
年 12 月 13 日，斯大林接受德国作家埃米尔·路德维希采访，当被问到
自己何时成了社会主义者、何时接受马克思主义时，斯大林说，不能说
我从六岁起就倾向社会主义了，甚至也不是从十岁或者十二岁，我参加
革命运动是从十五岁开始的，那时候我和当时居住在南高加索的俄罗斯
马克思主义者的一些秘密小组发生了联系，这些小组对我有很大影响，
使我对秘密的马克思主义著作发生了兴趣……为了抗议东正教中学里所
实行的侮辱人的校规和耶稣会士的办法，我决心要成为并且真的已经成
为革命者，成为真正革命学说马克思主义的信仰者了。暂且不论斯大林
的功过是非，仅对马克思主义信仰而言，斯大林是抱有坚定态度的。在
斯大林主持苏共中央工作期间，苏联不仅在经济社会建设方面取得了巨
大成就，在马克思主义理论方面也作出了重大贡献，为苏联社会主义建
设提供了有力的思想理论支持。

（一）重视马克思主义的理论研究工作

斯大林非常重视马克思主义理论建设。在他看来，工人阶级的党如
果不掌握工人运动的先进理论，不掌握马克思列宁主义理论，就当不了
本阶级的领导者，就不能正确引导工人阶级前进。在斯大林的领导下，
马克思主义理论得到了很大的发展。

第一，创办马克思主义研究机构和理论刊物。列宁在世时就很重视
马克思主义理论研究工作，他曾直接参与建立了社会主义学院（1924
年改名为共产主义学院），成立了马克思主义理论、历史和实践研究室，
并把当时国内一些著名的马克思主义研究者集中在自己周围开展研究工
作。列宁去世后，斯大林对马克思主义理论研究工作也给予了高度重
视。1931 年，在斯大林的指导下，联共（布）中央把马克思恩格斯科
学研究院和列宁研究院合并为马克思恩格斯列宁研究院。为了更好地推

进马克思主义理论研究工作，联共（布）还创办了包括《在马克思主义旗帜下》《社会主义学院通报》《红色文库》《马克思主义者科学协会会刊》在内的刊物。

第二，整理出版马克思、恩格斯和列宁著作。早在十月革命前，以列宁、普列汉诺夫为代表的一批马克思主义者就翻译出版了马克思、恩格斯的一些著作，为马克思主义在俄国的传播和发展奠定了基础。列宁逝世后，在斯大林的领导下，马克思、恩格斯和列宁著作的出版工作得到进一步加强。1931 年到 1938 年，马克思恩格斯列宁研究院先后出版了《马克思恩格斯全集》和《马克思恩格斯文库》，发表了大量马克思和恩格斯的手稿，包括 1932 年至 1933 年先后发表的《马克思 1844年经济学哲学手稿》《哥达纲领批判》《德意志意识形态》等。1929 年，列宁的《哲学笔记》发表。1938 年，《联共（布）党史简明教程》出版。1939 年至 1941 年，马克思恩格斯列宁研究院用 2 年多时间第一次用德文完整发表了马克思写于 1857—1858 年的经济学手稿——《政治经济学批判大纲》。第二次世界大战结束后，马克思、恩格斯和列宁著作的出版工作继续进行。1947 年，《马克思恩格斯全集》出版完毕。1946—1950 年，35 卷本的《列宁全集》也出版完毕。《马克思恩格斯全集》《列宁全集》的出版发行，为全面深化马克思主义的传播和研究工作奠定了重要基础。

第三，编写出版马克思主义教科书。列宁在世时就十分重视这项工作，在他主持下召开的俄共（布）十大和十一大，都强调必须采取一切办法来编写和出版马克思主义教科书，并动员和组织力量去把这项工作贯彻到底。列宁去世以后，在斯大林的领导参与下，编写马克思主义教科书的工作取得了巨大成绩。斯大林亲自写了《辩证唯物主义和历史唯物主义》，作为《联共（布）党史简明教程》这本教科书的一节。他对《西欧哲学史》教科书的编写也特别关注。1943 年，苏联科学院哲学研究院出版了《哲学史》第 3 卷。联共（布）中央批评了这卷书中的错误，并根据斯大林的提议，召开了一次审查《西欧哲学史》的哲学讨论大会，推动了哲学研究工作。在编写政治经济学教科书工作方面，在联共（布）中央直接领导下，苏联科学院经济研究所编纂了《政治经济学教科书》。斯大林对这本教科书中的错误和疏忽等问题，也作了原则性的指示，使教科书在内容和结构方面，有了很大改进。在编写党史教科书方面，1938 年 9 月，被视为"全世界千百万进步人士必读之书"的《联共（布）历史简明教程》出版，这是由斯大林为首的党中央特设委员会编写，联共（布）中央审定的。

第四，重视对党员干部进行马克思主义理论教育。斯大林认为，只有掌握了马克思列宁主义理论的党，才能信心百倍地前进。在《关于联共（布）中央工作的总结报告》中，斯大林指出，巩固党及其机关的另一件很要紧很重大的工作，就是党的口头上和刊物上的宣传鼓动工作，用马克思列宁主义精神教育党员和党的干部的工作，提高党及其工作人员的政治和理论水平的工作。斯大林认为，不仅党的机关，而且共青团、工会、商业机关、合作社、经济机关、苏维埃机关、教育机关、军事机关以及其他一切机关，都要加强这方面的宣传教育，不断提高政治觉悟和理论水平。因为在国家工作和党的工作的任何一个部门中，工作人员的政治水平和马克思列宁主义觉悟程度愈高，工作本身的效率也愈高，工作也就愈有成效；反过来说，工作人员的政治水平和马克思列宁主义觉悟程度愈低，就愈可能在工作中遭受挫折和失败，就愈可能使工作人员本身庸俗化和堕落成为鼠目寸光的事务主义者，就愈可能使他们蜕化变质。根据苏共十八大的决议，联共（布）中央高级党校于 1939 年正式成立，专门培训各州、边疆区、共和国的党和苏维埃领导工作人员及报纸编辑、理论工作者。1936 年由原斯维尔德洛夫共产主义大学改组成的高级宣传员学校和高级组织工作者学校也都并入了高级党校。

（二）系统阐发列宁主义

1924 年列宁的逝世，对于苏联整个党和国家而言是一个巨大的损失。伴随着苏联社会主义建设的推进，各种理论和实践难题也接踵而至，苏共迫切需要对列宁留下的珍贵理论遗产进行梳理，以从中找到解决难题的办法。在当时的联共（布）内部，主要领导人都试图从对列宁留下的理论中找到符合自己要求的观点，以增加自己在理论争辩中的话语权。于是，对列宁主义的理解就成为各种思想交锋的焦点。在交锋的过程中，斯大林对列宁主义作了许多独特的理解，对于全面理解列宁主义发挥了重要作用。

第一，关于列宁主义的定义。"列宁主义"一词，最早由孟什维克分子在 1904 年提出的，本意是用来攻击列宁的。列宁逝世后，什么是列宁主义成了苏共内部思想争论的焦点。斯大林认为，"列宁主义是帝国主义和无产阶级革命时代的马克思主义。确切地说，列宁主义是无产阶级革命的理论和策略，特别是无产阶级专政的理论和策略。"① 这个定义现在看来虽有不妥之处，但在当时这个定义是被联共（布）和苏联理论界所接受，并作为一种经典的、正统的理论观点而得到广泛传播。斯大林认为，列宁主义的这一概念是正确的，原因有三：一是，这一概念指出了列宁主义的历史根源，确定了列宁主义是帝国主义时代的马克思主义；二是，这一概念指出了列宁主义的国际性质，对于世界各国——其中也包括那些资本主义发达的国家——毫无例外地都是适用而且是必要的学说；三是，这一概念指出了列宁主义和马克思主义的内在关系，认为列宁主义是马克思主义在帝国主义时代的新发展。

第二，关于列宁主义和马克思主义的关系。斯大林认为，列宁主义的思想资料主要来源于马克思主义。列宁在阶级斗争的新条件下向前发

① 《斯大林选集》上卷，人民出版社 1979 年版，第 185 页。

展了马克思的学说，他给马克思主义总宝库加进了某种比马克思和恩格斯所提供的、比帝国主义前期的资本主义时期内所提供的东西要更新的东西，而且这种新贡献是完完全全以马克思和恩格斯所提供的原则为基础的。同时，针对第二国际修正主义和托洛茨基否定列宁对马克思主义的理论贡献的观点，斯大林从多方面论述了列宁主义对马克思主义的丰富和发展。在哲学方面，斯大林指出，列宁的突出贡献是发展了马克思主义关于唯物主义和辩证法的学说。《唯物主义和经验批判主义》《论战斗的唯物主义的意义》就是列宁在哲学方面发展了马克思主义的代表作。在经济学方面，斯大林指出，列宁继马克思《资本论》之后，写了《帝国主义是资本主义发展的最高阶段》等重要著作，揭示了垄断资本主义的基本特征和基本规律。在社会主义理论方面，斯大林指出，列宁在无产阶级革命、无产阶级专政、农民问题、民族问题、战略策略问题、无产阶级政党等一系列马克思主义的重大理论问题上，都根据新的历史条件和实践经验作出了巨大的发展。

　　第三，关于列宁主义的体系。斯大林在《论列宁主义基础》和《论列宁主义的几个问题》中，自觉或不自觉地论述了列宁主义的体系。在《论列宁主义基础》中，斯大林重点论述了列宁主义的以下内容：(1)关于列宁主义的方法。认为列宁主义的方法，一是恢复被第二国际破坏了的理论与实践的统一，二是根据第二国际的行动而不是根据它们的口号来检查第二国际各党的政策，三是按照革命的方式去改造全部党的工作，四是以自我批评的方法来培养党的干部和领导者。(2)关于列宁主义对革命理论的意义的认识，认为列宁主义了解革命理论对于革命运动和党的重要意义，它强调没有革命的理论就没有革命的运动，只有以先进理论为指南的党才能实现先进战士的作用，它批判崇拜工人运动自发性的理论，形成和提出了关于无产阶级革命的理论。(3)关于列宁主义对无产阶级专政的认识。认为列宁主义认识到无产阶级专政是无产阶级革命的工具，是无产阶级对资产阶级的统治，苏维埃是无产阶级专政的国家形式。（4）关于列宁主义对农民问题的认识。认为农民问题是列宁主义"最迫切"的问题之一，是列宁关于无产阶级专政总问题的一部分。（5）关于列宁主义对民族问题的认识。认为列宁主义强调当前的世界已被划分为两个阵营，即压迫民族的阵营和被压迫民族的阵营，要求把发达资本主义国家的无产阶级革命运动和被压迫民族的解放运动结成一条反对帝国主义的共同战线。（6）关于列宁主义的战略和策略。认为根据列宁主义理论，战略是规定无产阶级在革命某一阶段上主要的打击方向，策略则是规定无产阶级在革命的来潮和退潮这个短时间内的行动路线，就是根据形势的变化以新的斗争口号代替旧的斗争口号，以新的斗争形式代替旧的斗争形式。（7）关于列宁主义对党的认识。认为列宁主义强调党是工人阶级的先进部队，是工人阶级的有组织的部队，是无产阶级组织的最高形式，是无产阶级专政的工具，是全体党员意志的统一，是靠清洗党内的机会主义分子而巩固起来的。（8）关于列宁主义提倡的工作作风。认为列宁主义强调把"俄国人的革命胆略"和"美国人的求实精神"结合起来。

总之，作为列宁的学生和战友、苏共领导核心的斯大林，在历史转变、思想理论交锋激烈的重要时刻，对列宁主义下了基本正确的定义，对列宁主义基本问题、思想来源、重要意义的系统阐发，对人民群众了解和掌握列宁主义起了重要作用。但与此同时，斯大林对列宁主义的一些理解，也对苏联模式的形成产生了重要的影响。比如，从斯大林对列宁主义的界定可以看出，斯大林对社会主义的理解重点是放在无产阶级革命和专政的理论上的，认为只有无产阶级专政才是社会主义的核心。在当时的历史条件下，斯大林对无产阶级专政的镇压职能看得很重，这本无可厚非。但是，斯大林对社会主义条件下是否存在矛盾特别是存在不同性质的矛盾，应该用不同的方法手段来解决不同性质矛盾的问题在理论上不甚清楚，甚至有些看法是错误的。理论上的错误，必然导致实践上的错误。这种理论认识上的缺陷，可以看作是苏联在社会主义建设中日益强调阶级斗争的思想源头。

（三）斯大林对马克思主义发展的贡献

在领导苏联革命和建设的过程中，斯大林不仅系统阐发了列宁主义，还着眼于解决指导思想中的全局性问题，结合实践发展，亲自撰写了包括《马克思主义和语言学问题》《苏联社会主义经济问题》在内的一系列重要著作，进一步丰富和发展了马克思主义。

第一，对马克思主义哲学及体系的研究。斯大林的哲学思想，集中体现在《辩证唯物主义和历史唯物主义》和《马克思主义和语言学问题》之中。《辩证唯物主义和历史唯物主义》最初是作为《联共（布）党史简明教程》一书第四章第二节的内容于 1938 年 9 月发表的，不久印成单行本发行。该书按照"马克思主义的辩证方法""马克思主义哲学唯物主义""历史唯物主义"三大部分，对它们的基本特征分别加以归纳、概括、揭示，并指出其实际意义。基本内容包括：（1）把辩证唯物主义的阶级性和党性与马克思列宁主义政党的世界观基础之间的内在相联系，指明坚持辩证唯物主义与在思想和行动上做一个真正马克思主义列宁主义政党成员的一致性。（2）揭示了马克思主义哲学与德国古典哲学之间的关系，指出马克思主义哲学是对黑格尔辩证法、费尔巴哈唯物主义的批判继承和革命性变革。（3）阐述唯物主义和历史唯物主义的基本特征，肯定唯物辩证法在马克思主义哲学中的决定性意义，概括出人们对客观世界由表及里的认识路径。

斯大林在上述哲学思想的基础上，于 1950 年又撰写了《马克思主义和语言学问题》一书。1950 年 5 月至 7 月，针对当时语言学家尼·雅·马尔为代表的一群学者宣扬的唯心主义语言学理论，苏联《真理报》组织了一次语言学问题的讨论。斯大林非常关注并亲自参加了这次讨论，并撰写了《语言学中的马克思主义》《论语言学的几个问题》《答同志们》。1950 年 8 月，这些短文和复信被汇集成《马克思主义和语言学问题》一书出版。书的内容包括：(1) 在论述语言和上层建筑的根本区别时，对经济基础和上层建筑的概念作了明确规定，指出经济基础是社会在一定发展阶段上的经济制度，上层建筑是社会的政治、法律、宗教、艺术、哲学的观念，以及同这些观点相适应的政治、法律等设施。(2) 提出了生产关系是生产力和上层建筑之间的中介的观点，认为上层建筑是通过经济的中介、通过基础的中介，同生产仅仅有间接的联系，因此上层建筑反映生产力发展水平的变化，不是立刻、直接反映的，而是在基础变化以后，通过生产变化在基础变化中的折光来反映的。(3) 提出了质变的两种形式，即爆发式和非爆发式，认为爆发式主要表现为"一次决定性的打击"，一下子完成新旧更替；而非爆炸式则表现为经过逐渐衰亡来逐步过渡以实现飞跃，具有逐渐性和长期性。

第二，对社会主义政治经济学的阐述。从十月革命胜利到 20 世纪 50 年代初，苏联社会主义已经经过了 30 多年的实践。50 年代初，斯大林撰写了《苏联社会主义经济问题》一书，对苏联社会主义建设 30 多年的实践作了集中的理论阐述。(1) 提出经济规律和自然规律一样都具有客观性。20 世纪 20 年代，苏联经济学界普遍认为，经济规律只存在于资本主义社会之中，社会主义社会是不存在经济规律的；到了 40 年代，人们逐渐认识到社会主义也存在经济规律，但又把经济规律等同于国家政策、计划经济；到了 50 年代初，仍然有人否定经济规律的客观性，认为苏维埃国家及其领导人可以废除、制定、创造和改造经济规律。针对经济规律上的这些认识，斯大林明确提出，经济规律和自然规律一样都具有客观性，它是不以人们意志为转移的，否认社会主义制度下经济规律的客观性，认为苏维埃政权无所不能，这就会使我们陷入混乱和偶然性之中，并导致取消政治经济学这门科学。同时，斯大林还强调经济规律的可知性，人们可以发现经济规律，认识它们、研究它们、利用它们为社会谋利益。(2) 阐明社会主义经济规律的基本含义。斯大林认为，社会主义基本经济规律，就是决定社会主义生产发展的一切主要方面和一切主要过程的规律，就是决定社会主义生产的本质的东西，它对其他经济规律起主导、制约和决定作用。（3）提出并论证了国民经济有计划按比例发展规律。斯大林认为，在社会主义制度下，社会主义公有制消灭了资本主义的基本矛盾，把国民经济各部门和企业联接成根本利益一致的有机整体，因此，国民经济有计划按比例发展是必然的。（4）阐述社会主义制度下的商品生产问题。斯大林认为，商品生产和商品流通在当时的历史条件下仍是必要的东西，当然，同资本主义商品生产相比，社会主义商品生产有着根本性的差异，社会主义商品生产反映的是联合起来的社会主义劳动者之间的互助互利关系，它注定是为社会主义事业服务的。（5）阐述价值规律。斯大林认为，在生产领域，价值规律起着影响作用。国家在发展国民经济时，仍然要利用价值规律来进行经济核算，算成本，获得盈利；而在流通领域，价值规律在一定范围内同样保持着不同程度的调节作用。当然，斯大林也认为，在社会主义制度下，价值规律的作用是受到限制的，其对商品流通只起到调节作用，对商品生产只起到影响作用。

第三，对科学社会主义理论的探索。作为苏联党和国家的最高领导人，斯大林在领导苏联社会主义建设的同时，在理论上也作出了一定的贡献。这些理论贡献集中体现在他所撰写的《论列宁主义基础》《托洛茨基主义还是列宁主义？》《论列宁主义的几个问题》《论联共（布）党内的右倾》《关于苏联宪法草案》等著作和报告中。内容主要有：（1）系统论述列宁的建党学说，把列宁主义党的特点概括为六个方面，即"党是工人阶级的先进部队""党是工人阶级有组织的部队""党是工人阶级组织的最高形式""党是无产阶级专政的工具""党是意志的统一，是和派别组织的存在不相容的""党是靠清洗自己队伍中的机会主义分子而巩固起来的"。（2）提出"无产阶级专政是无产阶级革命的工具"，"是无产阶级对资产阶级的统治"，"苏维埃政权是无产阶级专政的国家形式"等思想，发展了无产阶级专政学说。（3）针对托洛茨基等认为苏联一国建成社会主义的断言，提出一国建成社会主义的理论。（4）总结苏联社会主义建设的经验，提出了向共产主义过渡的基本条件，包括要切实保证整个社会生产的不断增长，逐步实现集体农庄所有制向全民所有制的过渡，大力发展文化教育。

斯大林的上述思想，在理论上丰富了马克思主义，对马克思主义的发展作出了一定的贡献；在实践上对于处理、解决社会主义社会中的各种社会矛盾也具有积极意义。当然，我们也要看到，斯大林的一些思想也是有缺陷的，比如，他在对辩证唯物主义与历史唯物主义之间关系的阐述上，只把作为"党的世界观"的辩证唯物主义归结为自然观，而把历史唯物主义仅仅说成是自然观在社会历史领域的推广和应用，就忽略了马克思、恩格斯对自己历史观的高度重视。再如，斯大林在《马克思主义和语言学问题》中关于上层建筑"随着基础的消灭而消灭，随着基础的消失而消失"的表述就是不确切的。因为全部上层建筑是由政治上层建筑和道德、艺术、哲学、宗教等意识形态两部分构成，意识形态具有程度不同的独立性和继承性，除了受经济基础决定外，它还有自身的发展关系和继承关系，在新旧上层建筑的交替过程中，意识形态并不同时随着经济基础的变化或消灭而立即变化或消灭。斯大林不确切的表述，反映了他对意识形态相对独立性和继承性的否定。再如，他所提出的"党是靠清洗自己队伍中的机会主义分子而巩固起来的"观点，就片面强调了"清洗"和"集中"的作用而忽略了党内民主等，后来苏联在党的建设方面出现的肃反扩大化的失误和这个认识不无关系。

二、斯大林对社会主义建设的理论与实践探索

斯大林在领导苏联社会主义建设的过程中，就社会主义经济、政

治、文化建设等问题进行了多方面的思考和探索。实践已经证明，这些思考和探索，既有合理性的一面，也存在重大的历史缺陷。

（一）关于社会主义工业化的理论与实践

1925 年 12 月，联共（布）十四大提出了实现社会主义工业化的总路线。为了贯彻这条总路线，斯大林在领导苏联社会主义工业化建设的过程中，就社会主义工业化的中心、速度、资金来源等问题展开了论述。

苏联工业化的中心和基础应该是发展重工业。斯大林认为，资本主义国家的工业化通常是从轻工业开始的，而苏联则必须从发展重工业开始。斯大林为此提出的理由是：首先，优先发展重工业，符合马克思主义关于再生产的理论；其次，只有优先发展重工业，才能从技术上改造整个国民经济，从经济上摆脱资本主义的控制，保障国家的独立自主性；再次，优先发展重工业，可以提供更多的农业机器，从而满足促进农业发展、巩固工农联盟的需要；最后，只有优先发展重工业，才能建立强大的国防工业，以先进武器装备军队，才能有效地防止和反击帝国主义的入侵，保卫社会主义建设的顺利进行。

斯大林不仅主张优先发展重工业，而且还强调高速度。在斯大林看来，速度问题是关系到国家生死存亡的问题。他以德国为比较对象，认为假如苏联有德国那样先进的技术，有德国那样发达的工业，那么就不必担心落后在资本主义国家的后面，赶超的任务就不必像现在这样迫切了，可惜苏联在经济技术上远远落后于德国，不得不以飞快的速度赶上去。后来在克里姆林宫举行的红军学院学员毕业典礼上，斯大林再次强调了高速度实现工业化的紧迫性，他指出，如果不能在最短期间解决工业化这个任务，我们这个技术薄弱和文化落后的国家就会丧失自己的独立而变成帝国主义列强的玩物。在此基础上，斯大林又从四个方面指出了高速度实现工业化的可能性：有足够的供经济发展需要的丰富的矿藏和农业资源；有受到千百万劳动人民拥护的苏维埃政权；有可避免资本主义危机的计划经济；有共产党的正确领导。

资金积累是高速度实现工业化的关键。斯大林通过比照历史上解决工业化资金来源的几条道路，论述了苏联解决工业化资金的办法。他指出，历史上解决工业化资金的来源主要有三条道路：一是依靠长期对殖民地的掠夺来积累资金，如英国；二是向战败国索取赔款作为工业化资金，如德国；三是在受奴役的条件下借外债发展工业，如旧俄国。斯大林认为解决苏联工业化的资金问题不能靠上述办法，前两种办法同社会主义制度不相容，第三种办法会使苏联人民再受到帝国主义的奴役。因此，苏联只能走一条历史上从未有过的也是唯一的社会主义积累的道路，那就是通过国内积累的办法解决资金来源问题。这包括：被剥夺的地主的土地和资本家的工厂所形成的全民财产，被废除的沙皇政府所付的大量债务和利息，国营企业的收入，对外贸易的收入；国营商业对内贸易的收入，国家银行的利润。此外，斯大林还把工农业产品价格的"剪刀差"作为积累工业资金的重要手段。

在斯大林的领导下，苏联迅速实现了工业化，到1937年，工业产值已经超过了德国、英国和法国，跃居欧洲第一位、世界第二位，并建立起了以重工业为中心的、工业部门齐全的工业体系，为在第二次世界大战中打败法西斯主义奠定了基础。但我们也要看到，高积累、高速度、优先发展重工业，是在苏联十分落后且又面临帝国主义威胁的特定历史条件下所采取的工业化方式，其在带来工业化高速发展的同时，也付出了沉重的代价。由于忽视农业和轻工业，造成国民经济的比例和工业内部的比例长期不协调，农业和轻工业的发展远远落后于国民经济发展的需要，人民的生活水平没有随着工业化的进程而得到同步改善。

（二）集体农业化的理论与实践

如何把农民引上社会主义道路，是马克思主义关注的一个重要问题。恩格斯在晚年提出了通过合作社改造小农经济的思想。列宁在十月革命胜利后，也阐述了对小农经济进行社会主义改造的原理和原则，并领导创建了多种形式的社会主义农业。斯大林努力实践马克思主义关于逐步引导农民走上社会主义道路的思想，大力推进农业集体化，领导苏联在世界上第一个实现了农业集体化。

在列宁逝世的当年，斯大林撰写了《论列宁主义基础》一文。在这篇文章中，斯大林从苏维埃俄国农业和西方农业区别的角度论述了小农经济走合作社道路的必然性，强调苏联由于存在苏维埃政权和国家掌握国民经济命脉，就不容许走资本主义发展道路，而要通过合作社吸收农民参加社会主义建设。1927 年，联共（布）十五大通过了关于农业集体化的决议。斯大林在大会政治报告和《论苏联土地政策的几个问题》《答集体农庄庄员同志们》《胜利冲昏头脑》等演说和文章中，继续阐发了列宁的农业合作社思想，批判了当时反对农业集体化的论调和在实现集体化过程中存在的"左倾错误"。但情况很快发生了变化。随着苏联工业化的推进，高速的工业化同落后的农业之间的矛盾日益加剧，再加之 1927 年底和 1928 年初发生的粮食收购危机，促使斯大林选择了加速农业集体化的道路。他认为，之所以出现粮食收购危机，直接原因是富农对粮食的囤积，而深层次原因则是由于小农经济是"最没有保障、最原始、最不发达"的经济，它创造的粮食商品率是极低的。因此，苏联农业的"出路就在于把分散的小农户转变到以公共耕种制为基础的联合起来的大农庄，就在于转变到以高度的新技术为基础的集体耕作制"，"利用农业机器和拖拉机、采用集约耕作的科学方法的大农庄。别的出路是没有的"①。斯

---

① 《斯大林全集》第 10 卷，人民出版社 1954 年版，第 261 页。

大林于是认为，要摆脱农村工作的被动局面，要摆脱城市缺粮和国家工业化受阻的困境，就必须发起集体化、创建集体农庄。

1929 年 4 月，斯大林在《论联共（布）党内的右倾》演讲中，宣称苏联已经具备大量发展集体农庄和国营农场的条件，要求开展建立集体农庄和国营农场的群众运动。在这一思想指导下，苏联当年下半年就进入了全盘集体化阶段，并迅速在全国掀起农业集体化高潮。第一次高潮出现在 1930 年初。1 月 5 日，联共（布）中央作出《关于集体化的速度和国家帮助集体农庄建设的决议》。决议公布后不久，各地集体化运动迅猛发展，并出现了违反自愿原则，不顾地区差别盲目追求集体化比例以及违反集体农庄基本形式规定等过火行动。2 月下旬，联共（布）中央着手纠正"左"的冒进错误，斯大林也对集体化中出现"左"倾冒进错误进行了批判，但他又强调纠错不是退却，纠正"左"的错误是为了胜利地同右倾错误作斗争，右倾仍然是主要危险。在这样思想的指导下，1930 年 6 月后，全国再次掀起了农业集体化的高潮。1939 年，斯大林在联共（布）十八大上宣布，集体农庄已经最终地巩固和确立起来了。

应该说，苏联实现农业集体化是社会主义发展史上的一个创举。但在理论探索和具体实践过程中，却又背离了恩格斯、列宁有关理论和实践要求。比如，恩格斯、列宁都把改造小农经济看作是一个长期和复杂的过程，但斯大林却忽视了改造小农经济的长期性和复杂性，急于求成，急躁冒进。再如，列宁特别强调引导农民走合作化道路要坚持自愿原则，但斯大林虽然也讲要遵循自愿原则，但实际上是通过行政化手段自上而下地强制推行全盘集体化，对农民不进行耐心细致地揭示和说服，而是从上边发号施令限期加入。因此，从某种程度上讲，农业集体化并没有很好地激发农民的积极性，再加上组织和管理不善，导致劳动率低下，农业生产一直徘徊不前，直到 20 世纪 50 年代初期，苏联粮食的产量才超过第一次世界大战前的水平。

(三) 建立社会主义政治体制的理论与实践

第一，做出苏联社会主义制度基本形成的判断。1936 年，斯大林在全苏维埃第八次非常代表大会上作了《关于苏联宪法草案》的报告。在这个报告中，斯大林宣布，苏联已经基本上实现社会主义，建立了社会主义制度。斯大林凭什么做出这个判断呢？原因有三：一是阶级关系发生了重大了变动。斯大林在分析阶级变动时提出，社会主义改造之初，在工业、农业和商业部门都存在资本主义分子，但"通过无产阶级的残酷的阶级斗争"和工业化、农业集体化的实现，苏联已经取得决定性胜利，资本主义经济在苏联已经被消灭。苏联在工业方面已经没有资本家阶级，在农业方面已经没有富农阶级，在商品流转方面已经没有商人和投机者，而只有工人阶级、农民阶级和知识分子了。二是民族关系发生了重大变动。斯大林认为，在 1924 年通过第一部宪法时，各族人民间的关系还没有得到应有的调整，对大俄罗斯人的不信任心理还没有消失。随着社会主义改造的完成，培植民族不信任心理的剥削制度已经消失，各族人民在经济和社会生活一切方面已经切实实行互助，苏联各族的民族文化都有了蓬勃发展。三是国家职能发生了重大变化。斯大林认为，从十月革命到剥削阶级被消灭为止的这一段时间里，国家的基本职能是镇压国内被推翻的阶级、防止外来的侵略和组织经济文化工作。但随着城乡资本主义分子的消失，国家的职能也随之发生变化，镇压国内被推翻的阶级的职能已经被保护社会主义财产免遭盗贼的职能所代替，而国家机关的经济组织工作和文化教育工作的职能则得到了充分的发展。

第二，阐述苏联政治体制的实质和特征。任何国家都有自己的国体和政体，国体体现国家的阶级性质，政体体现国家政权的组织形式。斯大林认为，苏维埃政权是无产阶级专政的国家形式，是最能够团结一切劳动人民，实行无产阶级政治领导的最有效的群众组织。由于它是群众本身的直接组织，因而是最民主也是最有权威的组织。这种组织能尽量便利群众参加新国家的建设和管理，能尽量发挥群众在破坏旧制度的斗争中、在建设无产阶级新制度中的革命毅力、首创精神和创造能力。因此，斯大林认为，苏维埃共和国就是那个找了很久而终于找到了的政治形式，在这个形式的范围内必将完成无产阶级的经济解放、社会主义的完全胜利。

第三，论证实行共产党一党存在的根据。同资本主义国家大多实行多党制不同，苏联实行的是共产党一党存在的制度。这种制度在俄共（布）十一大上被确认下来，1936 年通过的新宪法也毫无变动地保留了共产党一党存在及其领导地位。在苏联国内，一党存在的制度也引起了一些人的怀疑和责备，认为这种制度违反了民主主义的原则。针对这些责备，斯大林从政党存在的基础论证了苏联一党存在的根据。斯大林认为，阶级的存在是政党的基础，政党是阶级的先进部分。政党自由，即多党的存在，只有在利益敌对而不可调和的对抗阶级的社会里才会存在。可是，在苏联已经没有剥削阶级的存在，而只有利益一致、互相友爱的工人和农民两个阶级存在，所以，在苏联也就没有几个政党存在的基础，而只有一个党即共产党存在的基础。应当指出，苏联实行一党存在制度是历史条件造成的，并不具有普遍的意义，这也为后来其他社会主义国家的实践所证明。因此，斯大林关于苏联只能有共产党一党存在的论证是不全面的。

第四，分析党与苏维埃政权及其他群众组织的关系问题。既然实行共产党一党存在的制度，那么党在无产阶级专政的国家中的地位和作用是什么？党政关系以及党和其他群众组织的关系如何呢？斯大林对此作了分析。斯大林认为，党是无产阶级专政的工具，在无产阶级专政体系中，党是主要领导力量，只有党才能统一并指导无产阶级群众走向无产阶级解放的目标，这是由党是无产阶级先锋队的性质决定的。对于党和无产阶级群众组织的关系，斯大林认为，无产阶级的群众组织包括工会、苏维埃、合作社、青年团及其它们在中央和地方的许许多多的支脉，这些组织都具有相对独立性，党不能也不应代替工会、苏维埃以及其他群众组织。如果没有这些组织，就不能有巩固的专政。在这个意义上，斯大林是反对把党和苏维埃及其他群众组织等同起来，并取而代之的。斯大林还特别谈到党和苏维埃政权的关系。他指出，党掌握政权、管理国家，然而不能把这一点理解为党是越过国家政权、不要国家政权而实现无产阶级专政的，不能理解为党是越过苏维埃政权、不通过苏维埃而管理国家的。党是政权的核心，但它和国家政权不是而且不能是一个东西。谁把党的领导作用和无产阶级专政等同起来，谁就是以党代替苏维埃即代替国家政权。可以看出，斯大林在理论上是注意到了党政分工的问题。但在他担任苏联最高领导人的实际工作中，党政不分、以党代政的现象却十分普遍，这也成为苏联高度集权的重要原因之一。

第五，批判官僚主义。高度集权的政治体制，必然带来官僚主义的盛行。斯大林也认识到官僚主义对国家政权建设的危害性。在联共(布)十五大到十七大的报告中，斯大林都谈到要反对官僚主义。在斯大林看来，官僚主义有多种表现形式，包括机构臃肿、开支庞大、独断专行、压制民主、办事拖拉、文牍主义。如何反对官僚主义呢？斯大林认为，既要有来自上面的监督和批评，更要有来自下面的监督和批评，只有上下两方面都施加压力，官僚主义才能无处藏身。斯大林还建议工农检察院要吸收广大工农群众，揭发官僚主义，参与国家管理，主张对官僚主义分子作严肃的处理，把他们从党和国家的管理机关中驱逐出去。鉴于国家机构庞大臃肿，斯大林多次实施精简机构，裁减冗员，节俭行政开支。所有这些，对于改善国家机关工作，提高行政办事效率都起到了积极作用。但由于没有从根本上改变过于集权的政治体制，因而在反对和消除官僚主义方面总的来说成效不大。

三、苏联模式的形成

列宁逝世后，斯大林逐步确立了在党内的领袖地位。在斯大林领导苏联社会主义的过程中，整个国家的经济社会发展水平有了很大的提升，但也逐渐形成了以高度集中为主要特征的苏联社会主义模式。这种模式不仅给苏联的社会主义事业带来了消极影响，也给其他社会主义国家带来了消极影响。

（一）苏联模式的主要内容和基本特征

什么是苏联模式，历来众说纷纭。但总体而言，苏联模式，一般是指在斯大林时期所形成的以高度集中为主要特征的经济社会发展模式。

经济方面，一是强调生产资料的公有制。苏联生产资料公有制，主要采取全民所有制和集体所有制两种形式。全民所有制，主要是通过革命胜利之初无偿剥夺资本家企业实现国有化和社会主义工业化建立的；集体所有制，主要是农业中的集体农庄合作社所有制，是通过群众性的农业集体化运动建立的。全民所有制是公有制的高级形式，集体所有制是公有制的低级形式。集体所有制必须逐步向国家所有制过渡，最终实现单一的全民所有制。同时苏联还规定，不允许存在社会主义私有制，也不主张发展个体所有制。二是强调高度集中的经济管理体制。在国家与企业的关系上，国家机关既是企业的所有制，也是直接的经营者，企业只是国家计划的执行单位，没有经营自主权，只能无条件地完成国家计划任务，企业经营的好坏与企业基本没有关系。在计划与市场的关系上，无论是整个经济社会的运转，还是企业的经营，都是靠国家下达的指令性计划来完成，市场在经济生活中处于被排斥的地位。在经济管理的方法上，国家主要按照行政隶属关系，通过行政命令、行政干预来实现对经济的管理。

政治方面，权力高度集中，民主监督机制不健全。在中央与地方关系上，中央高度集权。同 1924 年宪法相比，1936 年宪法加强了中央权力，限制和缩小了加盟共和国和地方的权限，使行政区划权、立法权和经济管理权进一步向全联盟集中。在党政关系上，各级权力向党的部门集中。苏联是一党制国家，共产党作为执政党，党政不分，以党代政现象非常严重，党组织直接干预政府日常事务的现象极为普遍。权力高度集中最突出的表现是最高权力集中于斯大林一人身上。1922 年苏联设立总书记一职。1922 年至 1941 年，斯大林还只任总书记一职。在卫国战争时期，斯大林以总书记的身份兼任人民委员会主席和国防委员会主席，集党政军大权于一身，直到逝世。

苏联政治体制的另一主要特征就是民主监督机制不健全。列宁在世时，比较注重民主集中制建设，强调要对党员领导干部加强监督。列宁逝世后，党内民主氛围渐淡，监督机制逐渐弱化。到斯大林后期，实际上党内已经不允许存在不同意见。比如，党的代表大会是实现民主监督的一种重要形式，列宁在世时，大会会按时召开。斯大林担任领导时，最初是一年召开一次，后来改为两年召开一次，最终改为五年召开一次。而实际上代表大会经常被拖延，不能按时召开。1939 年以后竟有13 年没有召开党代会。不仅如此，中央全会的次数也越开越少，党的重大决定往往由斯大林一个人说了算，党员的民主权利没有得到很好的落实，领导干部所受到的监督越来越少，特权现象大量存在。

对文化和意识形态领域进行严格管制。列宁在世时，曾提出过文化革命的任务，认为没有文化革命，就没有真正的社会主义。斯大林继承了列宁的这一思想，对文化建设给予高度重视，推动了苏联教育、科学、文化事业的发展。但与此同时，严格的管制在文化和意识形态领域也不断得到强化。苏共对文化和意识形态的管制主要采取了两种方式：一是监控书报文献信息的传播，二是采取意识形态批判。对于书报文献的出版和传播实行适当的监督控制，一般来说都是必要的，对于新生的苏维埃国家显得尤为重要。但问题在于，在实际工作中，无论是对书报文献出版传播的监控，还是对意识形态的批判都超越了必要的界限。比如在 1925 年展开所谓"布尔什维化运动"，提倡"意识形态 100%的纯洁性""100%的布尔什维主义"；在 30 年代，斯大林又提出要警惕"中间居民阶层"的"不健康情绪"，"克服经济中和人们意识中的资本主义残余"[1]。确切地说，从 20 年代中后期到 50 年代初，苏联大大小小的意识形态批判运动，几乎不曾间断过。苏共由于不恰当地估计阶级斗争的形势，过多地进行意识形态批判，使得人们的思想和理论的创新受到极大的禁锢。

（二）苏联模式形成的主要原因

苏联模式的形成，有着深刻复杂的历史和现实原因，概括起来主要有以下几个方面的原因：

第一，复杂的国际环境。十月革命后，苏俄的建设和发展始终面临着恶劣国际环境的影响。1917 年 11 月 30 日，英法等协约国在巴黎召开会议专门讨论如何对待苏维埃俄国问题。1918 年 2 月，美国驻俄大使弗兰西斯在给美国政府的一份报告中，认为苏维埃俄国正面临重重困难，西方国家应当利用这一机会进行武装干涉。第一次世界大战结束以后，西方资本主义国家对苏维埃俄国的武装干涉进入高潮。时任英国陆军大臣的丘吉尔将布尔什维克党描绘成"很快就会把俄国拖回到动物形态的野蛮时期"的"残暴的大猩猩"，为了推行扼杀苏维埃俄国的方针，甚至提出保留德国军队以便"将布尔什维克掐死在摇篮里"。后来，西方国家出于自身利益考虑先后承认了苏联并且在一定程度上开展经贸往

---

[1] 《斯大林全集》第 13 卷，人民出版社 1985 年版，第 3—9 页。

来，但是，它们并没有也不可能消除对苏联的敌视。它们想方设法在政治上孤立、经济上封锁、军事上消灭苏联。可以说，十月革命胜利后，战争的阴影一直笼罩着苏联的每一角落。在这样的国际环境下，作为力量薄弱的一方，苏联始终感受到巨大的生存与发展压力。到了 30 年代，资本主义国家中一些法西斯政权上台，纷纷掀起军事竞争，更使其对社会主义的威胁从潜在变为现实。为了巩固和捍卫社会主义制度，为了应对可能到来的战争，苏联的经济体制不能不带有备战色彩，与此相适应的政治管理体制也必然是高度中央集权的。因为只有这样，才能集全国之力快速地实现工业化，才能实现对西方资本主义国家的"赶超"。

第二，激烈的党内斗争。列宁逝世后，联共（布）党的领导层围绕党的领导权等一系列重大问题，暴发了多次激烈的斗争。最初是斯大林、加米涅夫、季诺维也夫同托洛茨基反对派的斗争，接着是斯大林、布哈林、季诺维也夫与以加米涅夫为首的新反对派的斗争，然后是斯大林等同托—季联盟的斗争，最后是斯大林同布哈林的斗争。这一系列斗争最终以斯大林的完全胜利而告终。斯大林在每一次斗争胜利后都扩充了自己的权力，加强了自己的地位，为主要大权集于一身奠定了基础。随着斯大林地位的巩固，党内论争的解决方式日趋激烈。最初，错误意见者受到批评、警告，接着是解职和清除出党，最后竟发展到从肉体上加以消灭。斯大林以维护党的统一之名，对持有不同意见者采取严厉的措施，压制党内批评，破坏党内民主，为他个人专断提供了基础。

第三，工业化的迫切要求。在十月革命前，沙俄就是资本主义链条中最薄弱的环节，国家总体生产力落后，生产方式主要以小农经济为主，工业发展水平非常低。十月革命虽然推翻了沙皇的专制的统治，但生产力水平并不会一下子发生翻天覆地的变化。到 1925 年底，苏联仍是一个落后的农业大国。为了应对内外威胁，苏联必须大力推进工业化的历史进程，压缩实现工业化的时间。而在当时的国际环境下，苏联发展工业，只能自力更生，依靠国内工农业的积累，甚至利用工农业产品价格的"剪刀差"剥夺农民的利益。实现这样的目的，苏联共产党只能借助强有力的行政力量，通过对国民经济实行高度集中的计划管理，才能掌握和使用有限的经济资源解决经济社会发展中出现的问题。这是苏联逐步形成中央高度集权、排斥市场机制的经济体制的重要原因。

第四，历史传统因素。历史上，俄国曾长期是一个封建的军事帝国，专制主义特别是皇权主义根深蒂固。当世界资本主义进入垄断阶段以后，列宁还一再声称俄国是"军事封建帝国主义"，是"军事官僚式的帝国"。在经济上，十月革命前，俄国的资本主义经济还带有浓厚的封建关系。这就是说，俄国虽已进入垄断资本主义即帝国主义阶段，但在经济与政治方面仍然保留着浓厚的封建传统的特点。俄国资本主义在相当大的程度上是在封建主义体制中运行的。正如列宁所言，俄国的"现代资本帝国主义可以说是被前资本主义关系的密网紧紧缠绕着"①。在这种政治经济条件下，沙皇长期实行的是专制制度，国家最高权力掌握在沙皇一人手中。正如列宁在 1922 年指出的，苏维埃国家机构仍是"从沙皇制度那里接收过来的，不过稍微涂了一点苏维埃色彩罢了"②，它们"仅仅在表面上稍微粉饰了一下，而从其他方面来看，仍然是一些最典型的旧式国家机关"③。这样的历史传统，很大程度上影响了苏联人民的行为方式和价值取向。同时，苏联党对封建专制主义缺乏系统深刻的批判，也使得苏联模式不可避免地带有很深的历史传统的痕迹。

（三）全面认识和评价苏联模式

如何评价苏联模式，首先需要一个科学的方法。列宁曾经说过："在分析任何一个社会问题时，马克思主义理论的绝对要求，就是要把

---

① 《列宁选集》第 2 卷，人民出版社 1995 年版，第 644 页。
② 《列宁选集》第 4 卷，人民出版社 1995 年版，第 755—756 页。
③ 《列宁选集》第 4 卷，人民出版社 1995 年版，第 779 页。

问题提到一定的历史范围之内。"① 今天，我们认识、评价苏联模式，既不能简单地以今天的眼光评价，也不能离开具体现实抽象地评价，而应将其放到特定的历史条件下加以考察。

苏联模式是历史的产物，适应了经济文化落后国家建设和发展社会主义的需要。十月革命前的俄国，是资本主义链条上最薄弱的环节。1913 年，俄国的工业总产值只占世界工业总产值的 2.6%，相当于美国的 6.9%，英国的 22%，德国的 17.2%。第一次世界大战使俄国的工业生产能力进一步下降。斯大林曾说，苏联比西方国家落后 50 到 100 年。而到了 1940 年，苏联整个工业生产能力比 1928 年提高了 9 倍。根据西方经济学家的计算，苏联国内生产总值从 1929 年到 20 世纪 50 年代中期平均增长率为 6.7%，超过了当时绝大多数国家的发展速度。

苏联模式在特殊时期可以集中全国力量办大事，从而成就了卫国战争的伟大胜利。2002 年 1 月，俄罗斯总统普京在即将访问波兰之前接受波兰记者采访，应邀回答有关斯大林在俄罗斯历史上的功过时说道，斯大林是一个独裁者，这毋庸置疑，但问题在于，正是在他的领导下苏联才取得了伟大卫国战争的胜利，这一胜利在很大程度上与他的名字相关联，忽视这一现实是愚蠢的。卫国战争的最后三年，苏联每年能生产 4 万架飞机，3 万辆坦克，12 万门大炮，45 支机关枪，200 多万支冲锋枪。1945 年 1 月，苏军的装备同德军相比，占绝对优势。这些都体现了在苏联体制形成初期所具有的独特优越性和强大的动员能力、工业生产能力。

作为社会主义建设的初始模式，苏联模式为其他社会主义国家也提供了一定的借鉴意义。对于当时许多新建立的社会主义国家来说，如何建设社会主义是没有经验可以借鉴的，而苏联模式在初期所取得的巨大成就对这些国家来说无疑具有强大的示范效应。正如布热津斯基所言：

---

① 《列宁全集》第 25 卷，人民出版社 1998 年版，第 229 页。

"这种趋势不可避免地促使新创立的几十个原殖民地国家最初采用各种各样国家社会主义建国方针。其中不少国家最初是从苏联的经验中寻求灵感，并把苏联的经验当作仿效的样板……在50年代和60年代许多第三世界国家赞颂苏联模式是实现现代化和社会主义的最佳最快的途径。"①

当然，苏联模式也存在明显的缺陷，有些还非常严重。东欧剧变、苏共解体，都是这种模式带来的直接后果。第一，阻碍了社会主义改革的步伐，使自身的生机与活力逐渐丧失。第二次世界大战以后，世界发生了以原子能、电子计算机、航天技术等为标志的第三次科技革命。科技革命的迅猛发展，极大地改变了整个世界的社会经济面貌，从而也必然要求每一个国家对不适应生产力发展要求和落后于时代步伐的经济政治体制进行改革。引领第三次科技革命的西方资本主义国家展现了较强的自我调整能力。资本主义国家通过财政政策、货币政策、社会福利政策等政策措施实现了资本主义制度的改革和完善，资本主义制度获得了自我调节、缓解矛盾、平衡各种利益的能力。而反观苏东社会主义国家，人们对社会主义已经形成了一种形而上学的观念，认为社会主义制度一旦建立，就已经完美无缺，不可能有任何弊病，因此也不需要有任何改革。谁讲改革，就会被认为是给社会主义抹黑，是否定社会主义的优越性。虽然苏联为了消除经济、政治体制中的弊端，不同程度地进行了尝试性的改革，但由于缺乏自觉性、协调性和科学的理论指导，改革只能停留在头疼医头、脚疼医脚，浅尝辄止的水平。到20世纪80年代，苏东国家同西方国家在科技、经济领域的差距进一步拉大，社会危机重重。可以说，"正是斯大林主义文明的成就导致了马克思列宁主义的帝国主义学说所明确规定了的僵局。"② 在这一背景下，戈尔巴乔夫在"新

---

① [美]兹·布热津斯基：《大失败——二十世纪共产主义的兴亡》，军事科学出版社1989年版，第10页。

② [美]郝伯特·马尔库塞：《苏联的马克思主义：一种批判的分析》，中国人民大学出版社2012年版，第39页。

思维"的口号下，提出了加快以体制改革为内容的"加速战略"，却在推行"根本的经济改革"中葬送了社会主义。

第二，阻碍社会主义对资本主义优秀文明成果的吸收，使发展中出现了明显的"温室效应"。自十月革命胜利以后，社会主义制度与资本主义制度之间的斗争就没有停息过，只是随着力量对比的变化，斗争的形式和内容有所不同而已。长期以来，苏联在处理与资本主义关系的问题上，存在着一种明显的偏颇，即只看到两种制度之间的对立和斗争，而看不到两者之间相互吸收、相互借鉴和一定条件下合作的可能性，把资本主义社会里的一切文明成果都看成是姓"资"的，看成是同社会主义不相容的"糟粕"。这样认识的直接后果，就是使经济文化相对落后的社会主义国家无法吸收发达资本主义已有的生产力成果，将本来属于人类共有的文明成果赋予资本主义性质而加以排斥。比如市场经济问题。苏联经济体制和经济运行的病根子，就是始终未能处理好市场和计划的关系，机械地把社会主义看成是计划经济，把市场经济等同于资本主义。虽然苏联在市场与计划关系问题上的认识几起几落，但一个不争的事实是，直到 20 世纪 80 年代初，苏联仍有 95% 左右的物资仍由国家统拨，这就大大限制了社会主义建设的生机与活力。在文化领域，苏联动用各种舆论工具，对资本主义思想文化，无论是精华还是糟粕，一概地加以拒绝和批判。由于同外界隔绝，苏联很难了解西方资本主义新科技革命和思想革命对社会生产力的巨大推动作用，使苏东社会主义的发展出现了明显的"温室效应"。而闭关自守的条件一旦不存在了，接踵而来的必然是社会解体的过程，其情形就如温室内的鲜花一旦遭遇冰霜就会枯萎一样。随着戈尔巴乔夫进行的所谓"公开化""自由化"改革的实施，随着"西风欧雨"的纷至沓来，长期处于封闭、与世隔绝中的苏东国家立即呈现出瓦解之势。

四、东欧剧变与马克思主义的曲折发展

第二次世界大战结束后不久，世界就进入美苏争霸的冷战时代。在这一大背景下，从 20 世纪 50 年代开始，为解决自身发展中面临的矛盾和问题，苏联和东欧的社会主义国家纷纷进行尝试性改革，但由于缺少正确的指导思想，改革取得的成效有限，没有从根本上解决原有体制的弊端。80 年代末至 90 年代初，苏联东欧国家在内部多重矛盾和外部和平演变的共同作用下，改革最终变成了改向，由此导致苏联解体、东欧剧变，世界社会主义运动遭遇严重挫折。

（一）苏联和东欧社会主义国家的改革

以高度集中的计划经济体制为特征的苏联模式，在历史上特别是第二次世界大战期间曾发挥了重要的积极作用，被一度认为是发展社会主义的唯一模式。但随着时间的推移，这一高度集权的体制弊端也逐步暴露出来，由于管得过多、统得过死，基层单位缺乏发展生产和改进经营的动力，一些社会主义国家出现了经济发展减慢、效益低下、人民生活改善乏力等问题。为解决原有体制积累的众多问题和应对西方资本主义国家经济社会发展带来的冲击，从 20 世纪 50 年代开始，苏联和东欧社会主义国家分别对经济体制、政治体制进行了改革。在这一过程中，苏联和东欧国家的改革大致经历了改革的尝试、高潮、挫折和新浪潮等阶段。

社会主义社会的发展要经历哪些阶段、如何正确认识当前所处的发展阶段等社会主义发展阶段理论，是社会主义国家制定发展战略、推进经济政治体制改革的理论依据。如果对这些理论问题的认识出现偏差，就会直接影响社会主义建设的路线、方针和政策，进而影响社会主义国家经济社会的发展。就苏联而言，从赫鲁晓夫、勃列日涅夫到安德罗波夫、戈尔巴乔夫，不同的领导人对社会发展阶段的定位也不尽相同。赫鲁晓夫在社会发展阶段问题上，基本继承了斯大林的观点，而且比前任更加"激进"，更急于向共产主义过渡，提出了"全面建设共产主义"的理论。其领导的苏联共产党的党纲中曾一度提出，20 年内基本上建成共产主义社会。这种急于向更高阶段过渡的冒进思想，给苏联和其他社会主义国家的发展理论与实践带来了严重危害。勃列日涅夫上台后，着手纠正急于向共产主义过渡的理论，重新评估苏联社会主义的发展阶段，提出"苏联已经建成发达社会主义"。这一结论尽管与以往定位相比已经有所回调，但仍然估计过高，与苏联的实际情况相距甚远。安德罗波夫执政期间，认为"发达社会主义论"也不符合实际，将其修改为"发达社会主义起点论"，即苏联处在发达社会主义阶段的起点，而现阶段的主要任务是完善发达社会主义。戈尔巴乔夫上台后，提出了"社会主义完善论"，将原有的"完善发达社会主义"中的"发达"两字去掉，强调现阶段的主要任务是完善社会主义。戈尔巴乔夫曾一度提出苏联处在"发展中的社会主义"阶段，但在 80 年代末 90 年代初他又提出人道的、民主的社会主义，此后苏联的改革理论逐步发生了转向，由完善社会主义转为从根本上否定社会主义。

　　而东欧社会主义国家关于社会发展阶段的理论，在很大程度上受苏联理论的影响，其对社会发展阶段的认识也与苏联相似。在相当一段时间内，东欧社会主义国家曾普遍认为，社会主义仅仅是个比较短暂的过渡性社会，在基本建成社会主义后很快就可以向共产主义过渡。但社会主义建设的教训和改革的实践，促使多数东欧社会主义国家得出新的结论，即社会主义是一个相当长的历史阶段，有其自身发展的阶段。在明确了这一理论前提之后，东欧社会主义各国对社会主义发展阶段的具体划分标准、阶段划分和自身阶段定位进行了探索，作出不同的理论阐释。但受苏联的影响，很多东欧国家在 20 世纪 50 年代末至 60 年代初宣布进入建设发达社会主义的阶段，显然超出了其发展实际。

从实践来看，20世纪50年代至80年代初期，苏联与东欧社会主义国家经历了多次改革历程。1953年斯大林逝世，其后的苏共主要领导人赫鲁晓夫开始着手清除斯大林个人崇拜所造成的后果，并对原有体制进行改革。1956年苏共二十大召开，在大会闭幕当晚，赫鲁晓夫作了题为《关于个人崇拜及其后果》的"秘密报告"。这一"秘密报告"对批判斯大林个人崇拜、促进社会主义民主和法制的完善具有一定的积极意义。但报告对斯大林的集中批判，将苏联出现个人崇拜及其严重后果完全归结为斯大林一人的做法，又造成了苏共党内和人民思想上的严重混乱，引起国内和国际严重的政治风波。赫鲁晓夫作为苏联最高领导人，其推进的改革涉及经济、政治、社会等多方面，是苏联体制改革的发端期，但这次改革并没有触动原有体制本身。继任的勃列日涅夫当政时，苏联开始进行全面改革。在经济改革方面，勃列日涅夫采取了比较慎重的经济政策，将经济管理体制回到赫鲁晓夫之前的"条条"式领导。在政治体制上，勃列日涅夫既继承赫鲁晓夫的改革路线，又逐步纠正前任的一些不成功之处。但总体上看，担任苏联最高领导人长达18年之久的勃列日涅夫，其主导和推进的改革仍未从根本上触及苏联传统的政治经济体制，因而高度中央集权体制的弊端仍在不断积累。此后由于安德罗波夫病重、契尔年科年迈，两人任职时间都较短，因此只是完成了从勃列日涅夫时代向戈尔巴乔夫时代的历史过渡，苏联依然延续着高度集中的政治经济体制。

（二）东欧剧变及其历史教训

东欧剧变，是指20世纪80年代末90年代初的东欧社会主义国家瓦解和苏联解体，其表现就是改旗易帜，放弃社会主义制度，放弃共产党的领导。毫无疑问，东欧剧变是一场悲剧。以苏联解体为例，这个由列宁缔造的、曾有着 93 年历史的政党毁于一旦，存在近 70 年的第一个苏维埃社会主义共和国联盟从世界地图上消失，苏联由一分为十五个国家，其影响一直持续到今天。

若从历史发生的先后次序来看，东欧剧变是从东欧开始的。但究其根源，这一剧变是由戈尔巴乔夫的"新思维"改革引起的。1985 年戈尔巴乔夫上台后，首先推行了新的经济改革，但未能取得明显成效，其后他将改革的重点转为政治改革。1987 年 11 月，戈尔巴乔夫的《改革与新思维》一书出版。该书提倡不分阶级的"民主化"、无限制的"公开性"、无原则的"多元化"以及抽象的"人道主义"。1990 年 7 月，苏共二十八大通过了《走向人道的民主的社会主义》的纲领性声明，把建立人道的民主的社会主义社会作为苏共的目标。但其实质是要以"政治多元化"来否定共产党的领导，以经济民主化来推行私有制，以意识形态多元化来否定马克思主义的指导地位，以国际关系的"非意识形态化"和"人道主义化"来实行投降主义外交政策。苏共二十八大尚未结束，叶利钦等就宣布退出共产党，因此二十八大成为苏共四分五裂和失去政权的开始。此后，苏联政治陷入政治斗争和动乱的泥潭中，主张维护苏共领导权和社会主义选择的"传统派"与反共反社会主义的"激进派"斗争不断。1991 年"8·19"事件爆发，一些不同意戈尔巴乔夫政见的领导人成立了国家紧急状态委员会，在全国实行紧急状态，但该行动在 8 月 21 日便宣告失败。戈尔巴乔夫随后发表声明，辞去苏共中央总书记职务，要求苏共自行解散。苏联各加盟共和国也纷纷宣布独立。1991 年 12 月 21 日，俄罗斯等 11 个独立国家领导人举行会谈，宣布独联体成立，苏联就此终结。

而东欧剧变，则首先从波兰和匈牙利开始。波兰发生巨变的原因是由于党外出现了反对力量。1989 年，波兰统一工人党作出重大妥协，作出政治多元化的决定，有条件承认波兰团结工会的合法性。此后，波兰议会举行大选，团结工会获胜，成为东欧二战后首个由反对派掌权的政府。与波兰不同，匈牙利"改向"的原因则主要是由于党内产生了反对派。1988 年，匈牙利社会主义工人党召开党代会，党内反对派进入最高领导层，执政党内部逐步分裂。1989 年，该党宣布放弃领导地位，实行多党制。在此后进行的大选中，反对党民主论坛获胜，原来的执政党不仅失去政权，在改名后更逐步沦为在野小党。1989 年，德国统一社会党决定施行多党制，拆除"柏林墙"，此后已更名的原执政党在大选中失败，不久民主德国并入联邦德国。此时的东欧社会主义国家如保加利亚、捷克斯洛伐克、罗马尼亚、南斯拉夫、阿尔巴尼亚等，纷纷像多米诺骨牌一样，一个接一个地倒塌，全部换掉了社会主义的旗帜，掉头走上了资本主义道路。

东欧剧变是一个重大而复杂的政治事件，是多重因素综合作用的结果。概括起来，导致苏联东欧剧变的因素大致有以下三类：第一，西方国家实行和平演变战略是东欧剧变的外部原因。和平演变的方式多种多样，但其基本途径不外是两种：一是通过施加政治、经济、军事的压力和思想渗透，促使执政的共产党改变自身的性质和路线，进而实现改旗易帜的结果；二是在社会主义国家内部支持和培植反共反社会主义的势力，以这些所谓的"持不同政见者"、反对派来作为西方的代理人。因此，我们可以说，东欧剧变、苏联解体是西方国家推行和平演变战略的"成果"。第二，社会主义实践中的失误和高度集中的体制弊端未得到克服是东欧剧变的深层原因。尽管苏联东欧国家的社会主义建设曾取得重大成就，但其体制存在的问题和弊端也不少。这些僵化的体制模式所带来的矛盾和弊端，不仅阻碍了社会生产力的发展，也严重制约了人民群众生活水平的提高，普通民众经常陷入"缺医少药""缺油少粮"的困境，生活困难不堪。而一些身居高位的党员领导干部则享受各种特权，党群矛盾、干群矛盾不断激化。第三，苏共领导人戈尔巴乔夫推行"人道的民主的社会主义"路线是东欧剧变的直接原因。从内部因素来看，东欧剧变不仅源于体制的僵化，也源于执政的共产党领导集团的蜕化变质。

特别是苏联共产党的最后一任领导人戈尔巴乔夫提出并贯彻的"人道的民主的社会主义"，成为导致苏东国家政局剧变和制度演变的直接原因。戈尔巴乔夫用"人道的民主的社会主义"来改造党，实质就是要把共产党改变成为资产阶级性质的社会民主党。东欧剧变正是其背离马克思主义、科学社会主义的基本原则的最终结果。

东欧剧变这场历史灾难也给后来者留下深刻的教训。第一，必须坚持和发展马克思主义，既不能教条主义地对待马克思主义，更不能动摇马克思主义的指导地位。教条式地对待马克思主义，从表面上看是尊重甚至膜拜马克思，实际上是扼杀马克思主义的真理性，说起来头头是道、振振有词，但距离不断变化的实际却越来越远。而当长期积累的各种矛盾和问题突然爆发时，苏联和东欧社会主义国家的共产党人又从一个极端走向另一个极端，完全否认马克思主义的指导作用，试图照搬西方的政治经济理论来解决问题，必然遭受了失败。

第二，必须坚持改革不动摇，但社会主义方向不能偏。社会主义作为一种新的社会制度，其产生后必然要经历一个从不成熟到成熟、从不完善到完善的过程。换句话说，社会主义社会中也存在着矛盾，特别是现实的社会主义国家大都建立在经济文化比较落后的水平之上，各种矛盾和问题的解决更需要一个长期的历史过程。唯有在理论上公开承认社会主义社会的矛盾，并且通过改革不断去解决矛盾，才能保持社会主义的生机和活力。但改革必须坚持社会主义的原则，社会主义改革应该是社会主义的自我完善和发展。20 世纪 80 年代，苏联和东欧社会主义国家的共产党逐步放弃了社会主义的基本原则，把改革变成了改向，最终付出了沉重的代价。

第三，必须加强社会主义民主法治建设，坚持和改善党的领导。民主与党的领导的关系，不是相互对立的，而是内在统一的。发展社会主义民主需要依靠党的领导，需要党内民主的带动和推进。苏联和东欧社会主义国家在相当长的时期内缺乏民主法治的制度，执政党内也缺乏民主监督的规定和氛围，这成为其政治制度中的致命弱点。而在后期发展民主时，又错误地将其与党的领导相对立，主动放弃党的领导地位，最终酿成苦果。至东欧剧变前夕，当时许多党政领导干部虽然名义上还是共产党员，但实际上已经成为资本家、特权阶层，他们已经放弃社会主义转而支持资本主义了。一位美国学者曾在 1991 年做过调查，苏共精英阶层中 77% 的干部完全支持资本主义制度。[①] 堡垒最容易从内部攻破，苏共的垮台为其他社会主义国家的共产党提供了深刻的历史教训。

第四，必须高度重视意识形态工作，高度警惕西方的"西化"、分化战略。自 20 世纪 50 年代开始，帝国主义国家就转变策略，力图用和平演变的方式来消灭社会主义制度。邓小平将其比喻成"一场没有硝烟的第三次世界大战"。因此，对于社会主义国家来说，做好意识形态的工作十分重要。

（三）马克思主义在曲折中发展

东欧剧变后，如何认识和评价这一历史事件、社会主义向哪里去、马克思主义怎么发展等成为人们普遍关注的重大问题。一些人哀叹，苏联崩溃就是为马克思主义唱挽歌，社会主义已经没有前途，历史已经终结。针对这一问题，邓小平鲜明指出："一些国家出现严重曲折，社会主义好像被削弱了，但人民经受锻炼，从中吸收教训，将促使社会主义向着更加健康的方向发展。因此，不要惊慌失措，不要认为马克思主义就消失了，没用了，失败了。哪有这回事！"[②] 现实的情况也证实了这一判断。正所谓"沉舟侧畔千帆过，病树前头万木春"。一方面，马克思主义在发展中遭受了挫折，受到了种种错误思潮的质疑和挑战，面临着

---

① 顾海良主编：《马克思主义发展史》，中国人民大学出版社 2009 年版，第 527 页。

② 《邓小平文选》第三卷，人民出版社 1993 年版，第 383 页。

严峻考验；另一方面，马克思主义并没有被打倒，道路虽然曲折但前进的方向没有改变，马克思主义理论与实践在世界范围内不断得到进一步的丰富和发展，从而展现出其强大的生命力。

东欧剧变后，马克思主义在世界范围内陷入低潮，但并不意味着它的停滞。马克思主义在经历过 20 世纪末的貌似"山重水复"的局面后，在新的历史时期出现了"柳暗花明"的形势。面对世界历史发生的巨大变化和各种挑战质疑，马克思主义在自我批判中不断开辟出新的发展道路，主要体现在两个方面：社会主义国家的发展和其他国家共产党的壮大。一方面，世界的社会主义国家在认真汲取东欧剧变的教训的同时，努力把马克思主义与本国的具体实际结合起来，不断探索形成具有本国特色的社会主义道路。在世界的东方，自 20 世纪 70 年代末实施改革开放以后，中国特色社会主义事业始终展现出蓬勃的生机与活力，并取得了举世瞩目的伟大成就，经济社会持续健康发展，人民生活水平大幅度提高，综合国力显著增强。除此之外，越南、古巴、老挝、朝鲜等国也根据本国国情提出了各自的建设社会主义的理论和路线，取得不少成绩。这些社会主义国家在当今世界的社会主义运动中发挥着举足轻重的影响，推动着世界社会主义理论和实践的发展与创新。

另一方面，西方发达国家和发展中国家的共产党、进步组织不断壮大，马克思学说得到新发展。在 100 多个资本主义国家中，有 127 个政党是以马克思主义为指导思想或者保持着共产党的名称，党员总数有 700 多万人。[①] 在西方发达资本主义国家，许多国家的共产党在汲取东欧剧变的教训后，更加注重从本国国情、文化特征、历史背景等实际出发，创新理论，提出新的斗争策略。当前，马克思主义和社会主义在西方国家仍然是一股不可轻视的力量。此外，当代西方的许多著名理论

---

① 刘卫卫：《全球非执政共产党对社会主义运动的积极探索》，《中国社会科学报》2015年 3 月 25 日。

家、社会学家，也都与马克思主义有着千丝万缕的联系。例如，法国的德里达、德国的哈贝马斯、英国的吉登斯、美国的詹姆逊，等等。与此同时，转型国家和发展中国家的共产党和进步组织也得到了不同程度的发展。

尽管马克思主义曾历经高潮、低潮、推进、反复、成功、挫折，但正如黄河九曲十八弯终将东去一样，其前进发展的趋势从未改变。当今时代，马克思主义跨过一个又一个障碍，不断走进不同肤色的人群、不同制度的国家之中，其发展的前景依然光明。只要资本主义制度还存在，作为资本主义意识形态对立物的马克思主义就不会过时，其历史作用将不断得到彰显。正如习近平指出的那样："马克思主义尽管诞生在一个半多世纪之前，但历史和现实都证明它是科学的理论，迄今依然有着强大生命力……在人类思想史上，还没有一种理论像马克思主义那样对人类文明进步产生了如此广泛而巨大的影响。"① 无论人们赞同或反对马克思，但都无法绕过马克思。无论"走进马克思""走近马克思""回到马克思"，我们都不能否认，马克思从未远离。马克思主义已经并正在改变着世界，它还将继续指引和影响人类社会的未来。

① 习近平：《在哲学社会科学工作座谈会上的讲话》，人民出版社 2016 年版，第 9 页。

第九讲

马克思主义在中国的发展与飞跃

世界进入近代以后，东西方社会都发生了巨大变化，西方通过资产阶级革命和工业革命率先迈入了现代化门槛。但在东方特别是经历两千多年漫长封建统治的中国，仍然在现代化的门槛外徘徊，迫切需要一场来自内部的革命性变革，以扫除阻碍自身走向现代文明的障碍，从而实现整个社会的创新发展。在这个过程中，思想的力量起到了至关重要的作用。马克思主义的传入与传播，深刻改变了中华民族发展的方向和进程，深刻改变了中国人民和中华民族的前途和命运。百年来，"马克思主义的科学性和真理性在中国得到充分检验，马克思主义的人民性和实践性在中国得到充分贯彻，马克思主义的开放性和时代性在中国得到充分彰显。"[①]中国因马克思主义而不同，马克思主义也因中国而愈加灿烂。

一、马克思主义在中国的早期传播

马克思主义在中国社会的早期传播，经历了一个引入、传播、接

---

① 《中共中央关于党的百年奋斗重大成就和历史经验的决议》，人民出版社 2021 年版，第 63 页。

受、发展、创新的渐进式扩展过程，先进的知识分子以高昂的革命热情学习、翻译和传播马克思主义，并同各种反马克思主义思潮进行了激烈斗争。马克思主义以其先进性、真理性、实践性、人民性，在众多的社会思想中脱颖而出，不仅为中国共产党的成立奠定了思想基础，也为中国革命、建设和改革提供了科学指南。

（一）马克思主义的传播是近代中国救亡图存的客观需要

近代中国，主权沦丧、战乱不已，人民饥寒交迫、备受奴役，救亡图存成为当时国人最为迫切的愿望和最为首要的任务。"丧乱之后多文章"。为了实现民族独立、人民解放、国家富强，先进的中国人开始思考"中国向何处去"的重大问题，进行了不懈的探索和不屈的斗争。从林则徐的"师夷长技以制夷"到张之洞的"中学为体，西学为用"，再到康梁"维新变法"、孙中山"辛亥革命"，各阶级代表竞相登上历史舞台，各种思潮和主义纷纷流入中国。对于近代蜂拥而至的西方文明，毛泽东也曾深有体会地指出："在一个很长的时期内，即从一八四〇年的鸦片战争到一九一九年的五四运动的前夜，共计七十多年中，中国人没有什么思想武器可以抵御帝国主义。旧的顽固的封建主义的思想武器打了败仗，抵不住，宣告破产了。不得已，中国人被迫从帝国主义的老家即西方资产阶级革命时代的武器库中学来了进化论、天赋人权论和资产阶级共和国等思想武器和政治方案，组织过政党，举行过革命，以为可以抵御列强，内建民国。但是这些东西和封建主义的思想武器一样，软弱得很，又是抵不住，败阵下来，宣告破产了。"[①] 历史表明，不触动封建根基的自强运动和改良主义，旧式的农民战争，资产阶级革命派领导的革命，照搬西方资本主义的其他种种方案，都不能完成中华民族救亡

---

① 《毛泽东选集》第四卷，人民出版社 1991 年版，第 1513—1514 页。

图存的民族使命和反封建的历史任务。要解决中国发展进步问题，必须找到能够指导中国人民进行反帝反封建的先进理论，必须找到能够领导中国社会变革的先进社会力量。

中国人开始接触马克思主义理论是在 19 世纪末 20 世纪初。在这个时期，中国的现代工业还处在初步发展阶段，无产阶级尚未形成独立的政治力量，马克思主义在中国传播缺乏必要的条件。但与此同时，资本主义制度的许多弊病开始显露，一些老牌西方大国颓势日显，资产阶级各派别纷纷将目光投向马克思主义，从事对社会主义的研究和介绍，希望从中吸收营养以挽救自己衰落的命运。1898 年夏，第一部系统讲解各种社会主义学说的著作《泰西民法志》在上海出版，该书第七章着重介绍了马克思主义的相关理论，其中写道："马克思是社会主义史中最著名和最具势力的人物，他及他同心的朋友昂格思（即恩格斯）都被大家认为'科学的和革命的'社会主义派的首领。这一派在文明各国中都有代表，而大家对于这一派认为社会主义中最可怕的新派。"[1]1899 年，西方基督教传教士在《万国公报》第 121 期上刊载了署名"英士李提摩太译，华士蔡尔康属文"的《大同学》一文，再次提及"以百工领袖著名者，英人马克思也"[2]。虽然马克思被误写为英国人，但同年 4 月的《万国公报》立刻进行了纠正。除此之外，还有来华传教士翻译出版的《万国史记》《富国策》等，也有其他一些零碎的、不成体系的介绍马克思主义学说的文章。

由于这一时期的近代工业还不发达，无产阶级尚未形成独立的政治力量，同时国际社会中还没有国家或地区取得社会主义革命的胜利，因此马克思主义在中国的传播还局限于一隅，人们对马克思主义的主旨理解尚不充分，也有一些曲解甚至反对马克思主义的声音。但无论如何，

---

[1]　张铨亚：《马克思主义何时传入中国》，《光明日报》1987 年 9 月 16 日。

[2]　周子东、傅绍昌：《民主革命时期马克思主义在上海的传播》，上海社会科学院出版社 1994 年版，第 6 页。

马克思主义作为一种学说、一种锐利的思想武器和一种崭新的世界观传入中国，给当时还在迷茫中寻找出路的仁人志士带来极大震动。经过各思想领域解放浪潮的洗礼，中国人民最终选择了马克思主义作为指导思想，充分说明马克思主义适合当时中国社会的需要，革命斗争的紧迫性加速了马克思主义在中国的传播进程。而这也印证了马克思所说的，"理论在一个国家实现的程度，总是决定于理论满足这个国家的需要的程度。"①

（二）先进知识分子对马克思主义的阐释与传播

马克思主义真正广泛地传入中国，是在十月革命之后。正如毛泽东所说："十月革命一声炮响，给我们送来了马克思列宁主义。十月革命帮助了全世界的也帮助了中国的先进分子，用无产阶级的宇宙观作为观察国家命运的工具，重新考虑自己的问题，走俄国的路——这就是结论。"② 俄国十月革命的爆发及其强大的示范效应，使中国先进知识分子不由自主把目光聚焦在指导十月革命取得胜利的马克思主义身上。于是，先进的知识分子便根据这种新的觉悟和新的认识来重新考虑中国的问题。紧随十月革命之后，五四运动和新文化运动的浪潮使马克思主义的思想更多更全面地被介绍到中国来，主要有以下三种方式：

第一，翻译出版马克思主义经典名篇。从 1919 年 5 月到中国共产党成立前夕，各类报刊共登载和单独出版了 8 篇马恩著作的中译本，如《雇佣劳动与资本》《共产党宣言》《〈资本论〉第一版序言》《社会主义从空想到科学的发展》《反杜林论》《〈政治经济学批判〉序言》《恩格斯致博尔及乌斯的信》等。刚刚创刊的《星期评论》编辑部把翻译《共产

---

① 《马克思恩格斯全集》第 3 卷，人民出版社 2002 年版，第 209 页。
② 《毛泽东选集》第四卷，人民出版社 1991 年版，第 1471 页。

党宣言》的任务交给了留日回国的青年陈望道。陈望道于 1920 年 4 月下旬完成了翻译，并由陈独秀、李汉俊校对后出版，受到广大进步知识分子的热烈欢迎，使中国人第一次看到了国际共产主义运动纲领性文件的全貌。其后，更多的马恩译著被译介至国内，如恩格斯的《科学的社会主义》《家庭、私有制和国家的起源》《反杜林论》，列宁的《无产阶级专政时代的政治和经济》《俄罗斯之政党》《国家与革命》《伟大的创举》等。正是大量翻译和出版工作的进行，才使马克思主义在中国的传播成为可能。

第二，创办刊物作为思想政治教育的前沿阵地。从十月革命后到五四运动前，介绍新思潮的刊物还只有不多几种，介绍社会主义的文章则更为少见。五四运动以后，全国各地的进步知识分子开始大规模创办进步刊物，数量骤增至 400 余种。1919 年 7 月，毛泽东主编出版了《湘江评论》，并亲自投入大量精力在稿件的编写上，在刊物发行的一个月里，毛泽东夜以继日地创作，耗费了巨大心血。该刊以"宣传最新思潮"为宗旨，对国内外革命发展的形势进行报道和评述，大力倡导民主和科学思想，旨在号召广大人民团结奋进，共同推翻帝国主义和封建军阀的压迫和剥削。此外，还有《新青年》《每周评论》《晨报副刊》《少年中国》《曙光》《时事新报》《国民》《解放与改造》《新社会》《共产党》《湘江评论》《觉悟》《互助》等报刊，它们思想新颖、文字活泼，容纳了各种社会主义的观点供公众学习讨论。在这个过程中，马克思主义不仅被作为主要社会思想得到阐释宣传，更为重要的是马克思主义通过这些刊物也极大地扩大了自身的影响力。

第三，组织团体研究和宣传马克思主义。五四运动前后，随着马克思主义相关译作的出版，一大批志趣相同、努力探求新思想的青年纷纷组织起来，在北京、上海和全国一些大城市陆续成立了以研究马克思主义理论和探讨改造社会为己任的学习团体。1920 年 3 月，李大钊在北京组织了中国第一个马克思学说研究会——"北京大学马克思学说研究会"。学会发展迅速，很快成为国内宣传马克思主义最有影响力的团体，带领无数青年走上革命之路。此外，如陈独秀等在上海发起成立"马克思主义研究会"，李大钊组织的"少年中国学会"，毛泽东等在长沙成立的"新民学会""文化书社"和"俄罗斯研究会"，周恩来等在天津成立的"觉悟社"，恽代英等在武汉成立的"利群书社""共存社"，赵世炎组织的少年学会，董必武组织的利群书社，以及北京的工读互助团、上海的平民学社等，都通过组织讨论学习或经销相关书籍、刊物，培养了一大批坚定的马克思主义信仰者，推动着马克思主义进一步的传播和发展。

（三）马克思主义在论战中成为新文化运动的主流

马克思主义的传播历程并非是一帆风顺的。在五四运动后，马克思主义与反马克思主义思潮共经历了三次大论战。论战中，以李大钊、陈独秀、李达、蔡和森为代表的无产阶级革命知识分子，以高超的智慧坚定马克思主义立场，以无畏的革命精神驳斥错误言论，为马克思主义著作的阐释和宣传作出了重要贡献，对如何将马克思主义应用于中国社会的问题作了初步的探索和思考。短短几年时间，在通过对各种社会主义学说的比较、鉴别，特别是在同各种反马克思主义思潮的斗争后，马克思主义迅速从众多的西方文化思潮中脱颖而出并逐渐赢得了先进知识分子和中国人民的认同。

第一，关于"问题与主义"的论战。马克思主义传入中国后，李大钊于 1919 年在《新青年》第六卷连载了《我的马克思主义观》，全面系统地介绍了马克思主义的基本概念、方法乃至理论体系，描述了马克思主义在各国传播的良好势头，并运用唯物史观详细阐释了社会发展的根本原因，论证了资本主义终将被社会主义所代替的历史规律性。五四运动爆发后，因胡适发表《多研究些问题，少谈些"主义"》一文挑起的"问题与主义"之争，李大钊随之发表《再论问题与主义》与胡适展开论战，明确指出："大凡一个主义，都有理想与实用两面。例如民主主义的理想，不论在哪一国，大致都很相同。把这个理想适用到实际的政治上去，那就因时、因所、因事的性质情形，有些不同。社会主义，亦复如是。""我们只要把这个那个的主义，拿来做工具，用以为实际的行动，他会因时、因所、因事的情形生一种适应环境的变化。""一个社会主义者，……必须要研究怎么可以把他的理想尽量应用于环绕着他的实境。"① 总之，李大钊在肯定马克思主义普遍指导意义的基础上，强调要从各国的实际情况出发对其进行发展和应用，明确驳斥了胡适的改良主义理论，肯定了中国社会问题要以革命手段才能加以解决。

第二，关于"走社会主义道路"的论战。五四运动后，伴随着科学社会主义的传入，如施蒂纳、蒲鲁东、巴枯宁等其他各流派的社会主义思想也相继传入中国，信奉社会改良学说的学者张东荪发表《由内地旅行而得之又一教训》和《现在与将来》两篇文章，提出中国的当务之急是开发资源、发展资本主义，而不是搞社会主义革命。紧接着，梁启超发表《复张东荪书论社会主义运动》表示对张东荪的支持，提出中国没有形成劳动者阶级，不可能有真正的社会主义运动。在这种情况下，陈独秀、李大钊、李达等马克思主义者撰写了一系列反击文章，具代表性的主要有陈独秀的《社会主义批评》、李达的《讨论社会主义并质梁任公》、李大钊的《中国的社会主义与世界的资本主义》、蔡和森的《马克思学说与中国无产阶级》等，《新青年》第 8 卷第 4 号还开辟了"关于社会主义讨论"专栏，对反对社会主义的言论进行了专门批判。这些反击文章一针见血地指出，在中国走资本主义道路必定"水土不服"，只有社会主义和建立中国共产党才能带来光明！

第三，关于"无政府主义"的论战。无政府主义是一种小资产阶级

---

① 《李大钊全集》第三卷，人民出版社 2006 年版，第 3 页。

的社会政治思潮，其口号是"个人至上，个人万能，反对一切国家、一切强权政治"。1919 年至 1921 年间，北大学子黄凌霜、区声白以《民风》《民声》《奋斗》《自由》等报刊为平台发表文章，主张个人自由、个性解放，反对一切国家和权威，反对一切政治斗争和暴力革命。尤其是 1920 年 2 月发表的《我们反对"布尔扎维克"》一文，直接向马克思主义进攻，主张实现"无政府共产主义"。从 1920 年起，陈独秀、李达等开始旗帜鲜明地批判无政府主义思潮，指出："我们的最终目的，也是没有国家的。不过，我们在阶级没有消灭以前，却极力主张要国家，而且是主张要强有力的无产阶级专政的国家的。"但这"并不是要拿国家建树无产阶级的特权，是要拿国家来撤废一切阶级的"[①]。经过长达一年多时间的论战，马克思主义和无政府主义之间的界限划清了，无政府主义流派中的一些觉悟青年放弃了原来的信仰，走上了马克思主义的道路。

二、毛泽东思想是马克思主义中国化的
第一次历史性飞跃

在中国人民和中华民族的伟大觉醒中，在马克思列宁主义同中国工人运动的紧密结合中，1921 年 7 月中国共产党应运而生。中国产生了共产党，这是开天辟地的大事变，中国革命的面貌从此焕然一新。在新民主主义革命与社会主义革命和建设的过程中，以毛泽东同志为主要代表的中国共产党人，把马克思列宁主义基本原理同中国具体实际相结合，创立了毛泽东思想，取得了革命与建设的一系列重大成就，实现了马克思主义中国化的第一次伟大飞跃。

---

① 施存统：《我们要怎么样干社会革命》，《共产党》1921 年 6 月 7 日，第 5 号。

（一）毛泽东思想形成的历史条件

马克思主义的传入，使中国革命有了科学理论的指导，中国命运有了光明发展前途。但是，马克思主义关于社会主义革命的理论是马克思、恩格斯根据西方资本主义国家发展状况提出的，而中国却是一个无论是经济社会发展状况还是历史传承、文化积淀都不同于西方的东方落后大国。如何把马克思主义同中国革命实际结合起来，如何运用马克思主义指导中国革命实践，是当时中国共产党不得不面临的巨大考验。历史表明，在中国共产党成立之初，由于缺少实践经验，党内很多人没有认识到马克思主义必须与中国实际结合的问题，而是迷信马克思恩格斯的"本本"，迷信俄国十月革命的经验和共产主义的指示，给中国革命带来了极大的危险。与此相关，在党内占据领导地位的基本上都是从国外留学回来的知识分子。这些喝过洋墨水的知识分子熟读马克思恩格斯的书本，往往与第三国际也有着良好的关系。在他们看来，中国的革命必须严格按照马克思主义的"本本"来，中国共产党必须严格执行共产国际的各种指示，只有共产国际的指示和苏联的革命经验才是对的。这一时期，党内连续出现了以瞿秋白、李立三、王明为代表的"左"倾主义错误，给中国革命造成了极大危害，特别是自称为"百分之百的布尔什维克"和共产国际东方部负责人的王明，完全接受共产国际的领导，一味追求在城市举行武装起义，积极推行对中心城市的"进攻路线"，差点葬送了中国革命。

面对脱离实际的"左"倾教条主义和本本主义，毛泽东进行了不懈的斗争。1929 年 12 月，毛泽东在由他起草的红四军第九次党的代表大会的决议中，从思想路线的高度论述了调查研究的重要性，初步提出了马克思主义基本原理要与中国革命实际相结合的思想。1930 年，毛泽东在《反对本本主义》进一步指出："马克思主义的'本本'是要学习的，但是必须同我国的实际情况相结合。我们需要'本本'，但是一定要纠正脱离实际情况的本本主义。"[①] 毛泽东的这些认识是正确的，也符合马克思主义的本质要求，但在很长的一段时间内，这些正确认识并没有被接受，反而他本人却屡被打击。他一手创建了红军并领导这支军队取得了三次反"围剿"的胜利，却在"左"倾教条主义及其追随者的压力下被迫离开了红军，直到第五次反"围剿"失败和长征初期的巨大挫折把中国革命推向了危险的悬崖边上之后，毛泽东才在遵义会议上重新获得红军指挥权，进而成为中国革命的舵手。红军到达陕北以后，中国共产党有了一个相对安定的环境，毛泽东随即对此前革命斗争的经验教训加以总结，着手对"左"倾教条主义和本本主义进行系统批判，相继写下了《实践论》《矛盾论》《抗日游击战争的战略问题》《论持久战》《中国共产党在民族战争中的地位》《新民主主义论》《改造我们的学习》《整顿党的作风》《反对党八股》等著作。在这些著作中，毛泽东明确提出了实事求是的思想路线，强调马克思主义必须同中国具体实际相结合。1938 年 10 月，毛泽东在中共六届六中全会上提出了"马克思主义中国化"命题，强调"马克思主义必须通过民族形式才能实现。没有抽象的马克思主义，只有具体的马克思主义。所谓具体的马克思主义，就是通过民族形式的马克思主义"。"离开中国特点来谈马克思主义，只是抽象的空洞的马克思主义。因此，马克思主义的中国化，使之在其每一表现中带着中国的特性，即是说，按照中国的特点去应用它。"[②] 这为中国化马克思主义——毛泽东思想的诞生奠定了思想基础。

1945 年 4 月 20 日，党的六届七中全会通过的《关于若干历史问题的决议》不仅从政治、军事、组织、思想四个方面阐述了毛泽东思想的内容，还强调：要争取中国革命的更大胜利，必须以马克思列宁主义同中国革命实践相结合的毛泽东思想为指导。在党的七大上，刘少奇代表

---

① 《毛泽东选集》第一卷，人民出版社 1991 年版，第 111—112 页。

② 《中共中央文件选集》第 11 册，中共中央党校出版社 1991 年版，第 657—659 页。

党中央对毛泽东思想作了全面论述：毛泽东思想，就是马克思列宁主义的理论与中国革命的实践之统一的思想，是马克思主义在目前时代的殖民地、半殖民地、半封建国家民族民主革命中的继续和发展，就是马克思主义民族化的优秀典型。它是中国的东西，又是完全马克思主义的东西。七大党章明确规定：中国共产党，以马克思列宁主义的理论与中国革命的实践之统一的思想——毛泽东思想，作为自己一切工作的指针。在毛泽东思想指引下，中国共产党的面貌日新月异，中国革命的面貌焕然一新。

（二）毛泽东思想体系的丰富内涵

1977 年 5 月 24 日，邓小平在同中央两位同志的谈话中指出："毛泽东思想是个思想体系。"[1] 随后，邓小平又强调："我们要准确地完整地理解毛泽东思想的体系。"[2] 之所以说毛泽东思想是一个科学体系，是因为毛泽东思想科学回答了近代中国一系列基本问题，并提出了一系列既反映马克思主义基本原理，又具有独创性的理论和观点，为新民主主义革命和社会主义革命的胜利提供了科学指南。

在党内，第一个明确提出"毛泽东思想"这一理论概念的是王稼祥。在党的七大召开前的 1943 年 7 月 5 日，王稼祥写了《中国共产党与中国民族解放的道路》一文，以纪念中国共产党成立二十二周年及抗战六周年。这篇文章首先论述了中国共产党为抗战找到了正确的道路，而且中国共产党二十二年的历史，就是寻找、确定和充实中国民族解放正确道路的历史。接着文章就以很大篇幅对毛泽东思想进行了阐释，指出中国共产党在二十二年历史中已经产生了由马列主义与中国革命相结合的

---

① 《邓小平文选》第二卷，人民出版社 1994 年版，第 39 页。
② 《邓小平文选》第二卷，人民出版社 1994 年版，第 67 页。

中国共产主义——这就是毛泽东思想。并强调毛泽东思想是"创造的马克思列宁主义，它是马克思列宁主义在中国的发展，它是中国的共产主义，中国的布尔塞维主义"①。此后，在党的文件和领导人讲话中，"毛泽东思想"的提法经常被使用。

在党的历史上，1945 年 4 月 23 日至 6 月 11 日召开的七大具有重要意义，这次会议正式把毛泽东思想确立为党的指导思想。刘少奇在党的七大《关于修改党章的报告》中进一步明确界定了毛泽东思想体系的主要内容，包括关于现代世界情况及中国国情的分析，关于新民主主义的理论与政策，关于解放农民的理论与政策，关于革命统一战线的理论与政策，关于革命战争的理论与政策，关于革命根据地的理论与政策，关于建设新民主主义共和国的理论与政策，关于建设党的理论与政策，关于文化的理论与政策，等等。当然，历史和时代的局限使党的七大对毛泽东思想的概括不可能涵盖新中国成立后毛泽东思想的新发展部分。

党的十一届六中全会通过的《关于建国以来党的若干历史问题的决议》，对毛泽东思想体系的内涵作出了更为明确的界定。第一，关于新民主主义革命。《决议》指出，毛泽东同志从中国的历史状况和社会状况出发，深刻研究中国革命的特点和中国革命的规律，发展了马克思列宁主义关于无产阶级在民主革命中的领导权的思想，创立了无产阶级领导的，工农联盟为基础的，人民大众的，反对帝国主义、封建主义和官僚资本主义的新民主主义革命的理论。在新民主主义革命理论的指导下，中国共产党创造出了一条以农村包围城市，最后夺取全国胜利的革命道路。新民主主义革命理论主要集中在《中国社会各阶级的分析》《湖南农民运动考察报告》《星星之火，可以燎原》《〈共产党人〉发刊词》《新民主主义论》《目前形势和我们的任务》等著作中。

第二，关于社会主义革命和社会主义建设。新中国成立后，如何在

---

① 《中共中央文件选集》第十二册，中央党校出版社 1986 年版，第 256 页。

中华大地上建立社会主义制度是中国共产党首先要面临的政治课题，毛泽东依据新民主主义革命胜利所创造的向社会主义过渡的经济政治条件，采取社会主义工业化和社会主义改造同时并举的方针，实行逐步改造生产资料私有制的具体政策，从理论和实践上解决了在中国这样一个落后大国建立社会主义制度的艰难任务。在社会主义制度建立以后，毛泽东又提出了对人民内部的民主方面和对反动派的专政方面相结合起来就是人民民主专政的理论，丰富了马克思列宁主义关于无产阶级专政的理论。在领导社会主义建设的过程中，毛泽东还针对苏联模式的弊端，多次强调不要机械照搬外国的经验，要从中国具体国情出发，走出一条适合我国国情的发展道路。毛泽东关于社会主义革命和社会主义建设的理论，集中体现在《在中国共产党第七届中央委员会第二次全体会议上的报告》《论人民民主专政》《论十大关系》《关于正确处理人民内部矛盾的问题》《在扩大的中央工作会议上的讲话》等著作中。

第三，关于革命军队的建设和军事战略。毛泽东是中国人民解放军的主要缔造者，在几十年的革命生涯中，他成功地解决了以农民为主要成分的革命军队如何建设成为一支无产阶级性质的、具有严格纪律的、同人民群众保持亲密联系的新型人民军队的问题，提出了以人民军队为骨干、依靠广大人民群众、建立农村革命根据地、进行人民战争的思想。他把游击战争提到了战略的地位，认为中国革命战争在长时期内的主要作战样式是游击战和带游击性的运动战。新中国成立后，毛泽东提出必须加强国防，建设现代化革命武装力量和发展现代化国防技术的重要指导思想。毛泽东关于革命军队的建设和军事战略的思想集中体现在《中国革命战争的战略问题》《抗日游击战争的战略问题》《论持久战》《战争和战略问题》等著作中。

第四，关于政策和策略。对于革命斗争中政策和策略问题，毛泽东高度重视，认为政策和策略是党的生命，是革命政党一切实际行动的出发点和归宿，必须根据政治形势、阶级关系和实际情况及其变化制定党的政策，把原则性和灵活性结合起来。毛泽东在长期的革命生涯中，提出了许多重要的政策和策略思想，比如弱小的革命力量在变化着的主客观条件下能够最终战胜强大的反动力量；战略上要藐视敌人，战术上要重视敌人；要掌握斗争的主要方向，不要四面出击；对敌人要区别对待、分化瓦解；在反动统治地区，要把合法斗争和非法斗争结合起来，在组织上采取隐蔽精干的方针；等等。毛泽东的政策和策略思想集中表现在《目前抗日统一战线中的策略问题》《论政策》《关于打退第二次反共高潮的总结》《关于目前党的政策中的几个重要问题》《不要四面出击》《关于帝国主义和一切发动派是不是真老虎的问题》等著作中。

第五，关于思想政治工作和文化工作。毛泽东在《新民主主义论》中曾指出："一定的文化是一定社会的政治和经济在观念形态上的反映。"[①] 根据文化与经济、政治关系原理，毛泽东提出了许多具有长远意义的观点。例如：关于思想政治工作是经济工作和其他一切工作的生命线，要实行政治和经济的统一、政治和技术的统一、又红又专的方针；关于发展民族的、科学的、大众的文化，实行百花齐放、推陈出新、古为今用、洋为中用的方针；关于知识分子在革命和建设中具有重要作用，知识分子要同工农相结合，通过学习马克思列宁主义、学习社会和工作实践树立无产阶级世界观的思想；等等。毛泽东关于思想政治工作和文化工作的思想集中体现在《青年运动的方向》《大量吸收知识分子》《在延安文艺座谈会上的讲话》《纪念白求恩》《为人民服务》《愚公移山》等著作中。

第六，关于党的建设。如何在无产阶级人数很少而战斗力很强，农民和其他小资产阶级占人口大多数的国家，建设一个具有广大群众性的、马克思主义的无产阶级政党，是一项极其艰巨的任务。为了完成这个任务，毛泽东进行了不懈的探索，形成了完善的建党学说，提出党员

---

① 《毛泽东选集》第二卷，人民出版社 1991 年版，第 694 页。

不但要在组织上入党，而且要在思想上入党。针对历史上党内斗争中存在过的"残酷斗争、无情打击"的"左"倾错误，提出"惩前毖后、治病救人"的正确方针。创造了在全党通过批评与自我批评进行马克思列宁主义思想教育的整风形式。新中国成立前夕和成立以后，鉴于我们党成为领导全国政权的党，毛泽东多次提出要继续保持谦虚谨慎、戒骄戒躁、艰苦奋斗的作风，警惕资产阶级思想的侵蚀，反对脱离群众的官僚主义。毛泽东的建党学说集中体现在《反对自由主义》《中国共产党在民族战争中的地位》《改造我们的学习》《整顿党的作风》《反对党八股》《学习和时局》《关于健全党委制》《党委会的工作方法》等著作中。

《关于建国以来党的若干历史问题的决议》还阐述了毛泽东思想的活的灵魂，认为实事求是、群众路线、独立自主作为毛泽东思想活的灵魂，贯穿于毛泽东思想整个组成部分的立场、观点和方法。所谓实事求是，就是从实际出发，理论联系实际，就是要把马克思列宁主义普遍原理同中国革命具体实践相结合。所谓群众路线，就是一切为了群众、一切依靠群众，从群众中来、到群众中去。独立自主，就是从中国实际出发、依靠群众进行革命和建设的必然结论。这三个方面，相互联系、有机统一。

（三）毛泽东思想对马克思主义中国化的历史贡献

对于毛泽东思想，《中共中央关于党的百年奋斗重大成就和历史经验的决议》明确指出："毛泽东思想是马克思列宁主义在中国的创造性运用和发展，是被实践证明了的关于中国革命和建设的正确的理论原则和经验总结，是马克思主义中国化的第一次历史性飞跃。"[①] 在马克思主

---

① 《中共中央关于党的百年奋斗重大成就和历史经验的决议》，人民出版社 2021 年版，第 13 页。

义发展史上，毛泽东不仅提出了"马克思主义中国化"这一命题和任务，更以自己的理论创造和实践探索，推动了马克思主义在中国的发展，创造了中国化的马克思主义，形成了具有中国特色、中国风格、中国气派的马克思主义理论，实现了马克思主义中国化的第一次历史性飞跃。

在理论方面，毛泽东既坚持马克思主义的指导地位，又紧密结合中国具体国情，不断推进马克思主义中国化，形成了一系列适应中国革命和建设需要的新思想新观念。例如，新民主主义革命性质论、农村包围城市的革命道路论、土地革命中心论、农民作为主要革命动力论、对资产阶级一分为二和民族资产阶级两面性的辩证分析论、无产阶级革命战争的辩证法和认识论、人民民主专政论、和平改造社会主义论、"十大关系"论、人民群众主体论、独立自主的和平外交论、关于"三个世界"划分论，等等。这些理论和观点都是马克思列宁主义在中国的运用和发展，是被实践证明了的关于中国革命和建设的正确的理论原则和经验总结，它们既是马克思主义的，又是完全中国化的，既是毛泽东独创性的理论贡献，也是中国共产党集体智慧的结晶。

在实践方面，毛泽东积极探索适合中国国情的革命和建设道路。20世纪上半叶是一个大变动、大革命的时期，资本主义国家内部和外部关系错综复杂，社会主义运动风起云涌，马克思主义席卷全球。在当时众多的革命思想中有成功经验的只有诞生于19世纪的马克思列宁主义。如何让马克思列宁主义进入中国并能够扎下根来，是中国共产党在发展壮大过程中回避不了的问题。就客观而言，中国共产党需要在不同于西欧和俄国的条件下去接受和运用马克思主义，分析它们的革命模式和夺取政权的经验，需要面对在经济文化诸多方面都远远落后于西欧和俄国的落后东方大国的现实国情。在这样的背景下寻找救亡图存之路是何等的艰辛，需要的不仅仅是披荆斩棘的勇气，还要有对马克思主义的正确理解、对中国国情的熟稔在心。毛泽东就是从这样布满荆棘、无路可循的境界中走出了一条胜利之路，这就是实行"工农武装割据"，建立红色政权，以农村包围城市，最后夺取城市的革命道路。这一道路的开辟及其在理论上的概括，在马克思主义发展史上是从未有过的。正如邓小平指出的："马克思、列宁从来没有说过农村包围城市，这个原理在当时世界上还是没有的。但是毛泽东同志根据中国的具体条件指明了革命的具体道路，在军阀割据的时候，在敌人控制薄弱的地区，领导人民建立革命根据地，用农村包围城市，最后夺取了政权。""列宁领导的布尔什维克党是在帝国主义世界的薄弱环节搞革命，我们也是在敌人控制薄弱的地区搞革命，这在原则上是相同的，但我们不是先搞城市，而是先搞农村，用农村包围城市。"① 毛泽东正是在中国革命道路这一伟大发现的基础上，提出了包括新民主主义革命论在内的一系列富有创造性的理论。

新中国成立后，如何在一个经济文化落后的东方大国建设社会主义国家成为中国共产党的又一新的重大课题。历史地看，苏联模式对中国的社会主义现代化建设的确发挥过积极的作用，它不仅为中国提供了"国家组织形式、面向城市的发展战略、现代的军事技术和各种各样特定领域的政策和方法"②，也为中国工业的初步建立提供了有益帮助。但任何一种现代化模式都不可能是尽善尽美的，即使是成功的经验也不一定适合别国的情况。事实也确实如此。随着时间的推移，仿效苏联模式造成的弊端逐渐暴露出来。毛泽东后来谈到建国初期仿效苏联模式时说道："总觉得不满意，心情不舒畅。"③特别是1953年斯大林去世以后，苏联和东欧社会主义国家现代化建设中暴露出来的一系列深层次问题，使得毛泽东更是敏锐地察觉到"苏联经验并非十全十美"，并下定决心探索适合中国国情的现代化道路。"我们应该从各方面考虑如何按照中

① 《邓小平文选》第二卷，人民出版社1994年版，第126—127页。

② ［美］费正清、罗德里克·麦克法夸尔主编：《剑桥中华人民共和国史》（上卷）（1949—1965），中国社会科学出版社1998年版，第68页。

③ 《毛泽东文集》第八卷，人民出版社1999年版，第117页。

国的情况办事，不要再像过去那样迷信了。其实，我们过去也不是完全迷信，有自己的独创。现在更要努力找到中国建设社会主义的具体道路。"① 美国学者施瓦茨对此提出，早在社会主义制度在中国建立之初，毛泽东就已"从根本上意识到，斯大林的模式不适合于中国，意识到农业对于中国的重要性，意识到并不存在可以轻易地加以利用的'现代化'模式，中国必须找到自己的现代化道路"②。

1956年4月，毛泽东在进行广泛而深入调研的基础上，在中共中央政治局扩大会议上作了《论十大关系》的讲话。《论十大关系》开篇就指出："特别值得注意的是，最近苏联方面暴露了他们在建设社会主义过程中的一些缺点和错误，他们走过的弯路，你还想走？过去我们就是鉴于他们的经验教训，少走了一些弯路，现在当然更要引以为戒。"③ "十大关系"即中国建设社会主义所面临的"十对矛盾"，归结起来实际上是一对矛盾：苏联模式的社会主义体制与中国国情实际的矛盾。胡绳在《中国共产党的七十年》一书中论及《论十大关系》时认为："所有这些，展现了党为寻找适合中国情况的建设社会主义道路而多方探索的生动景象。后来毛泽东回顾这段历史，多次说过：前几年经济建设主要学外国经验。1956年4月论十大关系，开始提出自己的建设道路，有我们自己的内容。""这就明确了建设社会主义必须根据本国国情走自己的路这一根本思想。"④ 美国研究毛泽东的专家施拉姆也认为，毛泽东的《论十大关系》一文虽然没有拿出一个适合中国社会的固定模式来，即强调了各部门的关系，而不是从总体（经济）强调发展进程的动力，但它已经打下了走适合中国国情，尤其是适合农民和农村占重要地位的"社会主义道路"的基础，标志着毛泽东精心设计的一个不同于苏

---

① 吴冷西：《忆毛泽东》，新华出版社1995年版，第10页。
② 转引自萧延中主编：《历史的天平上》，中国工人出版社1997年版，第49页。
③ 《毛泽东文集》第七卷，人民出版社1999年版，第23页。
④ 胡绳：《中国共产党的七十年》，中共党史出版社1991年版，第342—344页。

联的"建设社会主义"方式的努力的开端①。《论十大关系》为中共八大
的召开提供了理论准备。1956 年 9 月中共八大的召开，标志着中国共
产党探索中国自己的社会主义建设道路取得了初步成果。

但也要看到，由于对迅速到来的社会主义现代化建设缺乏深入的研
究，更缺乏足够的经验，以致在探索中已经获得的正确认识并不深刻，
也不牢固；对于苏联社会主义建设中的缺点和错误虽有发现，但并没有
在自己的实践中学会避免类似的错误，所以当国际上出现反苏反共浪
潮，国内出现不稳定因素时，毛泽东对许多重大问题的认识都发生了逆
转，使中共八大前后的有益探索受到冲击，正确的路线没有能够坚持下
去。由于党在指导思想上发生"左"倾的错误，因而在探索中国自己的
社会主义建设道路过程中出现了严重的偏差，以致发生了像"大跃进"
和"文化大革命"那样的严重挫折。直到中共十一届三中全会后，经过
全面的拨乱反正，我们才找到一条适合中国特色的现代化建设道路。

三、中国特色社会主义理论体系实现了
马克思主义中国化新的飞跃

党的十一届三中全会以后，我国进入改革开放和社会主义现代化建
设新时期。在这一时期，党面临的主要任务是，继续探索中国建设社会
主义的正确道路，解放和发展社会生产力，使人民摆脱贫困、尽快富裕
起来，为实现中华民族伟大复兴提供充满新的活力的体制保证和快速发
展的物质条件。着眼这一主要任务，我们党坚持将马克思主义基本原理
与中国具体实际进行有机结合，在继承并发展毛泽东思想的基础上，不
断解放思想、实事求是、与时俱进、开拓创新，开辟了中国特色社会主

---

① 转引自萧延中主编：《历史的天平上》，中国工人出版社 1997 年版，第 23 页。

义康庄大道，形成了包括邓小平理论、"三个代表"重要思想、科学发展观等重要理论成果在内的中国特色社会主义理论体系，实现了马克思主义中国化新的飞跃。

（一）中国特色社会主义理论体系形成和发展的时代背景

每一个时代都有自己的问题。正确地把握、回答和解决时代提出的重大课题，就成为科学理论不断创新和发展的根本前提。改革开放和社会主义现代化建设新时期，是一个大转折大变革大发展的时代。从国际视野看，和平与发展成为不可阻挡的时代潮流，世界多极化不可逆转，经济全球化深入发展，科技革命加速推进，世界范围的调整改革深入推进。时代潮流浩浩荡荡，集中反映了人类历史演进的大趋势，构成了这一时期中国共产党人推进改革开放、构建和完善中国特色社会主义理论体系的深刻时代背景。

和平与发展成为时代主题。进入 20 世纪后半叶，世界形势发生了巨大变化，和平与发展取代战争与革命成为时代的基本特征。这是人类历史和国际关系发展的必然结果。首先，战后 40 年，西方国家之间无战争，世界范围内保持了相对和平；其次，战后形成的资本主义和社会主义两大阵营长期竞争共处，世界范围内不存在无产阶级直接革命的形势；再次，国际竞争的重点日益从军事领域转向经济、科技领域，谋求经济发展成为世界主要潮流。正是在这样的背景下，邓小平以大战略家的胆识和气魄，明确提出了"和平和发展是当代世界的两大问题"的战略判断。对时代主题的认识和判断，是最高层次的认识和判断，既是国家制定内外政策的基本依据，也是我们党推进理论创新，以新的理论反映新的现实，把马克思主义基本理论和中国社会主义实践推向更高阶段的基本依据。正是依据和基于和平与发展成为时代主题的科学判断，我们党毅然作出了把工作重心转移到经济建设上来、实行改革开放的历史性决策。这一时期，党的一切理论和实践，都是围绕和平发展时代背景下如何建设社会主义这个重大时代课题展开的。我们党着眼于抓住时机，发展自己，制定了一系列通过改革开放加快推进社会主义现代化的路线、方针、政策。在此基础上，科学总结、概括、提炼改革开放实践积累的丰富经验，使之上升为理论，形成了中国特色社会主义理论体系。

经济全球化深入发展。所谓经济全球化，一般是指世界经济的各个组成部分相互联系、相互依存度越来越高的历史进程，它包括生产全球化、贸易全球化、投资全球化、金融全球化以及消费全球化等。二战结束以后，特别是 20 世纪 70 年代以后，伴随着科技革命与世界生产力的进步，经济全球化进入了一个崭新的发展阶段，经济全球化影响日益深入。其一，它使各国、各地区之间的经济和贸易活动的联系不断增加，推动了新知识和高科技的交流和广泛应用，促进了各国、各地区经济要素在全球范围内的合理配置。社会化意义上的经济全球化给世界各国、各地区带来了新的难得的发展机遇，任何国家、地区和民族都不应该置身于经济全球化之外。置身其外，是闭关锁国；被置身其外，是被边缘化。其二，经济全球化为社会主义发展提供了相对宽松和有利的外部环境。列宁曾经说过，只有"首先考虑到各个'时代'的不同的基本特征（而不是个别国家的个别历史事件），我们才能够正确地制定自己的策略；只有了解了某一时代的基本特征，才能在这一基础上去考虑这个国家或那个国家更具体的特点"①。经济全球化的发展，使军事、政治上的冷战对峙已经完全不适应时代潮流，和平与发展已经成为当今的时代主题，为我国实施改革开放战略提供了基本外部条件。

综合国力竞争日趋激烈。随着国际总体形势不断缓和，以及经济全球化的迅猛发展、科学技术的日新月异、交通工具和通信手段的不断改

---

① 《列宁全集》第 26 卷，人民出版社 1959 年版，第 143 页。

进，各个国家和民族之间的联系越来越密切，在交流和合作的同时，较量与竞争也日趋激烈，特别是综合国力的竞争，已经取代政治和军事的对抗成为世界各国争夺的焦点。以邓小平、江泽民、胡锦涛为主要代表的中国共产党人审时度势，着眼于综合国际竞争的新形势，把马克思主义同当代中国实践和时代特征结合起来，不断推进中国特色社会主义理论与实践的发展，形成了全新的国家现代化发展战略。这一战略作为中国特色社会主义理论与实践的重要组成部分，把提高中国的综合国力作为一项紧迫的战略任务提到全党和全国人民面前，深刻揭示了在综合国力竞争日趋激烈的历史条件下，不发展就没有出路、就是倒退、就要落后，就会在国际竞争中处于弱势地位，甚至被淘汰的道理。因此，它一方面特别强调要始终坚持以经济建设为中心，坚定不移通过改革开放不断解放和发展生产力，坚定不移推进经济、政治、文化、社会、生态文明协调可持续发展；另一方面，又要求我们以求真务实的科学态度，正确看待和积极吸纳当今世界一切先进文明成果，在博采众长的基础上不断增创参与国际竞争的优势。

调整改革浪潮席卷全球。20世纪70年代后期，伴随着全球化、信息化、市场化以及知识经济时代的来临，一个世界范围内的改革浪潮开始兴起。不同社会制度和不同发展程度的国家，无论是美国、英国，以及欧洲大陆国家，还是澳大利亚、新西兰和日本，抑或是"新兴工业国家"和大部分发展中国家，都先后开展了调整改革的历史进程。面对这一世界浪潮，以党的十一届三中全会为标志，中国开始了改革开放的伟大历程，从根本上破除了长期束缚人们头脑的对于马克思主义的教条式理解和种种错误附加，同时从根本上破除了长期束缚我国社会生产力发展的僵化体制。改革开放以来我们党提出的一系列重大战略思想，作出的一系列重大战略决策，都是顺应调整改革大世界大势、依托改革开放实践、凭借改革开放舞台产生的，一定意义上都是改革开放这一新的伟大革命的时代表征。这一时期，我们党立足于坚持和发展中国特色社会主义伟大事业，敏锐洞察各国调整改革的发展态势，科学分析各国在调整改革中实现多样化发展的基本经验，深入思考中国改革和发展的正确道路，以深邃的历史眼光和世界眼光，从发展生产力层面，把改革开放与全球化联系起来，领导中国不断参与到世界经济大循环、科技大发展的大格局中去；从调整生产关系侧面，把改革开放与市场经济体制联系起来，领导中国通过深化改革不断提高驾驭市场的能力；从完善上层建筑的层面，把改革开放与科学借鉴人类政治文明发展的优秀成果联系起来，领导中国不断完善和发展社会主义民主，建设社会主义政治文明；从改革发展环境层面，把改革开放与充分吸收人类生态文明成果联系起来，领导中国走生态文明发展之路。这一切都昭示了中国坚持改革开放、走中国特色社会主义道路的无比正确性和光明前景。

综上所述，中国特色社会主义理论体系的形成，始终植根时代的沃土，契合着时代的脉搏。也正因为如此，这一科学理论才在引领中国顺应时代发展大势，引导变革创新追赶时代潮流的历史进程中，展现科学理论的伟大力量。中国特色社会主义理论体系之所以具有蓬勃的生命力，就在于它既坚持了科学社会主义的基本原则，又根据时代大势和我国实际回答和解决了改革开放中面临的一系列重大现实问题。中国特色社会主义理论体系，抓住了马克思主义中国化的实质，赋予了马克思主义以鲜明的实践特色、民族特色、时代特色，使社会主义既符合人类社会发展的一般规律，又符合中国发展的特殊规律。

（二）中国特色社会主义理论体系的丰富内涵

中国特色社会主义理论体系，就是包括邓小平理论、"三个代表"重要思想、科学发展观在内的科学理论体系，是对马克思列宁主义、毛泽东思想的继承和发展。

第一，邓小平理论。邓小平理论是在和平与发展成为时代主题的背景下，在我国改革开放和社会主义现代化建设的实践过程中，在科学而深刻总结我国社会主义革命和建设的历史经验教训以及其他社会主义国家兴衰成败的经验教训的基础上，逐步形成和发展起来的。它以论述中国特色社会主义为主题，系统阐述了中国特色社会主义的根本任务、发展道路、发展阶段、发展动力、外部条件、国际战略、战略步骤、领导力量和依靠力量、"一国两制"和祖国统一等一系列基本问题。邓小平理论是马克思列宁主义的基本原理与当代中国实际和时代特征相结合的产物，是毛泽东思想的继承和发展，是当代中国的马克思主义。它是全党全国人民集体智慧的结晶，是中国共产党的指导思想和中华民族伟大复兴的强大精神支柱。改革开放以来，在邓小平理论指导下，中国社会发生了翻天覆地的变化。正如习近平所言："邓小平同志对党和人民的贡献，是历史性的，也是世界性的。正是由于有邓小平同志的卓越领导，正是由于有邓小平同志大力倡导和全力推进的改革开放，中国特色社会主义才能欣欣向荣，中国人民才能过上小康生活，中华民族和中华人民共和国才能以新的姿态屹立于世界东方。"①

第二，"三个代表"重要思想。党的十三届四中全会以后，以江泽民同志为主要代表的中国共产党人，继承毛泽东和邓小平开创的马克思主义中国化的伟大事业，高举邓小平理论的伟大旗帜，准确把握时代特征，科学判断我们党所处的历史方位，围绕建设中国特色社会主义这个主题，集中全党智慧，以马克思主义的巨大理论勇气进行理论创新，逐步形成了"三个代表"重要思想。这一重要思想旗帜鲜明地指出，我们党要始终代表中国先进生产力的发展要求、要始终代表中国先进文化的前进方向、要始终代表中国最广大人民的根本利益，并在建设中国特色社会主义的思想路线、发展道路、发展阶段和发展战略、根本任务、发

---

① 习近平：《在纪念邓小平同志诞辰 110 周年座谈会上的讲话》，人民出版社 2014 年版，第 7 页。

展动力领导力量、依靠力量、国际战略、根本目的等重大问题上提出了一系列紧密联系、相互贯通的新思想、新观念、新论断，进一步回答了什么是社会主义、怎样建设社会主义的问题，创造性回答了建设什么样的党、怎样建设党的问题。"三个代表"重要思想的形成，表明我们党对"三大规律"的认识达到了新的理论高度，开辟了马克思主义发展的新境界，谱写了马克思主义中国化的历史新篇章。

第三，科学发展观。科学发展观是以胡锦涛同志为主要代表的中国共产党人，坚持以邓小平理论和"三个代表"重要思想为指导，从新世纪新阶段党和国家事业发展全局出发提出的重大战略思想。科学发展观的内涵非常丰富，涉及经济、政治、文化、社会、生态等各个领域，既有生产力和经济基础的问题，又有生产关系和上层建筑的问题。科学发展观的第一要义是发展，核心是以人为本，基本要求是全面协调可持续，根本方法是统筹兼顾。科学发展观是对经济社会发展一般规律认识的深化，是指导发展的世界观和方法论的集中体现，是推进社会主义经济建设、政治建设、文化建设、社会建设、生态文明建设全面发展的指导方针。科学发展观渗透着马克思主义的与时俱进精神，从根本上解决了为谁发展、靠谁发展、如何发展的重大问题，是对党的三代中央领导集体关于发展问题重要思想的继承和发展，集中体现了马克思主义关于发展的世界观和方法论，赋予了马克思主义关于发展的理论以新的时代内涵，将中国特色社会主义理论体系拓展到了更宽广的领域，提升到了更高远的境界。

（三）中国特色社会主义理论体系的理论意义

中国特色社会主义理论体系是马克思主义中国化的重要成果，它在坚持马克思主义基本原理的基础上，在中国特色社会主义实践中初步回答和解决了长期以来困扰社会主义建设和发展的重要问题，丰富了马克思主义的理论宝库，提升了马克思主义发展的境界，实现了马克思主义中国化新的飞跃。

回答了经济文化落后的国家在建立社会主义制度以后"什么是社会主义、怎样建设社会主义"的问题。列宁指出："我们的革命是开始容易，继续比较困难，而西欧的革命是开始困难，继续比较容易。"① 这里所说的"开始"主要是指夺取政权；而"继续"，则主要是指社会主义建设。20 世纪社会主义运动面临两大历史难题：一是无产阶级夺取政权的难题；二是经济文化比较落后的国家建设社会主义的难题。政权问题解决了，怎样建设、巩固和发展社会主义就成了马克思主义执政党必须面对的首要问题。从苏联到中国，从斯大林到毛泽东，社会主义国家和共产党人进行了许多艰辛的探索，也取得了一定的成绩和不少宝贵的经验。但从总体上看，如何建设社会主义的问题始终未能得到很好的解决，既没有在实践上找到一条稳妥可行的发展道路，也没有在理论上形成比较完善和成熟的系统认识。20 世纪 80 年代末 90 年代初发生的东欧剧变使这一问题更加突出。中国特色社会主义理论体系在回答"什么是社会主义"的基础上，初步回答和解决了经济文化落后国家"怎样建设社会主义"这一历史难题。一方面，社会主义建设必须把解放和发展生产力作为社会主义的根本任务，把实现人民生活的共同富裕作为建设社会主义的根本目的。邓小平曾明确指出："世界上一些国家发生问题，从根本上说，都是因为经济上不去。"②"社会主义的首要任务是发展生产力，逐步提高人民的物质和文化生活水平。"③ 另一方面，社会主义建设必须紧跟时代发展，不断改革，不断创新。恩格斯指出，社会主义社会"不是一种一成不变的东西"，而是一个"经常改革和变化的社会"④。要发展，就

---

① 《列宁全集》第 34 卷，人民出版社 1985 年版，第 343 页。
② 《邓小平文选》第三卷，人民出版社 1993 年版，第 354 页。
③ 《邓小平文选》第三卷，人民出版社 1993 年版，第 116 页。
④ 《马克思恩格斯全集》第 37 卷，人民出版社 1971 年版，第 443 页。

必须通过改革和创新为自己开辟通向更高境界的道路。要敢于冲破"本本"、教条的束缚，大力推进理论创新和实践创新；要敢于通过政治经济体制改革解放生产力，通过扩大开放，吸收世界各国先进的科学技术和管理经验发展生产力。中国是世界上人口最多的国家和世界上最大的发展中国家，对于在经济文化相对落后的条件下探索社会主义建设规律和道路，显然具有突出的典型性和相当的普遍意义。中国特色社会主义理论体系正是在回答经济文化落后国家如何建设社会主义的问题的过程中，开始了自身的理论建构，并丰富和发展了马克思主义。

回答了马克思主义政党在由革命党转为执政党后"建设什么样的党、怎样建设党"的问题。在社会主义革命取得胜利后，马克思主义政党也由领导人民为夺取政权而奋斗的党，成为一个领导人民掌握政权并长期执政的党。党的地位和党所处环境的变化，决定对党的认识必须不断深化。纵观国际共产主义运动史和马克思主义发展史，共产党为谁执政、靠谁执政、怎样执政的问题，一直是共产党特别是成为执政党后长期探索、致力解决但又未能完全解决的一个根本问题。马克思、恩格斯提出了关于无产阶级专政时期党的纲领与策略的科学设想，但由于缺乏执政实践，故而马克思主义执政理论尚是雏形。列宁对无产阶级政党的执政实践作了积极的探索，但囿于历史客观条件也没有形成系统的执政理论。苏联和东欧的共产党在执政初期比较注意自身建设，但随着时间的推移，形式主义、享乐主义、官僚主义和腐败之风开始在党内蔓延、泛滥，最终导致东欧剧变的发生。中国特色社会主义理论体系在深刻总结苏东国家共产党执政以后脱离群众、蜕化变质教训的基础上，科学揭示了共产党执政的基本规律和党的建设基本规律。这一理论体系的一系列新观点、新论断都表达了这样的理念：马克思主义政党在由革命党转为执政党以后，必须大力加强党的执政能力建设和先进性建设。可以说，中国特色社会主义理论体系初步回答了马克思主义政党为谁执政、靠谁执政以及如何执政的问题。这对于马克思主义政党的发展，具有重要的指导意义。

回答了在社会主义现代化建设深入推进的背景下"实现什么样的发展、怎样发展"的问题。通过改革开放，包括中国在内的社会主义国家的现代化建设都取得了明显的成效。但伴随着社会主义现代化的推进，一些发展中的问题，如环境污染、贫富差距拉大、精神危机等现代性问题也逐渐凸显出来，并成为影响进一步推动社会主义改革和现代化建设的重要因素。如何解决这些现代性问题、实现科学发展成为摆在马克思主义执政党面前的重要时代课题。中国特色社会主义理论体系从社会主义中国建设和发展的全局出发，总结、借鉴世界各国的发展经验，适应新的发展要求，科学回答了"实现什么样的发展、怎样发展"等重大问题，指导不断推进中国特色社会主义经济、政治、文化、社会、生态建设和党的建设，把中国特色社会主义关于发展问题的认识提升到了新的高度。这一切都表明中国共产党对发展的本质、目的和意义的认识更为深刻、更为科学，从根本上解决了为谁发展、靠谁发展、如何发展的重大问题，并赋予了马克思主义关于发展的理论以新的时代内涵，将马克思主义发展理论拓展到更宽广的领域，提升到了更高远的境界。

（四）中国特色社会主义理论体系的实践意义

"改革开放和社会主义现代化建设的伟大成就举世瞩目，我国实现了从生产力相对落后的状况到经济总量跃居世界第二的历史性突破，实现了人民生活从温饱不足到总体小康、奔向全面小康的历史性跨越，推进了中华民族从站起来到富起来的伟大飞跃。"[1] 我国改革开放和现代化建设所取得的伟大成就，无论是在马克思主义发展史上，还是在世界社

---

[1] 《中共中央关于党的百年奋斗重大成就和历史经验的决议》，人民出版社 2021 年版，第 22 页。

会主义运动史上，都是具有历史意义的，它给处于低潮期的世界社会主义运动带来了希望，给处于迷惘中的各国共产党人指明了方向，它使人们从中国欣欣向荣的发展中看到了世界社会主义事业的远大前途。

指引中华民族迎来复兴的春天。恩格斯曾指出："从人类发展的历史来看，没有哪一次巨大的历史性灾难不是以历史的进步为补偿的。"[①]鉴于近代中国历次模仿西方现代化模式均无果而终，以及传统社会主义现代化方案弊端的凸显，以十一届三中全会为标志，党的第二代领导集体带领中国人民毅然走上了通过改革开放建设社会主义现代化的新道路。几十年来，从农村改革到城市改革，从国有企业改革到宏观管理体制改革，从所有制结构改革到分配体制改革，从经济领域到政治、文化和社会等方面的改革，全面改革的进程势不可当地展开；从沿海到沿江沿边，从东部到中西部，对外开放的大门毅然决然地打开。这场历史上从未有过的大改革大开放，极大地调动了亿万人民的积极性，极大地解放和发展了社会生产力，极大地推进了先进文化的大发展大繁荣，极大地改善了人民群众物质文化生活水平，极大地促进了每个人的全面发展。这一切，彰显了中国特色社会主义的强大生机与活力，预示着中华民族伟大复兴的光明前景。正如习近平所指出的："改革开放之初，我们党发出了走自己的路、建设中国特色社会主义的伟大号召。从那时以来，我们党团结带领全国各族人民不懈奋斗，推动我国经济实力、科技实力、国防实力、综合国力进入世界前列，推动我国国际地位实现前所未有的提升，党的面貌、国家的面貌、人民的面貌、军队的面貌、中华民族的面貌发生了前所未有的变化，中华民族正以崭新姿态屹立于世界的东方。"[②]

再现了社会主义的生机与活力。作为一种社会形态，社会主义社会

---

① 《马克思恩格斯全集》第 39 卷，人民出版社 1974 年版，第 149 页。

② 习近平：《决胜全面建成小康社会 夺取新时代中国特色社会主义伟大胜利——在中国共产党第十九次全国代表大会上的报告》，人民出版社 2017 年版，第 10 页。

在本质上具有一致性、共同性，但各国人民走向社会主义、建设社会主义的实践，由于历史条件、文化传统、具体国情的不同，从根本上说，又是各自独立的、具体的运动，不可能套用统一公式或固定模式。作为普遍性和特殊性的有机统一，建设发展社会主义，必然要求把马克思主义的普遍原理与本国具体实际结合起来。在最初的社会主义实践中，各个国家差不多都程度不同地仿效了苏联的做法，照搬了苏联模式，但最终带来的只是社会主义生机和活力的丧失。当代中国共产党坚持解放思想、实事求是、与时俱进，积极应对全球化浪潮的冲击，开创了适应实践需要、符合具体国情、反映时代要求的中国特色社会主义道路，成功实现了从高度集中的计划经济体制转到充满活力的社会主义市场经济体制，从封闭半封闭到全方位开放的伟大历史转折，出色解决了如何解放和发展生产力、如何走向共同富裕、如何促进社会全面发展、如何加快实现社会主义现代化等问题。中国特色社会主义道路的成功，不仅在于它突破了传统社会主义模式的束缚，恢复了社会主义的生机和活力，而且还在于它打破了"唯我独马""唯我独社"教条主义观念的束缚，为马克思主义执政党独立探索社会主义建设规律提供了有益借鉴。

重塑了社会主义与资本主义的关系。伴随着俄国十月革命的炮声，人类进入了社会主义和资本主义"双制"共存的历史时代。自社会主义制度出现以来，社会主义与资本主义之间就始终存在着激烈的斗争。经过热战的反复较量与冷战的长期对峙，虽然发生了东欧剧变这样重大的事件，但当代世界一个不争的历史事实是：社会主义与资本主义两种制度将会长期共存。资本主义通过自身的不断调整，仍然可以释放出生产力和生命力；而社会主义则将走出低潮，重新焕发生机和活力。在这样的背景下，处于弱势的社会主义既要有必胜的信心，也要采取灵活的战略策略，学会与发达资本主义打交道。中国特色社会主义正是基于"一球两制"以及资本主义在"两制"中占据优势地位的客观现实，提出了与世界生产力发展相适应，与经济全球化相对应，与世界共同发展相呼应的改革开放政策。改革开放使中国社会主义重新焕发了勃勃生机。这不仅在一定程度上改变了社会主义与资本主义的力量对比，也改变了长期以来人们在看待社会主义和资本主义关系问题上的"对立"思维，重新思考两者的关系。两种制度国家的交往，意识形态的差异是不容回避的，但这种差异并不完全意味着过去那种你死我活的零和博弈，而是在尊重世界多样性的前提下服务于本国的生存与发展利益。社会主义国家必须通过改革开放使自己能够在一个更宏大的时空中与世界各国尤其是发达资本主义国家全面进行经济、政治、外交、社会和文化的互动。在中国的影响下，包括越南、古巴在内的社会主义国家都不同程度地打开了国门，在坚持面向世界中大胆吸收各种文明成果，开拓了从挫折中奋进的社会主义新局面。

第十讲

习近平新时代中国特色社会主义思想是当代中国马克思主义、21 世纪马克思主义

党的十八大以后，中国特色社会主义进入新时代。以习近平同志为主要代表的中国共产党人，坚持把马克思主义基本原理同中国具体实际相结合、与中华优秀传统文化相结合，在坚持毛泽东思想、邓小平理论、"三个代表"重要思想、科学发展观的基础上，从理论和实践结合上系统回答了新时代坚持和发展什么样的中国特色社会主义、怎样坚持和发展中国特色社会主义，建设什么样的社会主义现代化强国、怎样建设社会主义现代化强国，建设什么样的长期执政的马克思主义政党、怎样建设长期执政的马克思主义政党等重大时代课题，创立了习近平新时代中国特色社会主义思想。习近平新时代中国特色社会主义思想，是当代中国马克思主义、21 世纪马克思主义，是中华文化和中国精神的时代精华，实现了马克思主义中国化新的飞跃。

一、习近平新时代中国特色社会主义思想形成的时代条件

时代是思想之母，实践是理论之源。人类进入 21 世纪特别是第二

个十年以来，我国社会主义建设进入新时代，世界迎来百年未有之大变局，科学社会主义在中国焕发强大生机活力，三者同步交织、相互激荡。这是一个需要理论而且一定能够产生理论的时代，这是一个需要思想而且一定能够产生思想的时代。立足时代变局，回应时代课题，把握时代大势，习近平新时代中国特色社会主义思想应时而生。

（一）中国特色社会主义进入新时代

党的十八大以来，党和国家事业发展取得了历史性成就，发生了历史性变革。党的十九大报告指出："经过长期努力，中国特色社会主义进入了新时代，这是我国发展新的历史方位。"[①]"这个新时代，是承前启后、继往开来、在新的历史条件下继续夺取中国特色社会主义伟大胜利的时代，是决胜全面建成小康社会、进而全面建设社会主义现代化强国的时代，是全国各族人民团结奋斗、不断创造美好生活、逐步实现全体人民共同富裕的时代，是全体中华儿女勠力同心、奋力实现中华民族伟大复兴中国梦的时代，是我国日益走近世界舞台中央、不断为人类作出更大贡献的时代。"[②] 这一重大政治判断，精辟概括了当代中国发展变革的阶段性特征，科学把握了我国发展新的战略环境，准确标定了中国特色社会主义的时代坐标。

新时代之"新"，首先在于我国进入了一个新的发展阶段。我们用几十年的时间走完了发达国家几百年走过的历程，经济实力稳居世界第二，已经从"站起来""富起来"时期进入"强起来"时期，我国的发展环境、发展条件、发展要求、发展目标都发生了变化。同时时空的高

---

① 习近平：《决胜全面建成小康社会　夺取新时代中国特色社会主义伟大胜利——在中国共产党第十九次全国代表大会上的报告》，人民出版社 2017 年版，第 10 页。

② 习近平：《决胜全面建成小康社会　夺取新时代中国特色社会主义伟大胜利——在中国共产党第十九次全国代表大会上的报告》，人民出版社 2017 年版，第 10—11 页。

度压缩，使各种问题积累叠加，面对的矛盾困难也更为复杂，迫切需要新理论破解发展难题。新时代之"新"，在于我们面临新的社会主要矛盾已经转化为"人民日益增长的美好生活需要和不平衡不充分的发展之间的矛盾"。这个主要矛盾，是"发展起来以后"各种矛盾的集中体现，深刻揭示了当前我国发展和人民需求变化的时代特点，意味着人民群众除了"吃饱穿暖"、除了物质文化生活需要之外，对民主、法治、公平、正义、安全、环境的新期待更加强烈了，这些都对党和国家各方面工作提出了新要求。新时代之"新"，还在于我们要迈向新的发展目标。习近平在庆祝中国共产党成立一百周年的讲话中庄严宣告，经过全党全国各族人民持续奋斗，我们实现了第一个百年奋斗目标，在中华大地上全面建成了小康社会，正在意气风发向着全面建成社会主义现代化强国的第二个百年奋斗目标迈进。当前，我们已经迈上了全面建设现代化国家的新征程。新的征程，呼唤新的理论。习近平新时代中国特色社会主义思想，正是在中华民族迎来从站起来、富起来到强起来的伟大飞跃中创立并发展起来的。

（二）世界迎来百年未有之大变局

当今世界正处于大发展大变革大调整时期。习近平高瞻远瞩、审时度势，做出"世界处于百年未有之大变局"的战略判断，强调"领导干部要胸怀两个大局，一个是中华民族伟大复兴的战略全局，一个是世界百年未有之大变局，这是我们谋划工作的基本出发点"①。这个重大论断，为我们在中国与世界互动关系中把握大势、统筹大局、抓住机遇、推进事业发展，提供了思想指引。

在人类历史上，1640 年爆发的英国资产阶级革命可以看作是一道

---

① 《习近平谈治国理政》第三卷，外文出版社 2020 年版，第 77 页。

分水岭，它不仅带来了资本主义生产关系的历史性变革和生产力的革命性发展，也催生了西方列强的崛起，从而奠定了近代以来国际关系的基本格局。从 16 世纪的西班牙、17 世纪的荷兰、18 世纪的法国、19 世纪的英国，到 20 世纪及至今日的美国，虽然世界霸主不断更替，但国际体系的主导权始终掌握在西方国家的手中。进入 20 世纪后期特别是 21 世纪以来，伴随着新兴市场国家和发展中大国的崛起，国际战略格局正在发生工业革命以来前所未有的深刻变化，国际体系进入加速演变和深度调整时期，突出表现在以下几个方面：

一是国际力量格局发生历史性变化。过去几百年间，国际力量格局发生了几次大的变化，但主导世界的力量大都是在西方内部。现在，新兴市场国家和发展中大国力量显著上升，对西方在国际格局中的主导地位产生重大冲击，世界经济和战略重心加快向亚太地区转移，我国也首次作为大国博弈的主角，进入国际战略博弈核心地带。二是全球治理体系发生历史性变化。客观而言，二战后所形成的全球治理体系主要是由以美国为首的西方国家建立的。携带着二战的胜利成果和自身强大的软硬实力，以美国为首的西方国家设计并主导了战后全球治理体系结构，建立了联合国、北约、七国集团、世界银行、世界货币基金组织等政治、经济、安全机制，以及以美元为核心的世界金融体系。但也必须看到，在当前西方国家实力相对下降的背景下，以西方国家为主导的全球治理体系已经难以有效应对各种危机，显现出力不从心的窘境。2008 年国际金融危机的爆发及蔓延，意味着西方国家主导的世界金融体系逐渐失灵；乌克兰危机的出现，意味着西方国家主导的国际安全体系逐渐失灵。可以说，伴随着国际力量格局的变化，全球治理领域正面临着重新洗牌的局面，过去几个西方大国凑在一起就能决定世界大事的时代已经"无可奈何花落去"。三是综合国力竞争发生历史性变化。科技创新能力成为综合国力竞争的决定性因素。新一轮科技革命、产业革命、军事革命成为大国竞争的焦点，尤其是人工智能、大数据、量子计算等高新科技领域，谁在这些领域占据优势，谁就能获得战略主动。四是发展道路和制度之争发生历史性变化。东欧剧变以来，美西方国家长期以救世主自居，到处推行"民主扩张"，煽动"颜色革命"。现在，美西方国家社会陷入对立撕裂，党派相互倾轧，民众对统治集团的失望日益加剧，从占领华尔街运动到英国脱欧，从法国的"黄背心"运动到美国的"黑命贵"运动，与中国特色社会主义生机勃勃形成鲜明对比。面对复杂变化的世界，中国向何处去？人类向何处去？这是我们必须回答的时代之问。历史表明，变化的世界需要中国智慧、中国理念、中国方案。中国正以自身的言行发挥着世界和平建设者、全球发展贡献者、国际秩序维护者的重要作用。习近平新时代中国特色社会主义思想正是在这样的时代背景下孕育发展的。

（三）科学社会主义在中国焕发强大生机活力

伴随着苏维埃俄国的成立，人类进入了社会主义和资本主义两种制度共存的历史时代。一百多年来，社会主义运动既经历了从理论到现实、从一国到多国胜利高歌猛进的时代，也经历了在错误、挫折、挑战、风险中曲折发展甚至局部失败的时期。20世纪80年代末、90年代初的东欧剧变更是使社会主义运动陷入了低潮。随之，有关马克思主义"过时论""无用论""危机论"的说法甚嚣尘上。在世界社会主义运动处于最低潮之时，身处资本主义喧嚣之下的中国共产党始终保持清醒的头脑，领导中国人民披荆斩棘，坚持改革开放，经受住了国内政治风波和东欧剧变带来的严峻挑战。中国特色社会主义的大旗不仅没倒，反而更加光彩夺目。

进入新时代的中国，不仅经济实力稳居世界第二，更是前所未有地接近世界舞台中心，成为推动当今国际战略格局演变的主要力量。2021年，我国 GDP 达到 114 万亿元，比上年增长了 8.1%，两年平均增长率为 5.1%。按年平均汇率折算，达到 17.7 万亿美元，稳居世界第二。更可喜的是，我国人均 GDP 达到 1.26 万美元，超过全球人均 GDP 水平。特别是中国政府和中国人民在应对新冠疫情中的卓越表现，更使许多外国政治家、学者看到了社会主义的优越性。当美西方国家为争夺抗疫物资打得不可开交、联邦政府和地方政府为推脱责任相互扯皮时，中国特色社会主义制度正以其强大的政治领导力、社会号召力、群众组织力和资源配置力迅速控制了疫情的蔓延。这样的成绩，使世界上正视和相信马克思主义和社会主义的人越来越多。而这也恰恰印证了党的十九届六中全会作出的"马克思主义中国化时代化不断取得成功，使马克思主义以崭新形象展现在世界上，使世界范围内社会主义和资本主义两种意识形态、两种社会制度的历史演进及其较量发生了有利于社会主义的重大转变"① 的科学判断。

中国式现代化道路的成功，使得"向东看"正成为一种潮流。现代化是人类社会进步发展的重要动力，实现现代化是世界各国发展普遍面临的历史任务。但世界上既不存在定于一尊的现代化模式，也不存在放之四海而皆准的现代化标准，如何探索形成适合本国国情的发展道路始终是发展中国家进行现代化建设面临的紧迫课题。从"华盛顿共识"到"北京共识"，从"欧美模式"到"中国道路"，反映了世人对中国式现代化道路的高度认可和广泛关注。中国现代化的最成功之处，就是在充分学习借鉴西方经验教训的基础上，依靠自身的积极探索、大胆实践，开创出了中国式现代化道路。这条道路始终坚持全体人民共同富裕，坚持物质文明和精神文明相协调，坚持人与自然和谐共生，坚持走和平发展道路。中国式现代化道路取得的成功，充分证明了现代化不是少数国家的专利，通往现代化的道路不止一条，从根本上破除了"现代化等于

---

① 《中共中央关于党的百年奋斗重大成就和历史经验的决议》，人民出版社 2021 年版，第 63—64 页。

西方化"的思想局限，为那些既希望加快发展又希望保持自身独立性的国家和民族提供了全新选择。今天，伴随着我国经济社会的快速发展，中国式现代化道路的影响越来越大，"向东看"正成为一种潮流。习近平新时代中国特色社会主义思想，正是在对科学社会主义运动的不断思考与总结，对坚持和发展中国特色社会主义的不懈探索中形成和发展的。

二、习近平新时代中国特色社会主义 思想的科学体系

习近平新时代中国特色社会主义思想立足新时代这个历史方位，围绕"新时代坚持和发展什么样的中国特色社会主义、怎样坚持和发展中国特色社会主义，建设什么样的社会主义现代化强国、怎样建设社会主义现代化强国，建设什么样的长期执政的马克思主义政党、怎样建设长期执政的马克思主义政党"等重大时代课题，提出了一系列新理念新思想新战略，形成了内容博大精深、逻辑缜密严谨的科学理论体系，为丰富发展马克思主义作出了原创性贡献，充分展现了新时代中国共产党人的理论自觉、理论自信和理论魄力。

（一）时代课题

党的十九届六中全会通过的《中共中央关于党的百年奋斗重大成就和历史经验的决议》明确，习近平新时代中国特色社会主义思想科学回答了"新时代坚持和发展什么样的中国特色社会主义、怎样坚持和发展中国特色社会主义，建设什么样的社会主义现代化强国、怎样建设社会主义现代化强国，建设什么样的长期执政的马克思主义政党、怎样建设

长期执政的马克思主义政党"等重大时代课题。

　　关于"坚持和发展什么样的中国特色社会主义、怎样坚持和发展中国特色社会主义"。改革开放以来，举什么旗、走什么路、朝着什么样的目标前进，始终是我们党谋划社会主义现代化建设时需要面对的首要课题。从理论上看，中国特色社会主义是贯穿于邓小平理论、"三个代表"重要思想、科学发展观、习近平新时代中国特色社会主义思想的一以贯之、一脉相承的理论主题。从实践上看，从党的十二大提出"建设有中国特色的社会主义"以后，历次党的全国代表大会政治报告都以中国特色社会主义为主题词。同时，中国特色社会主义也构成了改革开放以来的"中国实践"的主题，我国社会主义现代化建设取得的一切成绩和进步的根本原因，就在于开辟了中国特色社会主义道路，形成了中国特色社会主义理论体系，确立了中国特色社会主义制度，发展了中国特色社会主义文化。党和国家的长期实践已经充分证明，只有社会主义才能救中国，只有中国特色社会主义才能发展中国。但与此同时也必须看到，众声喧哗的国内外舆论界仍有人对中国特色社会主义说三道四，提出中国现在搞的究竟还是不是社会主义的疑问，有人说是"资本社会主义"，还有人干脆说是"国家资本主义""新官僚资本主义"。这些问题，不仅是一个理论问题，更是一个政治问题，迫切需要我们党结合新的实践给出理论上的回答。

　　关于"建设什么样的社会主义现代化强国、怎样建设社会主义现代化强国"。伴随着我国顺利完成全面建成小康社会的战略目标，我国正式开启了全面建设社会主义现代化国家的新征程。党的十九大和十九届五中全会，都对我国现代化建设进行了战略安排。按照"两步走"战略安排，到 2035 年我国要基本实现现代化，到本世纪中叶我国要建成富强民主文明和谐美丽的现代化强国。在未来一段时期，建设现代化强国必将是我们党走向未来面临的一个重大时代课题。更为重要的是，作为身处世界百年未有之大变局下的大国，我国的现代化建设不仅要处理日益凸显的发展不充分不平衡问题，更要处理世界变局可能带来的各种风险挑战；作为一个发展中的社会主义大国，我国的现代化建设不仅要克服资本主义现代化的各种弊病，更要在遵循人类社会发展规律的基础上探索出适合中国具体实际的现代化道路。这些问题挑战，将贯穿到全面建设社会主义现代化强国的始终。能否回答好解决好这些时代问题，不仅是一个重大的实践课题，也是一个重大的理论课题，需要我们党持续深入地研究。

关于"建设什么样的长期执政的马克思主义政党、怎样建设长期执政的马克思主义政党"。在国际共产主义运动史上，如何解决长期执政始终是马克思主义政党必须面对的问题。苏联共产党没有解决好这个问题，在执政74年后丧失了政权。对于社会主义中国来说，从新中国成立至今，中国共产党已经执政70多年，如何长期执政，始终是一个重大的政治问题和理论问题。在过去70多年时间里，中国共产党不仅带领人民创造了经济快速增长、社会长期稳定的两大奇迹，更是领导中华民族完成了全面建成小康社会的伟大目标、前所未有地接近世界舞台中心。当前，全面建设社会主义现代化国家的新征程已经开启，但党面临的执政考验、改革开放考验、市场经济考验、外部环境考验仍然存在，精神懈怠危险、能力不足危险、脱离群众危险、消极腐败危险仍然存在。过去为什么能够成功？需要进行经验总结和理论升华；未来怎样才能经受"四大考验"、化解"四大危险"，顺利实现新征程各项目标任务，需要进行实践基础上的理论创新。

总之，"三个重大时代课题"就是新时代中国特色社会主义的根本问题，是人民之问、时代之问。习近平新时代中国特色社会主义思想坚持科学社会主义基本原则，坚守党和人民在艰辛探索中走出的中国特色社会主义道路，深刻揭示了中国特色社会主义发展的理论逻辑、历史逻辑、实践逻辑，实现了对中国特色社会主义建设规律认识的新跃升；科学总结我们党关于社会主义现代化建设的宝贵经验，系统谋划全面建成社会主义现代化强国的战略安排，引领党和人民创造人类文明新形态，指明了中国式现代化道路的新图景；坚持马克思主义建党学说，继承和发扬我们党加强党的建设的历史经验，彰显中国共产党人彻底的自我革命精神，开辟了管党治党、兴党强党的新境界。习近平新时代中国特色社会主义思想正是在对时代课题的回答中，深化了对人类社会发展规律、社会主义建设规律和共产党执政规律的认识，进一步丰富和发展了马克思主义的现代化理论和党的建设理论，开辟了马克思主义发展新境界。

（二）核心内容

党的十九届六中全会通过的《中共中央关于党的百年奋斗重大成就和历史经验的决议》，将习近平新时代中国特色社会主义思想的核心内容概括为"十个明确"。第一，明确中国特色社会主义最本质的特征是中国共产党领导，中国特色社会主义制度的最大优势是中国共产党领导，中国共产党是最高政治领导力量，全党必须增强"四个意识"、坚定"四个自信"、做到"两个维护"。第二，明确坚持和发展中国特色社会主义，总任务是实现社会主义现代化和中华民族伟大复兴，在全面建成小康社会的基础上，分两步走在本世纪中叶建成富强民主文明和谐美丽的社会主义现代化强国，以中国式现代化推进中华民族伟大复兴。第三，明确新时代我国社会主要矛盾是人民日益增长的美好生活需要和不平衡不充分的发展之间的矛盾，必须坚持以人民为中心的发展思想，发展全过程人民民主，推动人的全面发展、全体人民共同富裕取得更为明显的实质性进展。第四，明确中国特色社会主义事业总体布局是经济建设、政治建设、文化建设、社会建设、生态文明建设五位一体，战略布局是全面建设社会主义现代化国家、全面深化改革、全面依法治国、全面从严治党四个全面。第五，明确全面深化改革总目标是完善和发展中国特色社会主义制度、推进国家治理体系和治理能力现代化。第六，明确全面推进依法治国总目标是建设中国特色社会主义法治体系、建设社会主义法治国家。第七，明确必须坚持和完善社会主义基本经济制度，使市场在资源配置中起决定性作用，更好发挥政府作用，把握新发展阶段，贯彻创新、协调、绿色、开放、共享的新发展理念，加快构建以国内大循环为主体、国内国际双循环相互促进的新发展格局，推动高质量发展，统筹发展和安全。第八，明确党在新时代的强军目标是建设一支听党指挥、能打胜仗、作风优良的人民军队，把人民军队建设成为世界一流军队。第九，明确中国特色大国外交要服务民族复兴、促进人类进步，推动建设新型国际关系，推动构建人类命运共同体。第十，明确全面从严治党的战略方针，提出新时代党的建设总要求，全面推进党的政治建设、思想建设、组织建设、作风建设、纪律建设，把制度建设贯穿其中，深入推进反腐败斗争，落实管党治党政治责任，以伟大自我革命引领伟大社会革命。

这"十个明确"中的每一个"明确"，都是具有原创性的重大思想观点，都是为实现中华民族伟大复兴这个总任务而进行的理论探索。其中，第一个"明确"提出党的领导是中国特色社会主义最本质特征和最大制度优势，这是建党百年最重要的历史经验，也是完成总任务的根本保证。第二个"明确"提出新时代坚持和发展中国特色社会主义的总任务，增加了"以中国式现代化推进中华民族伟大复兴"的表述。第三个"明确"提出新时代社会主要矛盾，增加了"发展全过程人民民主""全体人民共同富裕取得更为明显的实质性进展"的表述，完善了坚持以人民为中心的发展思想。第四个"明确"提出"五位一体"总体布局、"四个全面"战略布局，这是完成总任务的发展布局。第五、第六和第七个"明确"提出全面深化改革总目标和全面依法治国总目标，以及社会主义市场经济发展新阶段新理念新格局，这是对完成总任务起决定作用的发展动力、发展环境和发展方式的阐述。第八个"明确"提出党在新时代的强军目标，这是完成总任务的战略支撑。第九个"明确"提出中国特色大国外交，这是完成总任务的外部条件。第十个"明确"也是新增内容，提出全面从严治党的战略方针，以伟大自我革命引领伟大社会革命，这是完成总任务的政治保障。"十个明确"相互关联、有机统一，是一个逻辑严密的科学理论体系，系统地回答了新时代中国特色社会主义面临的三大课题，是习近平新时代中国特色社会主义思想的核心内容。

（三）体系特点

一是时代课题与核心内容有机统一。时代课题犹如一条红线，贯穿于习近平新时代中国特色社会主义思想的整体，昭示道路和方向。"十个明确"的核心内容都围绕着回答时代课题展开，形成了一个聚焦于时代课题的完整体系。抓住了时代课题，就抓住了习近平新时代中国特色社会主义思想的"魂"；掌握核心内容，就掌握了习近平新时代中国特色社会主义思想的"脉"。

二是世界观与方法论有机统一。"时代课题""核心内容"所构成的思想整体，是运用辩证唯物主义和历史唯物主义的光辉典范。既是世界观，也是方法论；既讲是什么、怎么看，又讲怎么办、怎么干；既部署"过河"的任务，又指导解决"桥或船"的问题，为推进党和国家事业发展提供了锐利思想武器。

三是时代性与开放性有机统一。"一切划时代的体系的真正的内容都是由于产生这些体系的那个时期的需要而形成起来的。"[①] 习近平新时代中国特色社会主义思想，聚焦新的时代课题，凝结新的思想精华，总结新的实践经验，是我们党在新时代的科学理论指南。实践发展永无止

---

① 《马克思恩格斯全集》第3卷，人民出版社1960年版，第544页。

境，理论创新永无止境，体系完善不会止步。这一体系必将伴随新时代中国特色社会主义实践的深入推进而持续发展和完善。

（四）理论品格

"为人民谋幸福、为民族谋复兴、为世界谋大同，是深刻理解和全面把握习近平新时代中国特色社会主义思想的金钥匙。"[1] 这把金钥匙蕴含着习近平新时代中国特色社会主义思想的崇高理论追求。

坚守为人民谋幸福的初心。人民性是马克思主义最鲜明的品格，也是习近平新时代中国特色社会主义思想最鲜明的品格。从"人民对美好生活的向往，就是我们的奋斗目标"到"始终把人民放在心中最高位置"，从"民心是最大的政治"到"人民是我们党执政的最大底气"，从"小康不小康、关键看老乡"到"增强人民获得感"，从"我是人民的勤务员"到"我将无我、不负人民"，等等，无不彰显了习近平新时代中国特色社会主义思想坚持以人民为中心的价值立场。这些年，我们党做了一件彪炳史册的大事，那就是根治贫困这个世界级难题。在迎来中国共产党成立一百周年的重要时刻，我国脱贫攻坚战取得了全面胜利，9899万农村贫困人口全部脱贫，832个贫困县全部摘帽，12.8万个贫困村全部出列，区域性整体贫困得到解决，完成了消除绝对贫困的艰巨任务，创造了又一个彪炳史册的人间奇迹！在当今世界，只有中国共产党领导的社会主义中国才能创造这样的人间奇迹。可以说，习近平新时代中国特色社会主义思想就是为人民谋幸福的科学理论，是书写在亿万中国人民心中、接地气、有温度的科学理论。

承载为民族谋复兴的使命。实现中华民族伟大复兴，是中华民族近

---

[1]　中共中央宣传部：《习近平新时代中国特色社会主义思想学习纲要》，学习出版社、人民出版社2019年版，第10页。

代以来最伟大的梦想，也是我们党一经成立就肩负起的历史使命。复兴这个词，本身就具有历史比较的意义，就是指曾经有过的辉煌，因种种原因而衰落，随着情势的发展，试图重新恢复应有的尊严和地位的过程。中华民族拥有数千年绵延不绝的先进文明，但近代以来，在与列强的一次次比拼中，遭受了无尽的耻辱。只有创造过辉煌的民族，才懂得复兴的意义；只有经历过苦难的民族，才对复兴有深切渴望。习近平新时代中国特色社会主义思想，承载中国共产党人为民族谋复兴的使命，擘画实现民族复兴中国梦的宏伟蓝图，高扬中华民族伟大创造精神、伟大奋斗精神、伟大团结精神、伟大梦想精神，为实现中华民族伟大复兴提供了强大精神力量。

担当为世界谋大同的责任。自古以来，中华民族就有"穷则独善其身，达则兼济天下"的旷世情怀。当今世界的大变局百年未有，变革会催生新的机遇，但变革过程往往充满着风险挑战，人类又一次站在了十字路口。世界怎么了？我们怎么办？合作还是对抗？开放还是封闭？互利共赢还是零和博弈？如何回答这些问题，关乎国家战略，关乎各国利益，关乎人类命运。习近平新时代中国特色社会主义思想站在人类道义制高点上，创造性提出构建人类命运共同体理念、全人类共同价值、"一带一路"国际合作倡议，倡导共商共建共享的全球治理观等中国主张、中国智慧、中国方案，超越近代以来国强必霸、靠战争和掠夺谋求发展的旧逻辑，为解决人类共同面临的重大问题提供了新思路，为维护人类共同利益和共同价值作出了重大贡献，赢得了国际社会的高度认可。

三、习近平新时代中国特色社会主义思想实现了马克思主义中国化新的飞跃

《中共中央关于党的百年奋斗重大成就和历史经验的决议》指出：

"习近平新时代中国特色社会主义思想是当代中国马克思主义、二十一世纪马克思主义，是中华文化和中国精神的时代精华，实现了马克思主义中国化新的飞跃。"① 这一重大政治判断，是对习近平新时代中国特色社会主义思想的政治定位，旗帜鲜明地标定了习近平新时代中国特色社会主义思想在马克思主义发展史、马克思主义中国化史上的历史地位。

（一）习近平新时代中国特色社会主义思想是当代中国马克思主义

马克思主义为人类社会发展进步指明了方向，是我们认识世界、把握规律、追求真理、改造世界的强大思想武器。同时，马克思主义不是教条，而是行动指南，必须随着实践的变化而发展。一百多年来，我们党之所以能够完成其他政治力量不可能完成的艰巨任务，在同各种政治力量和困难挑战的较量中取得一次又一次胜利，根本在于坚持把马克思主义基本原理同中国具体实际相结合、同中华优秀传统文化相结合，不断推进理论创新，并善于用新的理论指导新的实践。党的十八大以来，以习近平同志为代表的中国共产党人以非凡理论勇气，在坚持和发展中国特色社会主义丰富实践中，创造性提炼出一系列具有时代特点的标志性概念，比如"中国梦""新常态""高质量发展""五大发展理念""全过程人民民主""人类命运共同体"等，这些原创性概念构成了习近平新时代中国特色社会主义思想的基本元素。在此基础上，又提出了一系列原创性的思想观点，极大地丰富和发展了马克思主义理论体系。

比如，在马克思主义哲学方面：提出新时代我国社会主要矛盾的新变化，这是对马克思主义社会矛盾学说的新发展；提出要观大势、定大

---

① 《中共中央关于党的百年奋斗重大成就和历史经验的决议》，人民出版社 2021 年版，第 26 页。

局、谋大事，要坚持目标导向、问题导向、结果导向，要抓重点、抓关键、抓牛鼻子，这是对马克思主义认识论、实践论的新发展；提出绿水青山就是金山银山，建设美丽中国，这是对马克思主义自然观的新发展；等等。在马克思主义政治经济学方面：提出坚持以人民为中心的发展，树立创新、协调、绿色、开放、共享的发展理念，这是对马克思主义发展观的新发展；提出坚持和完善社会主义基本经济制度、基本分配制度，使市场在资源配置中起决定性作用，更好发挥政府作用，这是对马克思主义生产和分配理论的新发展；提出供给侧和需求侧改革，构建以国内大循环为主体、国内国际双循环相互促进的新发展格局，这是对马克思主义供需理论的新发展；提出农民承包土地具有所有权、承包权、经营权属性，这是对马克思主义产权理论的新发展；等等。在科学社会主义方面：提出中国共产党领导是中国特色社会主义最本质特征和最大制度优势，坚持和加强党的全面领导，推进党的自我革命，这是对马克思主义建党理论的新发展；提出坚持和完善中国特色社会主义制度、推进国家治理体系和治理能力现代化，这是对马克思主义国家理论的新发展；提出社会主义的民主是全过程人民民主，这是对马克思主义政体理论的新发展；提出构建人类命运共同体，创造了人类文明新形态，这是对马克思主义世界历史理论的新发展；等等。在这些理论观点的基础上，形成了一系列原创性的理论形态，如习近平新时代中国特色社会主义经济思想、习近平生态文明思想、习近平外交思想、习近平法治思想等思想体系，以及覆盖新时代中国特色社会主义各方面的重要论述，全方位丰富发展了马克思主义，标注了当代马克思主义理论新高度。

（二）习近平新时代中国特色社会主义思想是二十一世纪马克思主义

能够以"世纪"为尺度命名的马克思主义，应该具备三个条件：一是研究对象为世界典型样本，二是理论成果具有世界历史意义，三是实践成效深刻改变现实世界。以这三个条件为标准，马克思、恩格斯的学说可称为"十九世纪马克思主义"。因为这一学说以十九世纪西欧为典型样本，首次揭示了资本主义社会运动规律，为全人类指明了实现自由和解放的道路。列宁主义、毛泽东思想、以邓小平理论为代表的中国特色社会主义理论体系，可称为"二十世纪马克思主义"。因为这些理论形态分别以二十世纪苏俄和中国为典型样本，创立了适合各自国情的民主革命理论、社会主义革命和建设理论、社会主义改革和发展理论，都深刻改变了现实世界。按照上述逻辑，习近平新时代中国特色社会主义思想，就可以称为"二十一世纪马克思主义"。因为这一思想以正在走上强国之路的社会主义中国为典型样本，为世界上最大的发展中国家走向现代化提供了科学理论指导，为世界上最大的执政党进行自我革命提供了思想武器，为解决人类面临的共同难题提供了中国方案和中国智慧，正在并继续深刻改变着中国和世界，从而当之无愧地成为"二十一世纪马克思主义"。

（三）习近平新时代中国特色社会主义思想是中华文化和中国精神的时代精华

习近平新时代中国特色社会主义思想既立足于现实的中国，又植根于历史的中国，把马克思主义的理论精髓与中华优秀传统文化的精神特质融会贯通起来，成为中华优秀传统文化创造性转化、创新性发展的生动典范。

传承中华文化和中国精神的优秀基因。中华文化源远流长，积淀着中华民族最深层的精神追求，代表着中华民族独特的精神标识，不仅为中华民族生生不息、发展壮大提供了丰厚滋养，也为中国共产党的理论创造、理论创新提供了丰厚滋养。习近平新时代中国特色社会主义思想既与近代以后中华民族为争取民族独立、人民解放和国家富强、人民幸福进行不懈奋斗而展现的伟大民族精神高度贯通，与一百多年来中国共产党带领人民创造的优良传统、革命精神、历史智慧一脉相承，也与五千年中华文明一以贯之的"讲仁爱、重民本、守诚信、崇正义、尚和合、求大同"的文化基因具有天然的内在契合。中华文化和中国精神历经时代的涤荡、实践的检验，已经内化为中国共产党人的文化基因，成为习近平新时代中国特色社会主义思想的源头活水。

激活中华文化和中国精神的强大生命力。中国共产党是具有高度文化自觉意识的政党，也是具有高度文化创造能力的政党。作为马克思主义中国化的最新成果，习近平新时代中国特色社会主义思想强调中华文化是中国特色社会主义道路的历史文化渊源，是涵养社会主义核心价值观的重要源泉，是中国特色国家治理体系形成和发展的基础，是中国特色哲学社会科学成长发展的深厚基础。这些认识将中华文化与马克思主义、中国特色社会主义联结起来，不仅赋予中华文化更为深刻的政治意蕴，而且极大地激活了蕴含其中的诸如"民为邦本""天人合一""协和万邦"等具有当代价值的文化精神，使得中华文化弦歌不绝，放射出更加灿烂的时代光芒，成为中华儿女坚定文化自信的精神之源。

丰富中华文化和中国精神的内涵。中华文化犹如一条长河，需要不断注入活水才能奔流不息；中国精神犹如一幅历史长卷，需要不断书写才能更加绚烂多彩。作为具有高度文化自觉的马克思主义政党，中国共产党在领导中国人民进行革命、建设和改革的伟大实践中，始终坚持把文化创新与马克思主义相结合、与中华优秀传统文化相结合，不仅锻造出反映我们党价值追求与精神风貌的革命文化，也创造了代表文化发展方向的社会主义先进文化，实现了对中华文化的赓续发展和时代重塑。党的十八大以来，习近平新时代中国特色社会主义思想更是立足新时代伟大实践，在融会贯通马克思主义思想精髓与中华优秀传统文化精神特质的基础上，创造性提出了包括"中国梦""人类命运共同体""全人类共同价值""伟大建党精神"等在内的新理念新论断，不仅为坚持和发展新时代中国特色社会主义提供了新的精神支撑，也极大地丰富了中华文化和中国精神的内涵，成为推动中华优秀传统文化创造性转化和创新性发展的典范。

四、习近平新时代中国特色社会主义思想是党和国家必须长期坚持的指导思想

作为马克思主义中国化的最新成果，习近平新时代中国特色社会主义思想不仅实现了马克思主义中国化的新飞跃，更是被庄严地写入了党章、载入了宪法，实现了党和国家指导思想的与时俱进。在全面建设社会主义现代化国家的新征程中，有效应对各种风险挑战，最大限度地凝聚精神力量，继续开辟发展的新境界，必须毫不动摇地坚持习近平新时代中国特色社会主义思想。

(一)"两个确立"是党的十八大以来取得的最重要政治成果

拥有坚强的领导核心、科学的理论指引，是成熟的马克思主义政党的显著标志，是我们党创造历史伟业的成功秘诀。领导核心与科学理论相辅相成、不可分割。党的十八大以来，党和国家事业取得历史性成就、发生历史性变革，根本在于有以习近平同志为核心的党中央领航掌舵，有习近平新时代中国特色社会主义思想指引航向。《中共中央关于党的百年奋斗重大成就和历史经验的决议》明确指出："党确立习近平同志党中央的核心、全党的核心地位，确立习近平新时代中国特色社会主义思想的指导地位，反映了全党全军全国各族人民共同心愿，对新时代党和国家事业发展、对推进中华民族伟大复兴历史进程具有决定性

意义。"①"两个确立"是在波澜壮阔的新时代中国特色社会主义伟大实践锻造中形成的，是新时代我们党取得的最重要政治成果，是决定党和国家前途命运的根本性问题。

建设社会主义现代化强国，实现中华民族伟大复兴，是中华民族的最高利益和根本利益，是前无古人的光辉事业。历史与现实告诉我们，一个国家、一个政党，领导核心至关重要。邓小平就曾深刻指出："任何一个领导集体都要有一个核心，没有核心的领导是靠不住的。"② 全党有核心，党中央才有权威，党才有力量。在我们这样一个有着 9600 多万名党员的大党、有着 56 个民族和 14 亿多人口的大国，如果党中央没有核心、全党没有核心，就没有党中央权威和集中统一领导，就会导致各自为政，是很容易搞散的，是什么事情也办不成的，实现民族伟大复兴也会成为空中楼阁。

没有思想的一致就没有行动的一致。一个民族要走在时代前列，就一刻不能没有理论思维，一刻不能没有正确思想指引。中国共产党为什么能，中国特色社会主义为什么好，归根到底是因为马克思主义行。马克思主义之所以行，就在于党不断推进马克思主义中国化、时代化并用以指导实践。当前，我国发展不平衡不充分的一些突出问题尚未解决，群众在就业、教育、医疗、居住、养老等方面有不少难题，社会矛盾和问题交织叠加，意识形态领域斗争依然复杂，等等。这些问题的存在，有时会被扭曲、放大，甚至会让一些人对我国发展道路产生误解、提出质疑。这就需要在思想上澄清各种模糊错误认识。习近平新时代中国特色社会主义思想系统回答了新时代坚持和发展中国特色社会主义的一系列重大问题，坚决破除对中国特色社会主义的种种误读和歪曲，在坚持什么、反对什么等大是大非问题上正本清源，集中体现了党的政治立场

---

① 《中共中央关于党的百年奋斗重大成就和历史经验的决议》，人民出版社 2021 年版，第 26 页。

② 《邓小平文选》第三卷，人民出版社 1993 年版，第 310 页。

和政治主张。有了这面思想旗帜，中国共产党就有了鲜明时代标识，团结带领全国人民奋斗进取就有了正确政治方向，凝聚实现民族复兴的伟大力量就有了坚实思想基础。

船重千钧，掌舵一人。实践已充分证明，习近平是勇担时代重任、推动历史变革的领导核心，是洞悉世界风云、善于驾驭大势的领导核心，是统一全党思想、引领前进方向的领导核心。习近平新时代中国特色社会主义思想，是一面立足新时代、应对新变局、领航新征程的光辉旗帜。拥护"两个确立"，就是维护大局，就是最大的政治，就是首要的"国之大者"，就是政治能力的集中体现。

（二）指导新时代社会主义现代化建设的行动指南

党的十九大对全面建成社会主义现代化强国作出了"两步走"的战略安排：从 2020 年到 2035 年基本实现社会主义现代化；从 2035 年到本世纪中叶把我国建成富强民主文明和谐美丽的社会主义现代化强国。未来 5 年是全面建设社会主义现代化国家开局起步的关键时期，搞好这 5 年的发展对于实现第二个百年奋斗目标至关重要。习近平新时代中国特色社会主义思想，作为马克思主义中国化的最新成果，是走好现代化新征程的行动指南。

擘画强起来的宏伟蓝图。建设社会主义现代化强国，实现中华民族伟大复兴，是中华民族的最高利益和根本利益。我们党领导中国人民进行的一切奋斗，归根到底都是为了实现这一伟大目标。新时代，我们党综合分析国内外形势，着眼解决新时代社会主要矛盾，围绕如何全面推进社会主义现代化这一重大问题，对我国未来发展作出新的顶层设计，提出从 2020 年到本世纪中叶，在全面建成小康社会基础上，分两步走全面建成社会主义现代化强国。围绕这一战略安排，我们党对中国特色社会主义经济、政治、文化、社会、生态文明、外交、国防和军队建设、党的建设等作出一系列重大战略部署，深化了对社会主义现代化建设规律的认识，有力指导和推动了我国现代化建设迈出坚实步伐。

凝聚强起来的伟大力量。伴随着全面建成小康社会目标的顺利完成，我国进入全面建设社会主义现代化国家的新阶段。新阶段，意味着新的起点，也意味着新的挑战。当前，世界百年未有之大变局加速演进，世界之变、时代之变、历史之变的特征更加明显。我国发展面临新的战略机遇、新的战略任务、新的战略阶段、新的战略要求、新的战略环境，需要应对的风险和挑战、需要解决的矛盾和问题比以往更加错综复杂。特别是发展不平衡不充分的问题尚未解决，群众在就业、教育、医疗、居住、养老等方面有不少难题，社会矛盾和问题交织叠加，意识形态领域斗争依然复杂，等等。这些问题的存在，有时会被扭曲、放大，甚至会让一些人对我国发展道路产生误解、提出质疑。这就需要从思想入手，澄清各种模糊、错误认识。习近平新时代中国特色社会主义思想，围绕时代课题，直面现实难题，坚决破除对中国特色社会主义的种种误读和歪曲，在坚持什么、反对什么等大是大非问题上正本清源，集中体现了党的政治立场和政治主张。有了习近平新时代中国特色社会主义思想这面旗帜，全党思想上政治上就有了鲜明时代标识，团结带领全国人民奋斗进取就有了正确方向，凝聚实现民族复兴的伟大力量就有了坚实思想基础。

锻造强起来的领导核心。中国共产党是中国特色社会主义事业的领导核心。进行伟大斗争，推进伟大事业，建设伟大工程，实现伟大梦想，起决定性作用的是党的建设新的伟大工程。党的十八大以来，我们党以自我革命的勇气，正风肃纪反腐，挽狂澜于既倒，党内政治生态明显好转，党群关系明显改善，党的建设全面加强，党的面貌焕然一新。但也必须看到，党面临的执政考验、改革开放考验、市场经济考验、外部环境考验将长期存在，精神懈怠危险、能力不足危险、脱离群众危险、消极腐败危险将长期存在，全面从严治党永远在路上，党的自我革命永远在路上。政治上的清醒，源于理论上的清醒。锻造强起来的领导核心，离不开一如既往地抓全面从严治党，更离不开科学理论的指导。习近平新时代中国特色社会主义思想为实现管党有方、治党有力、党建有效提供了科学指南。只有深入学习贯彻这一思想，切实增强党要管党、全面从严治党的坚定性自觉性，不断提高执政能力和领导水平，才能确保我们党始终成为中国特色社会主义事业的坚强领导核心。

（三）努力掌握蕴含其中的思想方法和工作方法

伟大的时代需要伟大的思想，伟大的思想必定蕴含科学的方法。习近平新时代中国特色社会主义思想，闪耀着辩证唯物主义和历史唯物主义的真理光芒，蕴含着丰富的马克思主义思想方法和工作方法。这一思想既是世界观、历史观，也是认识论、方法论；既讲是什么、怎么看，又讲怎么办、怎么干；既部署"过河"的任务，又指导解决"桥或船"的问题，为推进党和国家事业发展提供了锐利思想武器。

实事求是的基本方法。实事求是，是毛泽东用中国成语对马克思主义世界观和方法论做的高度概括。邓小平说："我读的书并不多，就是一条，相信毛主席讲的实事求是。过去我们打仗靠这个，现在搞建设、搞改革也靠这个。"[1] 习近平指出："实事求是，是马克思主义的根本观点，是中国共产党人认识世界、改造世界的根本要求，是我们党的基本思想方法、工作方法、领导方法。不论过去、现在和将来，我们都要坚持一切从实际出发，理论联系实际，在实践中检验真理和发展真理。"[2] 实践反复证明，坚持实事求是，就能兴党兴国；违背实事求是，就会误党误国。坚持实事求是，根本在于始终坚持党的群众路线。群众路线是

---

[1] 《邓小平文选》第三卷，人民出版社 1993 年版，第 382 页。

[2] 习近平：《在纪念毛泽东同志诞辰 120 周年座谈会上的讲话》，人民出版社 2013 年版，第 15 页。

我们党的根本工作路线，与实事求是的思想路线相辅相成、完全统一。实事求是的过程，就是"从群众中来"，"到群众中去"的过程。坚持实事求是，方法在于不断解放思想。只有解放思想，才能真正做到实事求是；只有实事求是，才是真正解放思想。

科学系统的思维方法。一个民族要想站在科学的最高峰，就一刻也不能没有理论思维。我们党高度重视党员干部思维能力的提升，党的十九大报告突出强调战略思维、创新思维、辩证思维、法治思维、底线思维等五种思维能力。2019 年 1 月 21 日，在省部级主要领导干部坚持底线思维着力防范化解重大风险专题研讨班的开班式上，习近平强调要提高"战略思维、历史思维、创新思维、辩证思维、法治思维、底线思维"，这也是 2019 年 6 月出版的《习近平新时代中国特色社会主义思想学习纲要》中系统阐释的六种思维方法。战略思维、历史思维、创新思维、辩证思维、法治思维、底线思维等六种思维方法实际上是一个相互交织、密切联系的整体，不能截然分开，它们之间的区分只具有相对的意义，只是角度不同、侧重点不一样。在整个思维方法中，战略思维和历史思维，更强调宏观和长远，具有基础性地位；辩证思维和创新思维，更强调联系和发展，具有核心性地位；底线思维和法治思维，更强调风险和规则，具有保障性地位。

有效管用的工作方法。无论是宏观的基本方法，还是中观的思维方法，要真正用于攻坚克难、推动发展，必须转化为具体工作方法。正确的方法是做好工作的重要保证。掌握了正确的工作方法，往往能收到事半功倍的效果。党的十八大以来，习近平多次作出批示，要求领导干部要学习毛泽东的《矛盾论》和《实践论》，要求领导班子成员特别是主要负责同志重温《党委会的工作方法》。工作方法是习近平新时代中国特色社会主义思想方法体系的重要组成部分，这一思想之所以读了"解渴"，用着"好使"，行之"有效"，一个重要的原因，就是它为我们提供了指导工作的金钥匙。一是坚持问题导向。问题是时代的声音，每个时代总有属于它自己的问题，只有科学地认识、准确地把握、正确地解决这些问题，才能够不断前进。习近平指出："中国共产党人干革命、搞建设、抓改革，从来都是为了解决中国问题的。"[1]当代中国，要实现"两个一百年"奋斗目标，走好现代化的新征程，更要以问题为导向，带着问题抓改革、搞建设、促发展。二是调查研究。调查研究是我们党的传家宝，是做好各项工作的基本功。没有调查，就没有发言权，更没有决策权。三是钉钉子精神。抓落实是领导工作的一个关键环节，必须要有科学有效的方法。习近平多次强调要发扬钉钉子精神，把工作落到实处，不做表面文章。他把干事业比喻为"钉钉子"，钉钉子不是一锤子就能钉好，需要一锤一锤接着敲、一颗一颗不断钉，最后才能做好，干事业就好比钉钉子也需要持之以恒，坚持一张蓝图绘到底。

（四）增强学习贯彻习近平新时代中国特色社会主义思想的政治自觉

学思用贯通，知信行统一，是共产党人理论学习的真谛。学习贯彻习近平新时代中国特色社会主义思想，是一个改造主观世界与改造客观世界相统一的过程，是一个"学懂弄通做实"与"忠诚干净担当"相统一的过程。

在"真学"上进一步下功夫。高度重视学习、善于进行学习，是党的优良传统和政治优势，是领导干部提高素质、增强本领、不断进步的重要途径。领导干部的学习水平，在很大程度上决定着工作水平和领导水平。只有认认真真地学习、与时俱进地学习、持之以恒地学习，才能始终跟上时代进步的潮流，才能担当起时代重任。长期以来，我们党高

---

[1] 习近平：《关于〈中共中央关于全面深化改革若干重大问题的决定〉的说明》，《人民日报》2013 年 11 月 16 日。

度重视理论武装工作，持续开展各种学习教育活动。但在学习中，"不真学"的现象还不同程度存在。有的心态比较浮躁，存在轻视理论的倾向，甚至认为学不学理论无所谓，只要做好实际工作就行了；有的学习不刻苦、不钻研，浅尝辄止，满足于一知半解，甚至断章取义、各取所需，把理解不准的说成是党的创新理论的原意和中央精神；有的满足于听报告、翻报纸，以别人的"解读"代替自己的"阅读"，以别人的"讲解"代替自己的"理解"；有的没怎么学，还感觉自己很懂，对原著没读几本，"一知半解就哇啦哇啦发表意见"；等等。这些都是"不真学"的具体表现。今天，我们党赋予了"真学"新的内涵，就是真正把习近平新时代中国特色社会主义思想作为武装头脑、指导实践、推动工作的思想武器来掌握，认真踏实学，带着问题学，持之以恒学，在原汁原味深化理解原著上见真，在掌握思想方法和工作方法上见真，在充分彰显鲜明政治态度上见真，不断学出新认识、学出新感悟、学出新境界。

在"坚信"上进一步下功夫。学是信的基础，信是学的升华。坚定的信仰信念，就是坚守崇高的精神追求，这是共产党人的立身之本。历史和实践都证明，信仰信念坚定，站位才能高，眼界才能宽，心胸才能开阔，才能做到在胜利和顺境时不骄傲不急躁，在困难和逆境时不消沉不动摇，经受住各种风浪考验，自觉抵制各种腐朽思想侵蚀，始终坚持正确政治方向。当前，大多数党员干部信仰信念是坚定的，政治上是可靠的。同时也要看到，在我们的队伍中，信仰信念缺失仍然是一个必须引起高度重视的问题。有的不信马列信鬼神，从封建迷信中寻找精神寄托，热衷于算命看相、烧香拜佛；有的向往西方社会制度和价值观念，对社会主义前途命运丧失信心；有的在涉及党的领导和中国特色社会主义等原则性问题上，在大是大非面前态度暧昧、消极躲避、不敢亮剑；等等。事实一再表明，理想信念动摇是最危险的动摇，理想信念滑坡是最危险的滑坡。一些党员干部出这样那样的问题，说到底是信仰迷茫、精神迷失。理论上清醒，信念上才能坚定。必须充分认识到，新时代的领导干部坚定信仰信念，最根本的就是强化对习近平新时代中国特色社会主义思想发自内心的认同和坚信，在灵魂深处敲响鼓，在思想深处起共鸣，把伟大思想的力量变成自己内心的力量。衡量党员干部是不是坚定信仰者，关键要看在大是大非面前能否旗帜鲜明，在风浪考验面前能否无所畏惧，在各种诱惑面前能否立场坚定。只有从坚信的高度抓好学习，才能真正增强"四个意识"，坚定"四个自信"，做到"两个维护"。

在"笃行"上进一步下功夫。"为学之实，固在践履。"共产党人不只是理想主义者，更是实干家。当年，邓小平说过，世界上的事情都是干出来的，不干，半点马克思主义都没有。今天，习近平反复强调，"社会主义是干出来的，新时代也是干出来的。"① 学习贯彻习近平新时代中国特色社会主义思想，就要把自己摆进去、把职责摆进去、把工作摆进去，真正做到知行合一。这些年，党和国家事业发展取得历史性成就、发生历史性变革，都是和各级领导干部闻令笃行、真抓实干分不开的。但也必须看到，学用脱节，光说不练，不重视抓落实、不善于抓落实的问题仍然不同程度存在。有的表态多调门高，行动少落实差，热衷于喊口号、贴标签，搞口头落实、面上留痕；有的上有政策、下有对策，贯彻上级决策部署打折扣、搞变通，合意的就抓，不合意的就不抓；有的不敢担当，怕字当头，遇到矛盾困难上推下卸，能躲就躲，能拖就拖，不求有功但求无过；有的干工作没激情，当一天和尚撞一天钟，推一推动一动，甚至推都不动。凡此种种，危害极大，必须坚决克服。对于党员干部来说，切实做到笃行，最重要的是对党中央决策部署，创造性抓好落实，不能打半点折扣。坚持以身作则、率先垂范，切实克服形式主义、官僚主义，时时处处做表率；坚持一张蓝图绘到底，

---

① 习近平：《在全国劳动模范和先进工作者表彰大会上的讲话》，人民出版社 2020 年版，第 4 页。

不翻烧饼，不搞一个将军一个令，善于建设性积累改革发展成果，真正以"功成不必在我""功成必定有我"的思想境界，不断开创社会主义现代化建设新局面。

结　语

　　人类社会是一个高度复杂的有机体，包含了众多要素及其相互间的耦合关系。古往今来，无数思想家、政治家都试图努力揭示这一复杂系统的运行规律，从统治人类百万年之久的神学史观，到近代资产阶级的理性史观，再到马克思创立的唯物史观，这既是人类对社会发展规律理解和认知的不断深化，也充分展现了"揭开历史之谜"和"认识自我"的艰辛与难度。

　　马克思主义的诞生是人类思想史上一个伟大事件。在人类思想史上，还没有一种理论能达到马克思主义的高度，也没有一种思想能像马克思主义那样对人类文明进步产生了如此广泛而深刻的影响。马克思主义之所以具有跨越时空的感召力和生命力，正是在于马克思主义是一个开放的、动态的科学理论体系，能够随着时代的变迁和社会的进步而不断发展，始终与时代同进步、与国情相结合、与人民群众共命运。马克思主义进入中国，既引发了中华文明的深刻变革，也走过了一个逐步中国化的过程。中国共产党领导人民进行革命、建设和改革的过程，实际上也是马克思主义基本原理与中国具体实际、与中华优秀传统文化不断结合，不断推进马克思主义中国化时代化的过程。在这一过程中，我们党创立形成了毛泽东思想、中国特色社会主义理论体系、习近平新时代中国特色社会主义思想，不仅极大地推进了马克思主义的发展，也极大地推进了世界社会主义运动的发展。

马克思主义中国化取得了重大成果，但还远未结束。习近平在纪念马克思诞辰 200 周年大会上的讲话中指出："理论的生命力在于不断创新，推动马克思主义不断发展是中国共产党人的神圣职责。我们要坚持用马克思主义观察时代、解读时代、引领时代，用鲜活丰富的当代中国实践来推动马克思主义发展，用宽广视野吸收人类创造的一切优秀文明成果，坚持在改革中守正出新、不断超越自己。"[①] 在中国特色社会主义进入新时代的今天，我们必须坚持以习近平新时代中国特色社会主义思想为指导，不断深化对共产党执政规律、社会主义建设规律、人类社会发展规律的认识，不断开辟当代中国马克思主义、二十一世纪马克思主义新境界。在中国人民和世界人民一道，共同为美好生活而努力奋斗的伟大进程中，作为马克思主义中国化最新成果的习近平新时代中国特色社会主义思想，必将绽放出二十一世纪马克思主义真理的光芒！

编　者

2022 年 6 月

---

① 习近平：《论党的宣传思想工作》，中央文献出版社 2020 年版，第 335 页。

后　记

　　马克思主义是我们认识世界、把握规律、追求真理、改造世界的强大思想武器。在人类思想史上，没有一种思想理论像马克思主义那样对人类产生了如此广泛而深刻的影响。在中国，马克思主义的命运早已同中国共产党的命运、中国人民的命运、中华民族的命运紧紧连在一起。中国共产党为什么能，中国特色社会主义为什么好，归根到底是因为马克思主义行！就此而言，在当今中国，研究马克思主义，既是一个重大的理论命题，也是一个重大的政治命题。

　　本项成果是"十三五"国防大学"双重"建设项目之一"政治理论学科教材建设"项目的阶段性成果，由颜旭、高宁和唐梓翔共同完成。在写作过程中，几位作者以深入研究为基础，就写作提纲反复组织讨论，并广泛听取其他专家教授意见，前后三易其稿，历时3年，整个过程颇为艰辛。同时，我们还阅读、学习和参考了大量相关研究成果，其中主要文献已标明，但由于种种原因还有一些未能注明甚至遗漏，在此，谨向作者和出版机构表示衷心感谢。由于我们水平有限，书中难免有许多不足之处，敬请各位专家、学者予以批评指正！

编　者

2022 年 8 月

责任编辑：曹　春

封面设计：汪　莹

图书在版编目（CIP）数据

马克思主义发展史十讲／颜旭，高宁，唐梓翔 著．—北京：人民出版社，
　2024.3（2024.9 重印）

ISBN 978－7－01－026064－8

I.①马…　II.①颜…②高…③唐…　III.①马克思主义－历史－高等学校－
教材　IV.① A81

中国国家版本馆 CIP 数据核字（2023）第 204676 号

马克思主义发展史十讲

MAKESI ZHUYI FAZHANSHI SHI JIANG

颜 旭　高 宁　唐梓翔　著

人民出版社 出版发行

（100706　北京市东城区隆福寺街 99 号）

北京汇林印务有限公司印刷　新华书店经销

2024 年 3 月第 1 版　2024 年 9 月北京第 2 次印刷

开本：710 毫米 ×1000 毫米 1/16　印张：17.5

字数：220 千字

ISBN 978－7－01－026064－8　定价：79.00 元

邮购地址 100706　北京市东城区隆福寺街 99 号

人民东方图书销售中心　电话（010）65250042　65289539